Jürgen Engel

MIT DEM WOHNMOBIL AN DIE FRANZÖSISCHE ATLANTIKKÜSTE

Teil 2: Der Süden

Die Anleitung für einen Erlebnisurlaub

Mit einem Dank an Margit, Eva, Kathrin und Manfred –
die alle wissen wofür.

DER WOHNMOBIL-VERLAG
D-98634 Mittelsdorf/Rhön

Die Deutsche Bibliothek – CIP-Einheitsaufnahme

Bibliografische Information der Deutschen Bibliothek

Die Deutsche Bibliothek verzeichnet diese Publikation in der Deutschen Nationalbibliografie.
Detaillierte bibliografische Daten sind im Internet über <http://dnb.ddb.de> abrufbar.

Titelbild:
Blick von der riesigen Dune de Pyla

Neu bearbeitete 3. Auflage 2008

Fotos:
Margit Engel: Umschlagseite 2, 69, 76, 84, 127, 156, 169, 181, 201
Alle übrigen Fotos, Grafiken und Landkarten vom Autor

Druck:
Fuldaer Verlagsanstalt, 36037 Fulda

Vertrieb:
GeoCenter, 70565 Stuttgart

Herausgeber:
WOMO-Verlag, 98634 Mittelsdorf
Position: N 50° 36.696'; E 10° 08.010' (WGS 84)

Fon: 0049 (0) 36946-20691
Fax: 0049 (0) 36946-20692
eMail: verlag@womo.de
Internet: www.womo.de

Autoren-eMail: Engel@womo.de

ISBN 978-3-939789-27-7

EINLADUNG

Alle guten Dinge sind zwei – zumindest, was die Zahl unserer Titel über die Französische Atlantikküste anbetrifft!

Vor allem die Badefreunde mit Kindern werden ihre Freude haben an den ausgedehnten Sandstränden am Atlantik zwischen der Gironde-Mündung und der spanischen Grenze, aber auch die Seen in Küstennähe und im Landesinneren laden zum Süßwasserbadespaß ein.

Wanderungen und kleine Spaziergänge führen durch Dünenlandschaften und endlose Pinienwälder; beim Bummel erleben Sie die lebendigen baskischen Dörfer in den Pyrenäen und die mittelalterlichen Städte an der Dordogne.

Per Dampflok geht's zum Museumsdorf Marquèze, in Clairac bestaunen Sie die "automatischen Mönche", bevor Sie in die Unterwelt abenteuerlicher Höhlen eintauchen; steinzeitliche Entdeckungen machen Sie im Tal der Vézère.

Wie wär's mit einer Weinprobe in einem der berühmten Weingüter des Médoc?

Oder möchten Sie lieber im quirligen Bordeaux durch die Einkaufsstraßen flanieren, bevor Jürgen Engel Sie wieder zu einem seiner schönen, freien Übernachtungsplätze führt?

Einen erlebnisreichen Urlaub im Südwesten Frankreichs wünscht Ihnen

Ihre

Waltraud Roth-Schulz

Sehr geehrter Leser, lieber WOMO-Freund!

Reiseführer sind für einen gelungenen Urlaub unverzichtbar – das beweisen Sie mit dem Kauf dieses Büchleins. Aber aktuelle Informationen altern schnell und ein veralteter Reiseführer macht wenig Freude.
Sie können helfen, Aktualität und Qualität dieses Buches zu verbessern, indem Sie uns nach Ihrer Reise mitteilen, welchen unserer Empfehlungen Sie gefolgt sind (freie Stellplätze, Campingplätze, Wanderungen, Gaststätten usw.) und uns darüber berichten (auch wenn sich gegenüber unseren Beschreibungen nichts geändert hat).
Bitte füllen Sie schon während Ihrer Reise das Info-Blatt am Buchende aus!

Als Dank für Ihre Mühe wird Sie unser Verlag stets über alle Neuerscheinungen informieren.
Außerdem gewähren wir Ihnen bei Bestellungen direkt beim Verlag (mit beigefügtem, vollständig ausgefülltem Info-Blatt) ein Info-Honorar von 10%.

Zur Beachtung:
Um die freien Übernachtungsplätze auf einen Blick schnell erfassen zu können, haben wir diese im Text nochmals farbig hervorgehoben und, wie auf den Karten, fortlaufend durchnummeriert. Wir nennen dabei wichtige Ausstattungsmerkmale, und geben Ihnen eine kurze Zufahrtsbeschreibung. "Max. WOMOs" soll andeuten, wie viele WOMOs dieser Platz maximal verträgt und nicht, wie viele auf ihn passen würden (schließlich gibt es auch noch andere Urlauber)!
Übernachtungsplätze mit Bademöglichkeit sind mit hellblauer Farbe unterlegt.
Wanderparkplätze sind grün gekennzeichnet.
Picknickplätze erkennen sie an der violetten Farbe.
Auf Schlafplätzchen, denen die gerade genannten Merkmale fehlen - also einfache Stellplätze - weist die Farbe gelb hin.
Unsere Wanderungen, die wir Ihnen besonders ans Herz legen möchten, haben wir ebenfalls grün unterlegt.
Jede Tour, jeder Stellplatz ist von uns bereits mehrfach überprüft worden. Wir müssen jedoch betonen, dass inhaltliche Fehler nie ganz auszuschließen sind. Deshalb erfolgen alle Angaben (speziell über freie Übernachtungsmöglichkeiten) ohne jegliche Verpflichtung oder Garantie von Autor oder Verlag. Beide übernehmen keinerlei Verantwortung bzw. Haftung für mögliche Unstimmigkeiten.

INHALT

Anleitung für den Erlebnisurlaub 7
An- und Rückreisereiserouten 10
TOUR 1: Das östliche Médoc
Bordeaux — Pauillac — Châteaux de Médoc — Le Verdon 18
TOUR 2: Das westliche Médoc
Le Verdon — Lacanau-Océan — Cap Ferret — Bordeaux 28
TOUR 3: Nicht nur Wein
Bordeaux 38
TOUR 4: Dünen und Meer
Arcachon — Biscarrosse — Sabres — Mimizan — Contis Plage 50
TOUR 5: Die südliche Küste
Contis-Plage — Vieux-Boucau — Capbreton — BayonneAngletBiarritz — St-Jean-de-Luz 64
TOUR 6: Bei den Basken
St-Jean-de-Luz — La Rhune — St-Jean-Pied-de-Port — Pau 79
TOUR 7: Von den Pyrenäen ins Agenais
Aire-sur-l'Adour — Mont-de-Marsan — Barbotan-les-Thermes — Condom — Agen 103
TOUR 8: Im Tal des Lot
Agen— Villeneuve — Fumel — Puy-l'Évêque — Cahors 119
TOUR 9: Im Quercy
Cahors — Payrac — Rocamadour 130
TOUR 10: Erste Begegnung mit der Dordogne
Rocamadour — Souillac — Domme 143
TOUR 11: Vom Mittelalter in die Steinzeit
Domme — Sarlat-la-Canéda — Grotte de Lascaux — Montignac 154
TOUR 12: Steinzeit pur
Montignac — St-Léon — La Roque St-Christophe — Préhistoparc — Les Eyzies 167
TOUR 13: Entlang der Dordogne
Les Eyzies — Le Bugue — Trémolat — Couze — Bergerac 177
TOUR 14: Am Unterlauf der Dordogne
Bergerac — St-Émilion — Libourne 191
Allgemeine Tipps 202
Adressen 202
Ärztliche Hilfe 203
Bademöglichkeiten 204

Campingplätze 205
Fahrzeug 205
Filmen / Fotografieren 206
Freies Camping 206
Fremdenverkehrsbüros 207
Gas 209
Geschichte 209
Haustiere 212
Kartenmaterial 213
Kinder 213
Kleidung 213
Literatur 215
Navigation mit GPS 217
Radfahren 217
Reisezeit / Klima 218
Restaurants 219
Sprache 221
Stellplätze 222
Telefonieren 224
Wasserversorgung 227
Wein 228
Service-Teil 229
Feste entlang der Route 229
Feiertage 230
Packliste 231
Stichworte 234

Zeichenerklärung für die Tourenkarten

Touren / abseits der Touren

	Autobahn (Gebühr)		Kirche, Kloster
	4-spurige Straße		Burg, Schloss, Ruine
	Hauptstraße		Berggipfel
	Nebenstraße		Ausgrabungsstätte
	Schotterstraße		Sehenswürdigkeiten
	Wanderweg		Aussicht, Rundsicht
123	WOMO-Stellplatz geeignet für freie Übernachtungen		Trinkwasser, Dusche
W P B	Wander-, Picknick-, Badeplatz	VE	Ver-/Entsorgung
111 222 333	geeignet für freie Übernachtungen	WC	Toilette
			Campingplatz
			Megalith

Alle Übernachtungsplätze und empfohlene Campingplätze sind im Text und auf den Tourenkarten fortlaufend durchnummeriert.

N 50° 11.111'
E 1° 99.999' **GPS-Daten**

Anleitung für den Erlebnisurlaub

Die Reise, zu der ich Sie einladen möchte, führt uns durch ein Gebiet das zwischen der *Girondemündung* im Norden bis zu den PYRENÄEN im Süden reicht. Im Westen ist - ganz klar - der *Atlantik* die Grenze, die östliche Begrenzung wird durch eine gedachte Linie durch die Städte PAU, AGEN und CAHORS dargestellt. Auf der vorletzten Umschlagseite können Sie anhand der Tourenübersicht die geografische Lage überblicken.

Zu Beginn unserer Reise halten wir uns überwiegend am Ozean auf. Da es jedoch auch im Landesinneren sehr sehenswerte Gebiete gibt, die zudem abwechslungsreicher sind als die endlosen Strände am *Atlantik*, wird die größere Anzahl der Touren nicht unmittelbar am Meer entlang führen. Aber keine Angst, Sie müssen sich ja nicht blind an meine Routen halten, sondern können zwischendurch immer Mal wieder einen Abstecher an einen Strand machen.

Natürlich soll hier besonders auf die Belange von Wohnmobilfahrern eingegangen werden. Aber Vorsicht: Dies ist kein Campingplatzführer! Es sind hier Übernachtungsstellen außerhalb von Campingplätzen notiert. Einige davon sind unentgeltlich, andere kosten etwas, manche sind gar unverschämt teuer. Es gilt folgende Faustregel: Je stärker eine Region von Touristen frequentiert wird, desto strenger werden Reisemobile reglementiert und desto höher sind die Übernachtungspreise. Von daher werden Sie direkt an der Küste kaum einen kostenlosen Platz antreffen und genausowenig werden Sie dort auf einem Dorfparkplatz stehen können, ohne dass Sie ein Ordnungsbeamter höflich bittet, doch den ausgeschilderten offiziellen Platz oder einen Campingplatz aufzusuchen. Bei der Beschreibung der Stellplätze habe ich die Gebühren in drei Klassen aufgeteilt. Ganz ohne Frage werden sich die Preise im Lauf der Jahre nach oben bewegen. Zur Klassifizierung habe ich die Tarife vom Sommer 2007 zu Grunde gelegt. Ich spreche von „geringen Gebühren“, wenn bis zu 5 € pro Nacht zu zahlen sind. „Hohe Gebühren“ beginnen ab 9 €. Die Spanne dazwischen bezeichne ich als „mittlere Gebühr“. Die Bezahlung erfolgt unterschiedlich. Oft kommt am Abend ein Gemeindebediensteter, kassiert den Betrag und stellt Ihnen ordnungsgemäß eine Quittung aus. Manchmal bezahlen Sie auch an einem „Horodateur“, einem Parkscheinautomaten, und legen den Parkschein hinter die Windschutzscheibe. Halten Sie deshalb immer ein paar 1- und 2-Euro-Stücke bereit. Allerdings sind nur etwa ein Viertel der beschriebenen Stellplätze überhaupt gebührenpflichtig. Zum

Wasserfassen müssen Sie auch häufig einen Obolus entrichten. Meist in Form von Jetons, die bei den Verwaltungen oder bei Campingplätzen zu erwerben sind. Mehr dazu lesen Sie im „Allgemeinen Teil".

Einige Campingplätze empfehle ich Ihnen übrigens auch. Vielleicht gefällt es Ihnen irgendwo so gut, dass Sie mehrere Tage an einer Stelle bleiben wollen, oder Sie möchten sich ausbreiten mit Vorzelt und Liegestühlen, dann geht das, zumindest im Sommer, nur auf Campingplätzen, denn dann sind die „Aires" ziemlich gut gefüllt um nicht zu sagen überfüllt. Im Frühjahr oder Herbst sieht alles ganz anders aus. Die Plätze sind dann mit wenigen Ausnahmen kostenlos zu benutzen und es passiert sogar, dass Sie auf einem Platz für 80 Womos ganz alleine stehen.

In den touristisch weniger erschlossenen Gebieten gibt es auch weniger offizielle Stellplätze, dafür sind die Behörden toleranter, was das freie Übernachten angeht. Mit der Zeit entwickelt man ein Fingerspitzengefühl dafür, was wo geht. Auch hier gibt es eine leicht zu merkende Regel: Würden Sie sich (als Anwohner) über Sie (als Wohnmobilfahrer) ärgern? Dann stehen Sie (als Wohnmobilfahrer natürlich) offensichtlich verkehrt. Noch eines: Nicht offizielle Stellplätze sind sehr sensibel. Wenn auf einem kleinen Dorfparkplatz schon zwei oder drei Wohnmobile stehen, fahren Sie bitte weiter und versuchen Sie das „Wagenburg-Image" zu vermeiden. Für die Behörden ist es meist recht einfach den Parkplatz mit einer Schranke in 2 m Höhe abzusperren. Dann hat keiner von uns mehr was davon.

Ich möchte Sie allerdings nicht schon vor Ihrer Reise abschrecken. Wir hatten bei weit über 200 Übernachtungen noch nie irgendwelche Schwierigkeiten.

Den Reiseteil dieses Buches habe ich in 14 Touren aufgeteilt. Das sind keine Tagesetappen! Wenn Sie allen Routen folgen und die vorgestellten Sehenswürdigkeiten auch besichtigen wollen brauchen Sie mindestens 4 Wochen. Schließlich sind Sie ja im Urlaub und nicht bei einer Rallye. Wenn Sie weniger Zeit mitbringen stellen Sie sich einfach Ihre eigene Route zusammen. Da ich nicht weiß, was für Sie besonders wichtig ist, gebe ich Ihnen hier eine nach Themen geordnete Tourenübersicht:

Sehenswerte Bauwerke	Tour 1, 3, 6, 8, 9, 11
Sehenswerte Orte	Tour 3, 5, 6, 7, 8, 9, 10, 11, 14
Baden	Tour 1, 2, 4, 5, 10, 13
Beeindruckende Landschaften	Tour 6, 7, 9, 10, 11, 12, 13
Frühgeschichte	Tour 11, 12 ,13

Besonders schwer tue ich mir, wenn ich Ihnen die beste Reisezeit empfehlen soll. Im Sommer stehen Ihnen natürlich die Türen zu allen möglich Aktivitäten offen, der *Atlantik* ist einigermaßen warm, allerdings sind die leeren Strände, die Sie auf einigen Fotos sehen, dann gnadenlos überlaufen. Im Frühjahr und Herbst haben Sie viel Platz, zum Baden ist es allerdings noch oder schon wieder recht kühl im Wasser. Einige Museen haben stark reduzierte Öffnungszeiten und etliche Orte, die mit -Plage oder -Océan aufhören sind menschenleer. Auch hier möchte ich Sie auf den „Allgemeinen Teil" und das Stichwort „Reisezeit" verweisen.

Womit ich auch schon beim Aufbau dieses Büchleins wäre. Der größte Teil ist natürlich den 14 Touren gewidmet. Danach schließt sich der Allgemeine Teil an. Hier erfahren Sie Tipps und Tricks, die Ihnen beim Womourlaub helfen sollen. Auch Daten zur Geschichte und etwas über die Landeskunde erfahren Sie dort. Als Wohnmobilneuling sollten Sie diesen Teil erst einmal durchblättern und was Ihnen interessant erscheint durchlesen. Als drittes folgt der Service Teil. Dort finden Sie eine Übersicht über die lokalen Feste und eine Packliste.

Ein Buch, wie das jetzt vor Ihnen liegende, entsteht nicht während eines Urlaubs. Es gibt Autoren, die so etwas können, ich kann das nicht, finde auch nicht erstrebenswert es zu erlernen. Denn der erste Eindruck ist nicht immer der richtige. Wo es mir gefällt, schreibe ich das auf und gerade weil es mir gefällt fahre ich dort auch öfter hin und lasse mir meinen ersten Eindruck entweder bestätigen oder korrigieren. Was mir nicht gefällt notiere ich natürlich auch. Wenn es mir beim zweiten oder dritten Anlauf immer noch nicht gefällt, vermerke ich das. Auf diese Weise entsteht ein subjektiver Führer. Es ist also nicht unbedingt ein Zeichen schlechter Recherche, wenn Sie hier einige Sehenswürdigkeiten vermissen. Vielleicht ist die betreffende Gemeinde ja nicht wohnmobilfreundlich.

Da sich ja für uns Wohnmobilisten von heute auf morgen alles ändern kann, garantieren weder ich noch der Verlag, dass auf allen beschriebenen Plätzen auch weiterhin übernachtet werden darf. Im Jahr 2007 habe ich alle Angaben nochmals überprüft und gegebenenfalls geändert. Die Eintrittspreise, die verschiedentlich angegeben sind, werden sich mit hundertprozentiger Sicherheit ändern. Sie dienen also lediglich als Anhaltspunkt um das Preisniveau beurteilen zu können.

Wenn Sie mir Ihre Erfahrungen oder Kritik mitteilen möchten, schreiben Sie an

Jürgen Engel, Turnerstr. 2, 67685 Weilerbach
Fax: 06374/4428, E-Mail: Engel@Womo.de

An- und Rückreisereiserouten

Der Ausgangspunkt unserer ersten Tour ist Bordeaux. Wie Sie am besten dorthin kommen, hängt davon ab, wo Sie wohnen und ob Sie über die gebührenpflichtigen französischen Autobahnen fahren wollen. Auf dem Plan auf der nächsten Seite habe ich die wichtigsten Autobahnen eingezeichnet. Zu jeder Autobahn gibt es allerdings parallel noch eine Nationalstraße, auf der Sie langsamer, dafür aber preiswerter ans Ziel kommen.

In die Karte auf der nächsten Seite habe ich drei große Routen eingezeichnet, die ich „Nördliche Route", „Mittlere Route" und - Sie werden es nicht erraten - „Südliche Route" genannt habe.

Wenn Sie die Autobahn wählen, ist es ganz einfach, deshalb habe ich die Strecken auf der Karte nicht farblich markiert: Vom Norden fahren Sie über Belgien, kommen automatisch auf die französische A 1 und fahren nach PARIS. Von der Mitte Deutschlands aus wählen Sie sinnvollerweise den Übergang Saarbrücken, oder Sie fahren über Luxemburg um noch billig zu tanken. Hierbei kommen Sie auf die A 4, auch diesmal geht's erst einmal nach Paris. Von der Französischen Hauptstadt aus fahren Sie dann über die A 10 nach Bordeaux und sind schon bei meiner Tour 1. Meine Leser aus dem äußerst südlichen Bereich Deutschlands und die Schweizer würde ich gern über Chalon-sur-Saône schicken. Von da ab geht's nur noch über Landstraßen, was aber landschaftlich sehr reizvoll ist.

Angegeben sind weiterhin Übernachtungsplätze (Ü) und Ver- und Entsorgungsstationen (VE). Eine Zufahrtsbeschreibung habe ich ebenfalls zusammengestellt. Damit die Karte nicht zu unübersichtlich wird, habe ich lediglich Zahlen eingezeichnet.

Alle Angaben wie "links" oder "rechts" in den nun folgenden Zufahrtsbeschreibungen beziehen sich auf die Hinfahrt. Auf dem Nachhauseweg müssen Sie entsprechend umdenken.

Mittlere Route

Beginnen möchte ich bei der „mittleren Route", die über Saarbrücken oder Luxemburg führt und für einen Großteil der Bundesbürger geeignet ist. Die gebührenfreie Tour führt von der deutschen A 6 über den Grenzübergang „Goldene Bremm" in unser Nachbarland. Bleiben Sie auf der Autobahn, bis zu den Hinweisschildern auf die gebührenpflichtige Strecke (péage). Wenn Sie dann abfahren, folgen Sie zuerst den

Schildern nach Metz, um nach etwa 15 Kilometern nach Faulquemont abzubiegen. Fahren Sie dann in Richtung Pont-à-Mousson, bis Sie kurz vor dem Ort die gebührenfreie A 31 erreichen und die Fahrtrichtung Nancy einschlagen. Dort treffen wir auch die Leser, die von Luxemburg aus ebenfalls gebührenfrei die A 31 nutzen. Weiter geht es jetzt in Richtung Paris. Bevor es Geld kostet sind die grünen Schilder „Paris par N 4" richtungweisend. Erst bei der Umfahrung von St-Dizier verlassen wir die N 4 und biegen rechts ab nach Troyes. Weitere gut ausgeschilderte Ziele sind dann: Sens, Montargis und Orléans. Achtung: In Montargis müssen wir abbiegen in Richtung Gien bzw. Bourges. Vierzon taucht erst später auf den Schildern auf. Ab hier geht's über die gebührenfreie A 20 bis nach Limoges. An der Anschlussstelle 28 verlassen wir die Autobahn und fahren nach Angoulême. Von hier aus sind die Schilder nach Bordeaux unübersehbar. Sie finden auf dieser Strecke folgende Ver- und Entsorgungsstellen bzw. Übernachtungsplätze:

A01 Millery: (VE + Ü) [GPS: N 48° 48.933' E 6° 07.633', Avenue de la Moselle] Abfahrt von der gebührenfreien Autobahn Metz — Nancy (Ausfahrt 25), dann Richtung Pompey. Im nächsten Ort (Marbache) ist Millery nach links ausgeschildert. Langsam fahren, verzwickte Verkehrsführung! Immer den Schildern nach Millery folgen. Nach einer Unterführung geht's ab nach links. Dann überqueren Sie die Bahnlinie und die Moselle. Im Ort finden Sie ziemlich am Anfang die Einrichtungen auf einem Parkplatz auf der linken Seite zwischen der Straße und der Moselle.

Stellplatz A01 in Millery

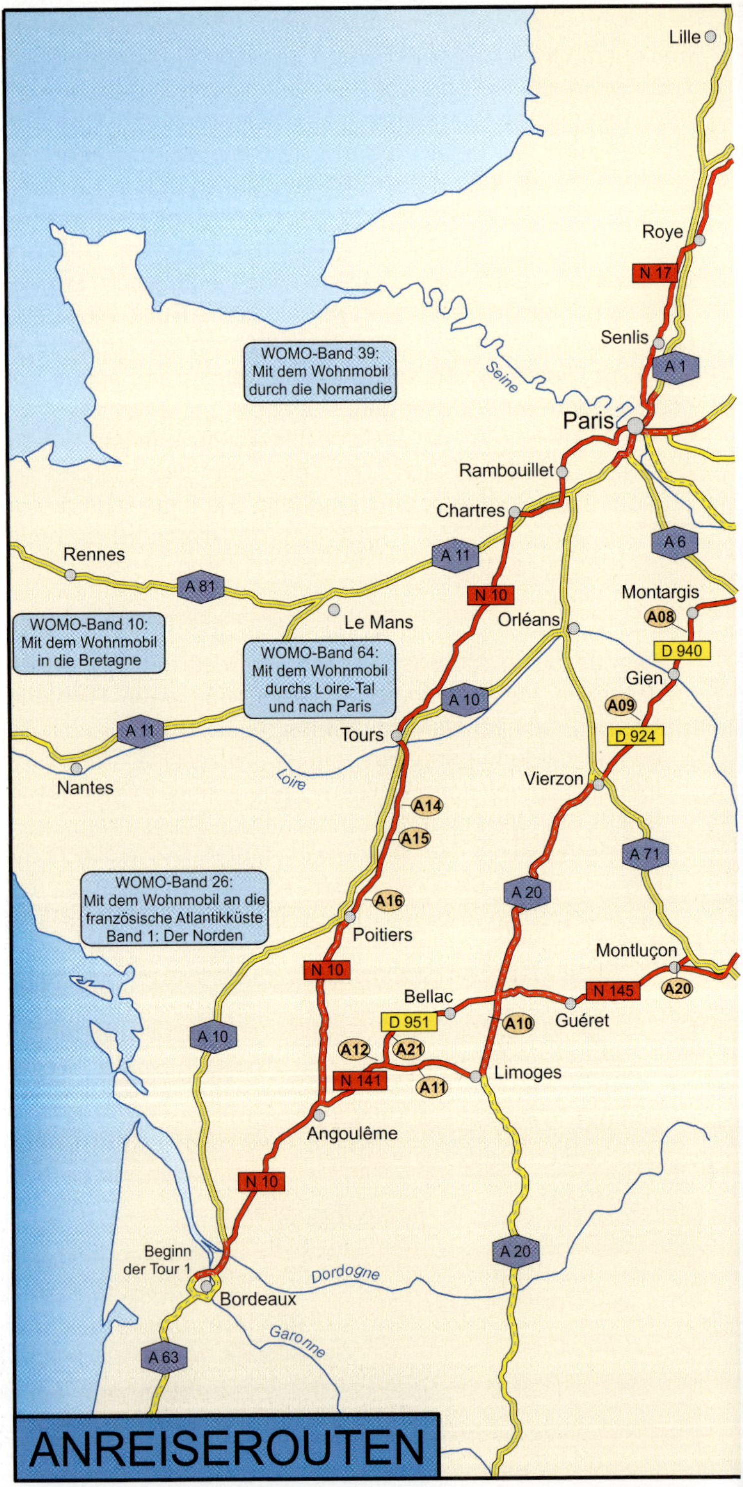
ANREISEROUTEN
WOMO-Band 39: Mit dem Wohnmobil durch die Normandie
WOMO-Band 10: Mit dem Wohnmobil in die Bretagne
WOMO-Band 64: Mit dem Wohnmobil durchs Loire-Tal und nach Paris
WOMO-Band 26: Mit dem Wohnmobil an die französische Atlantikküste Band 1: Der Norden
Beginn der Tour 1
Lille
Roye
Senlis
Paris
Rambouillet
Chartres
Rennes
Le Mans
Orléans
Montargis
Gien
Tours
Nantes
Vierzon
Poitiers
Montluçon
Bellac
Guéret
Limoges
Angoulême
Bordeaux
Seine
Loire
Dordogne
Garonne
N 17
A 1
A 6
A 11
A 81
N 10
A08
D 940
A 10
A09
D 924
A14
A15
A 71
A16
A 20
N 145
A20
D 951
A10
A12
A21
N 141
A11
A 63

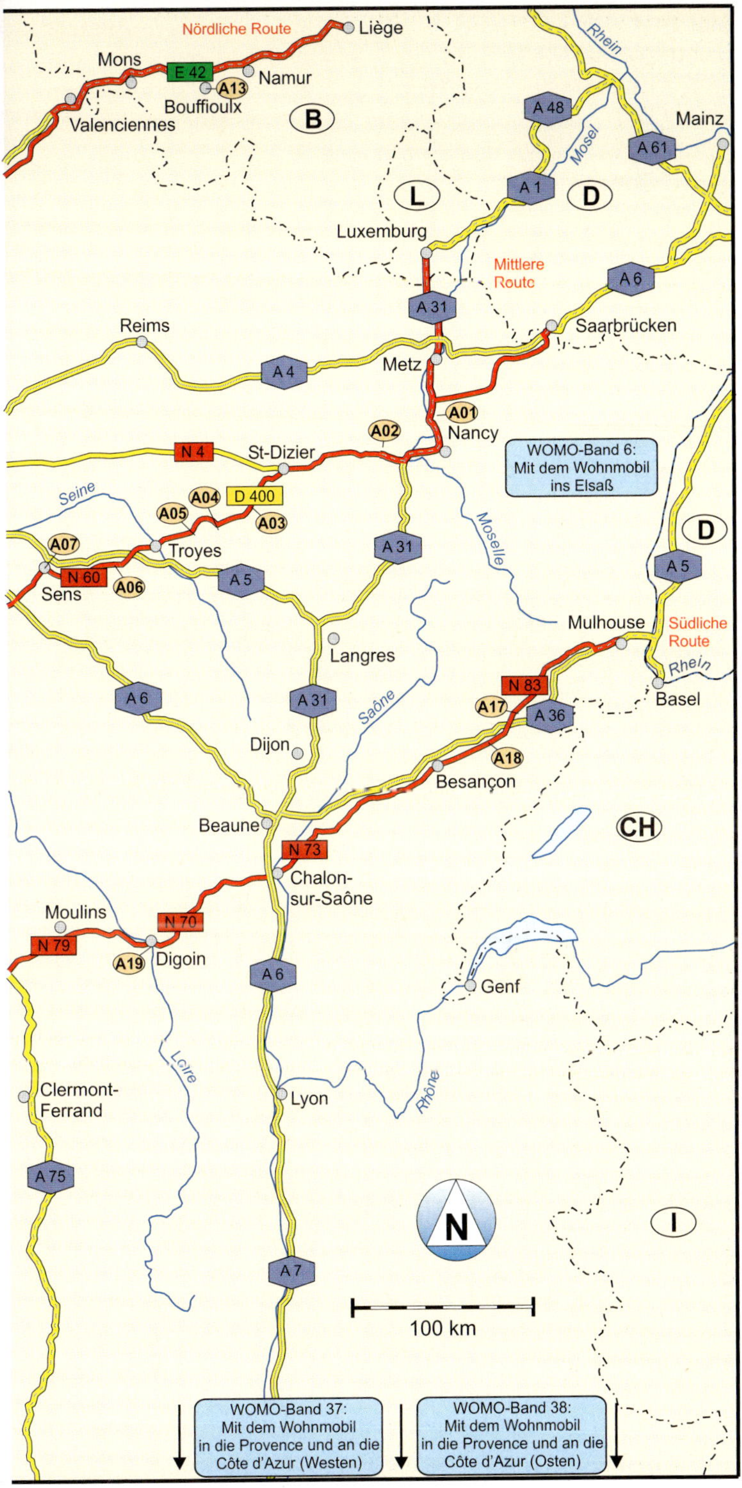
Nördliche Route
Liège
Mons
E 42
Namur
A13
Bouffioulx
Valenciennes
B
A 48
Rhein
Mosel
A 61
Mainz
A 1
L
D
Luxemburg
Mittlere Route
A 31
A 6
Saarbrücken
Reims
A 4
Metz
A01
A02
Nancy
N 4
St-Dizier
WOMO-Band 6: Mit dem Wohnmobil ins Elsaß
Seine
A04
D 400
A05
A03
A07
Troyes
Moselle
D
N 60
A 5
Sens
A06
A 31
A 5
Mulhouse
Südliche Route
Langres
Rhein
Basel
N 83
A 6
A 31
A17
A 36
Saône
Dijon
A18
Besançon
Beaune
CH
N 73
Chalon-sur-Saône
Moulins
N 70
N 79
Digoin
A19
A 6
Genf
Loire
Rhône
Clermont-Ferrand
Lyon
A 75
N
I
A 7
100 km
WOMO-Band 37: Mit dem Wohnmobil in die Provence und an die Côte d'Azur (Westen)
WOMO-Band 38: Mit dem Wohnmobil in die Provence und an die Côte d'Azur (Osten)

A02 Toul: (VE + Ü) [GPS: N 48° 40.756' E 5° 53.276', Avenue du Colonel Péchot] An der Ausfahrt „Toul Centre“ von der A 31 abfahren. Zuerst Richtung „Centre Ville fahren. Wenn Schilder zum Bahnhof (Gare SNCF) auftauchen, diesen folgen bis rechts der Straße eine Wasserfläche zu sehen ist. Danach rechts abbiegen und dem Wasserlauf folgen. Der Platz ist auf der rechten Straßenseite zu finden, links gegenüber ist die Polizei.

A03 Montier-en-Der: (VE + Ü) [GPS: N 48° 28.708' E 4° 46.123', Rue de l'Isle] An der Durchgangsstraße liegt das OTSI, erkennbar durch das Schild „i“. Direkt davor links einbiegen.

A04 Brienne-le-Château: (VE + Ü) [GPS: N 48° 23.770' E 4° 31.877', Place de la Gare] Am Ortsschild nicht der abknickenden Vorfahrt nach links folgen, sondern die kleine Straße geradeaus nehmen. Die Bahngleise überqueren und dann links abbiegen. Vor dem stillgelegten Bahnhofsgebäude finden Sie den Übernachtungsplatz.

A05 Piney: (VE + Ü) [GPS: N 48° 21.517' E 4° 20.083', Rue du Général de Gaulle] In der Ortsmitte biegen Sie knapp vor der Markthalle nach links ab in Richtung A 5 / Lusigny / Vendeuve / Lac d'Orient. Dann ignorieren Sie die abknickende Vorfahrt und fahren weiter immer geradeaus. Sie erreichen dann den ehemaligen Bahnhof. Dort gibt es Stellplätze und eine Ver- und Entsorgungsstation.

A06 Villeneuve-l'Archevêque: (Ü) [GPS: N 48° 14.039' E 3° 33.445', Place de la Liberté] an der N 60 zwischen Troyes und Sens gelegen. In der Ortsmitte links den Schildern zum Mairie folgen. Sie fahren dann auf die Kirche zu. Kurz davor rechts auf einen Parkplatz abbiegen. Achtung: Samstags morgens ist Markt auf dem Platz!

A07 Sens: (Ü) [GPS: N 48° 11.877' E 3° 17.413', Place des Héros] In der Ortsmitte der Stadt gibt es unzählige Parkplätze entlang der Durchgangsstraße. Sie dürfen dann freilich am Ortseingang nicht der Umgehung für den LKW-Verkehr folgen. An einen ruhigen Schlaf ist hier wenig zu denken, aber vielleicht wollen Sie abends noch ein wenig bummeln und dann einen kleinen Schlummertrunk zu sich nehmen.

A08 Nogent-sur-Vernisson: (VE + Ü) [GPS: N 47° 50.427' E 2° 44.425', Chemin du Gué Mulet] Hinter Montargis fahren Sie kurzzeitig auf der N 7. In Nogent müssen Sie diese verlassen und ins Zentrum fahren. Nach 250 m sehen Sie auf der rechten Seite eine Ver- und Entsorgungsstation [GPS: N 47° 51.217' E 2° 44.400', Rue Georges Bannery]. Dort finden Sie auch einen Plan mit Hinweisen auf den

Stellplatz A08 in Nogent-sur-Vernisson

Stellplatz. Wenn Sie um die Kirche herumfahren, kommen Sie an eine Stelle, an der drei Straßen abzweigen. Eine davon gabelt sich in eine herführende und eine wegführende Einbahnstraße. Nehmen Sie die Einbahnstraße und folgen Sie dann den Schildern. Sehr schöner Platz an einem See.

A09 Aubigny-sur-Nère: (VE + Ü) [GPS: N 47° 29.484' E 2° 26.282', Le Pré qui danse] Nach dem Kreisel in Richtung Bourges fahren. Dann nach 200 Meter nach rechts auf den Parkplatz „Le Pré qui danse" fahren. Die Ver- und Entsorgungsstation finden Sie gleich wieder rechts. Den Parkplatz müssen Sie sich mit LKW und Omnibussen teilen. Sehenswertes Städtchen. Samstags Markt.

A10 Bessines-sur-Gartempe: (VE + Ü) [GPS: N 46° 06.567' E 1° 22,200', Place du Champ de Foire] Wenn Sie in den Ort hineinfahren, gabelt sich die Straße. Folgen Sie jetzt dem Schild „Borne Camping Car" und biegen Sie rechts ab. Dem nächsten Hinweis dann nach links folgen. Schon sind Sie angekommen.

A11 Chabanais: (Ü) [GPS: N 45° 52.467' E 0° 43.199', Rue de Verdun] Direkt nach der Überquerung der *Vienne* Plätze auf der linken und rechten Seite der Straße. Der linke Parkplatz ist gleichzeitig Marktplatz, bitte Beschilderung beachten!

A12 Chasseneuil-sur-Bonnieure: (VE + Ü) [GPS: N 45° 49.467' E 0° 27.067', Place du Champ de Foire] Von der Umgehungsstraße ins Zentrum abfahren. Dann den Hinweisschildern folgen. An der Ampel links, dann wieder links. Großer Platz mit Frischwasser- und Elektroversorgung (je 2 €), Toiletten, Telefonzelle und Spielplatz.

Nördliche Route

Wenn Sie aus Deutschlands Hohem Norden kommen, kann eine Anreise über Belgien sinnvoll sein. Daher folgt jetzt die nördliche Route. Über die E 42 / E 19 erreichen Sie die Französische Grenze. Sie bleiben dann auf der französischen A 2 bis zur Ausfahrt 15 und fahren in Richtung Cambrai weiter. Bei Péronne erreichen Sie die N 17 und folgen der Beschilderung nach Paris. Die N 17 geht nach einigen Kilometern in die N 2 über. Bei nächster Gelegenheit fahren Sie auf die A 1, die mittlerweile gebührenfrei ist. Fahren Sie an der „Port de la Chapelle“ auf den Boulevard Périphérique (Richtung ouest), eine Ringautobahn um das Zentrum von Paris und folgen der Beschilderung Caen, Rouen. Sie erreichen dann die A 13. Am Dreieck von Rocquencourt wechseln Sie auf die A 12 und fahren dann etwa 10 km später in Richtung Rambouillet ab. Von dort aus geht's nach Chartres und dann bleiben Sie bis Bordeaux auf der N 10. Zum Übernachten und Ver- und Entsorgen können Sie folgende Plätze ansteuern:

A13 Bouffioulx, Belgien: (VE + Ü) [GPS: N 50° 23.437' E 4° 30.809', Rue Solvay/Ruelle du Centre] Von der Umfahrung von Charleroi (R3) bei der Ausfahrt 10 abfahren und dann der Richtung nach Bouffioulx folgen. Dort weiter in Richtung „Centre“ fahren. Der Stellplatz liegt neben dem „Maison de la Poterie“.

A14 Ste-Maure-de-Touraine: (Ü) [GPS: N 47° 06.700' E 0° 37.017', Rue du Docteur Patry] In der Ortsmitte den Schildern folgend links abbiegen. Platz für ca. 20 Mobile. 48 Stunden maximal. WC.

A15 Châtellerault: (Ü) [GPS: N 46° 48.839' E 0° 32.374', Rue de l'Angelarde] Im Stadtzentrum die Brücke „Pont Henry VI“ überqueren. Dann den Schildern „Parking de l'Angelarde“ folgen.

A16 Val de Clain: (VE) [GPS: N 46° 42.742' E 0° 24.800'] Von Châtellerault kommend liegt die Raststätte “Val de Clain” auf der linken Seite der N 10. Sie ist frühzeitig ausgeschildert, kann jedoch nicht auf dem direkten Weg erreicht werden. Sie müssen bis zum nächsten Kreisel weiterfahren und dann wieder ein kurzes Stück zurück. In einer Ecke der Rastanlage steht eine Ver- und Entsorgungs-

säule. Genau dort müssen Sie auch den Rastplatz verlassen, um über provisorische Wege wieder zurück zum Kreisel zu kommen.

Südliche Route

Wohnmobilfahrer aus Baden-Württemberg und Bayern werden die **südliche Route** bevorzugen. Eine sinnvolle durchgehende Autobahnstecke gibt es hier jedoch nicht, da Sie das sternförmige, von Paris ausgehende Netz kreuzen. Lediglich von Mulhouse bis Chalon-sur-Saône können Sie die A 36 benutzen. Die **gebührenfreie** Strecke führt über Mulhouse, Besançon, Chalon-sur-Saône, Moulins, Montluçon, Bellac und Angoulême. Das sind alles Städte, die frühzeitig ausgeschildert sind und keiner detaillierten Routenbeschreibung bedürfen. Ich habe folgende Haltepunkte notiert:

A17 L'Isle-sur-le-Doubs: (Ü) [GPS: N 47° 26.996' E 6° 34.808', Rue de Lattre de Tassigny] Im Ort finden Sie direkt neben der Brücke über den *Doubs* auf der rechten Seite einen großen Parkplatz zum Übernachten.

A18 Baume-les-Dames: (VE + Ü) [GPS: N 47° 20.387' E 6° 21.465', Quai du Canal] Vom Ortszentrum aus fahren Sie Richtung „Piscine", am Supermarkt „Super U" vorbei, dann geradeaus und den folgenden Kreisel so verlassen, dass Sie über eine Brücke fahren können. Danach bei der ersten Einmündung rechts abbiegen (Schild „Esnans"). Fahren Sie jetzt ein Stück am Kanal entlang, bis sie links die Hinweisschilder auf den schönen Stellplatz sehen. In der Saison oft überfüllt, es stehen dann Parkplätze entlang des Kanals zur Verfügung.

A19 Digoin: (VE + Ü) [GPS: N 46° 28.783' E 3° 58.500', Place de la Grève] Fahren Sie weit durch den Ort durch und achten Sie auf die Womo-Schilder. An einer großen Kreuzung müssen Sie an einer Ampel links abbiegen und dann gleich links auf den Platz fahren. Recht laut!

A20 Montluçon: (VE + Ü) [GPS: N 46° 21.295' E 2° 35.186', Place de la Fraternité] Sie müssen in den Ort hineinfahren. In Richtung Châteauroux finden Sie die Hinweisschilder auf die Ver- und Entsorgungsstation und den Stellplatz.

A21 Confolens: (VE + Ü) [GPS: N 46° 00.603' E 0° 39.986', Avenue de la Liberation] Von der D 951 Richtung Confolens fahren. Dort nicht die Brücke überqueren, sondern geradeaus fahren in Richtung Ansac. Folgen Sie dann der Beschilderung.

TOUR 1 (105 km)

Bordeaux — Pauillac — Châteaux de Médoc — Le Verdon

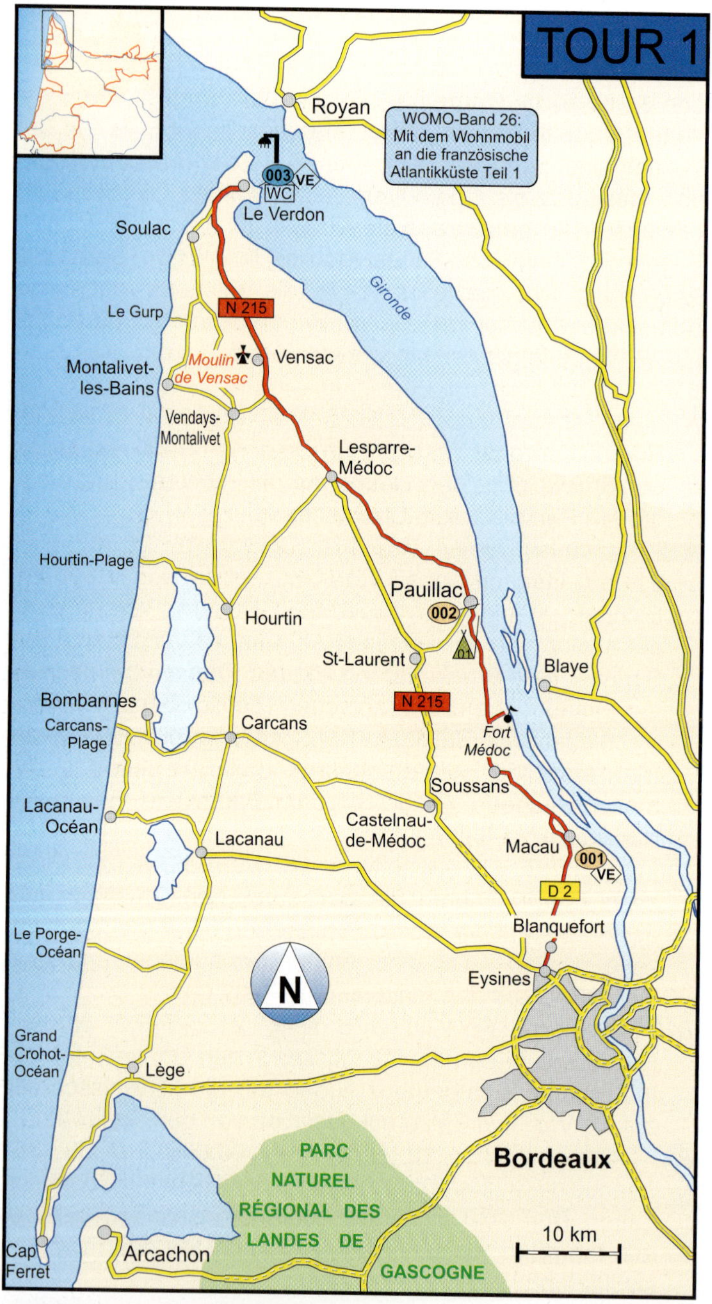

Übernachten:	Macau, Pauillac, Le Verdon
Besichtigen:	Die Châteaux (Weingüter) des Médoc, Fort Médoc, Moulin de Vensac
Baden:	Le Verdon
Campingplatz:	Camping Municipal Les Gabarreys
Markt:	Labarde (Do.), Soussans (Do.), Pauillac (Sa.)

Es wird höchste Zeit! Zeit, die endlosen Nationalstraßen zu verlassen, höchste Zeit, etwas anderes zu sehen als Wälder, Wiesen und Felder und allerhöchste Zeit, uns im *Atlantik* abzukühlen. Der Stadtbummel in BORDEAUX soll warten bis später, wir wollen jetzt schwimmen.

Die Ringautobahn um BORDEAUX (Rocade) ist erfreulich leer und so fahren wir Richtung Flugplatz MÉRIGNAC bis zur Abfahrt 7 — und schon stehen wir im Stau. Nach LACANAU wollen scheinbar noch mehr Urlauber. Aber wir sind ja flexibel. Bei einer kurzen Rast ändere ich meine Pläne und somit ist die ganze schöne Einleitung hinfällig. Der Besuch der Weingüter des MÉDOC ist zwar weniger erfrischend als eine Abkühlung im Meer, hat aber den gleichen Erholungswert. Außerdem soll man ja sowieso nicht überhitzt ins Wasser gehen und schließlich werden die Touren 1 und 2 auf diese Weise zu einer schönen Rundfahrt statt zu einem Zick-Zack-Kurs. Sie sehen, es gibt viele Ausreden um nicht 50 km im Stau zu stehen.

Bis zur Ortsmitte von EYSINES schwimmen wir noch in der Zähflüssigkeit des Verkehrs mit, dann ordnen wir uns rechts ein und fahren in Richtung PAUILLAC. Dazu nehmen wir die D 2, die uns über BLANQUEFORT nach MACAU führt. Dort ist ein sehr sympathischer Stellplatz ausgewiesen. Wenn Sie hier nicht bleiben wollen, können Sie auf der Umgehungsstraße weiter nach Norden fahren.

(001) WOMO-Stellplatz: Macau

GPS: N 45° 00.430' W 0° 36.789' Chemin de Mahoura

max. WOMOs: 2 - 3

gebührenfrei

Ausstattung / Lage: Ver- und Entsorgung, Wertstoff-Container / am Ortsrand

Zufahrt: Den Wegweisern zum Zentrum folgen und dazu die D 2 verlassen. Anschließend den Parkplatz-Schildern folgen.

Sonstiges: Wasser- und Stromsäule mit Einwurfschlitz für Jetons, funktionierte 2007 allerdings auch ohne.

Château Aney in Cussac

Châteaux (Schlösser) nennen sich hier die Weingüter, und wenn Sie die Gebäude sehen, werden Sie wissen, warum. Zu Beginn unserer Route liegen sie noch etwas verschämt hinter großen Parks und abseits der Straße, etwas weiter nördlich können Sie die Herrenhäuser direkt rechts und links des Weges bestaunen. Sie können allerdings auch dem einen oder anderen Weingut einen Besuch abstatten. Hierbei ist jedoch bei den Edelgütern eine vorherige Terminvereinbarung nötig. Schließlich finden wir hier so berühmte Namen wie Château Mouton-Rothschild, Château de Beychevelle, Château Margaux oder Château Lafite-Rothschild. Wir haben die Erfah-

Château Palmer in Margaux

rung gemacht, dass sich die „Schlossherren“ umso distinguierter verhalten, je exklusiver die Weine sind. Zum Besuch von Lafite-Rothschild ist zum Beispiel eine Voranmeldung in PARIS erforderlich. Zu den anderen Weingütern finden Sie meist im Internet nähere Informationen zu deren Besuch. Wenn Sie nicht von langer Hand planen wollen, besuchen Sie eines der kleineren Châteaux. Sie werden nicht enttäuscht sein, und ihr Geldbeutel wird auch nach dem Kauf mehrerer Flaschen Wein noch das gesunde Gewicht haben, das er zu Beginn eines Urlaubs haben sollte.

Etwa 30 Kilometer nach der Abfahrt von der Rocade erreichen Sie COUSSAC-LE-VIEUX. Hier möchte ich Sie zum Abbiegen nach rechts überreden. Nein, kein Weingut steht auf dem Programm sondern eine Verteidigungsanlage. Bei dieser Gelegenheit erzähle ich Ihnen auch gleich was es zu verteidigen galt und stelle Ihnen Herrn Vauban vor, von dem Sie nicht nur hier sondern in allen Büchern lesen werden, die sich mit FRANKREICH und Festungen befassen. Bleiben wir jedoch noch kurz bei unserer Tour: Im Zentrum von COUSSAC-LE-VIEUX ist Fort Médoc ausgeschildert und Sie brauchen nur noch 3 Kilometer über einen ausgebauten Feldweg zum Ufer der *Gironde* zu fahren.

Das Fort gehört zu einer Verteidigungskette, die mit Fort Pâte, auf einer Insel gelegen, und der Zitadelle von BLAYE am gegenüberliegenden *Gironde*ufer die Zufahrt nach BORDEAUX sichern sollte. Die Engländer machten zu jener Zeit den Franzosen das Leben schwer. Näheres lesen Sie bitte im Allgemeinen Teil unter dem Stichwort „Geschichte“. Ludwig XIV. beauftragte 1686 seinen Festungsbaumeister Vauban mit der Durchführung des Projekts. Er begann den Bau ein Jahr später. Vauban hat sich in ganz FRANKREICH mit seinen Bauten verewigt. Wenn Sie jemals vor einer befestigten mittelalterlichen Stadt stehen, die eventuell noch sternförmig angelegt ist, können Sie lässig den Namen Vaubans im Gespräch mit Freunden fallen lassen. Die Trefferquote liegt bei 90%.

Von Fort Médoc ist nicht mehr allzuviel übrig geblieben. Trotzdem lohnt sich der kleine Abstecher. Direkt am Eingang, noch bevor Sie die Porte Royale durchschreiten, sehen Sie oben am Torbogen das Sonnensymbol Ludwigs XIV., darunter dessen Wappenschild mit der Lilie.

Öffnungszeiten Fort Médoc:
Mai - Oktober: 9 - 20 Uhr

Im Inneren ist auf der linken Seite im Torbogen eine Art Heimatmuseum, auf der rechten Seite zuvor das Kassenhäuschen. Allein der Blick über die *Gironde* bis nach BLAYE ist den geringen Obolus schon wert. Im Innenhof sind auf der rechten Seite noch die Kapelle und ein Teil der Kasernen

Fort Médoc - Porte Royale

sowie das Pulverhaus zu sehen. Direkt an der Gironde können Sie das Wachhäuschen besichtigen. Von dort genießen wir auch die schon erwähnte Aussicht. Durch ein Schleusensystem konnten die Verteidigungsgräben, die immer noch erhalten sind, mit Wasser aus der Gironde gefüllt werden. Auf dem Rückweg sollten Sie auch noch einen Blick auf die Räume im ersten Stock des Torgebäudes werfen. Unter anderem finden Sie dort die Bedienungsvorrichtung für die Falltür.

Auf dem selben Weg auf dem wir hergekommen sind fahren wir wieder zurück nach COUSSAC-LE-VIEUX. Dort biegen wir rechts ab und folgen nun den Schildern nach PAUILLAC. Inmitten eines Kreisels in COUSSAC finden Sie eine Nachbildung des Eingangstores des Fort Médoc. Bald darauf erreichen wir BEYCHEVELLE mit seinem berühmten Château. In den meisten Reiseführern werden Sie lesen, dass der Name vom

Blumenschmuck in Beychevelle

okzitanischen „baishavela“ kommt, was soviel heißt wie „Segel einholen“! Darüber, warum denn nun die Segel eingeholt wurden, herrscht Uneinigkeit. War es ein Gruß an den Schlossherren, der die napoleonische Flotte finanziell unterstützte? Oder war es einfach üblich hier die Segel einzuholen, um die restliche Strecke bis Bordeaux mittels Muskelkraft oder mit Hilfe der Gezeitenströmung zu bewältigen? Hatte der Baron von Beychevelle eine Art Zollrecht, und mussten die Schiffe ihre Fahrt zur Entrichtung der Abgabe hier ihre Fahrt unterbrechen? Oder mussten die Franzosen hier die Segel einholen, um ihre Niederlage gegen die Gasconen einzugestehen? Suchen Sie sich Ihre Version heraus. Sie ist genauso wahr oder unwahr wie die anderen.

Öffnungszeiten Château Beychevelle:
Montag - Freitag 10 - 12 und 13.30 - 17 Uhr
im Juli und August auch samstags

Pforte des Château Beychevelle

Nach kurzer Fahrt erreichen wir, weiterhin nach Norden fahrend, in St-Lambert das malerische Château Pichon-Longueville (Baron). Es liegt auf der linken Seite der Straße und lädt geradezu zur Besichtigung ein. Den Parkplatz finden Sie direkt nach dem Gebäude ebenfalls auf der linken Seite. Es handelt sich immerhin um ein Weingut der zweithöchsten Qualitätsstufe des Médoc „Deuxième Grand Cru Classé“. Auf der gegenüberliegenden Seite der D 2, der sogenannten „Route du Vin“, liegt das Schwestergut „Château Pichon-Longueville Comtesse Lalande“. Dieses Weingut, das durch Erbteilung entstanden ist, darf ebenfalls die hohen Weihen der Médoc-Klassifizie-

Öffnungszeiten Château Pichon-Longueville:
täglich nach Anmeldung
Tel.: 05 56 73 17 17
E-Mail: infochato@pichonlongueville.com
Deutsche Führung möglich

Château Pichon-Longueville

rung als „Deuxième Grand Cru Classé“ für sich in Anspruch nehmen.

Nur noch wenige Kilometer trennen uns jetzt von PAUILLAC. Dort hätte ich Ihnen einen Womo-Stellplatz und einen Campingplatz anzubieten. Sie werden in diesem Büchlein noch oft

(002) WOMO-Stellplatz: Pauillac

GPS: N 45° 11.733' W 0° 44.650 — Quai Paul Doumer
max. WOMOs: 3 - 4 — gebührenfrei
Ausstattung / Lage: Abfalleimer, Tische und Bänke / am Ufer der Gironde
Zufahrt: Am ersten Kreisel im Ort rechts abbiegen, dann den Schildern zum OTSI folgen. Direkt daneben, am Ufer der Gironde, können einige Wohnmobile stehen.
Sonstiges: Im OTSI Weinprobe möglich.

(C01) WOMO-Campingplatz-Tipp: Camping Municipal Les Gabarreys ****

GPS: N 45° 11.110' W 0° 44.495' — Route de la Rivière
Öffnungszeiten: Anfang April - Anfang Oktober
Ausstattung / Lage: Ver- und Entsorgung, schattig, Laden, Spielplatz / direkt am Ufer der Gironde gelegen
Zufahrt: Vom Kreisel am Ortseingang Richtung „Maison du Tourisme et du Vin“ abbiegen. Allerdings noch vor dem OTSI nach rechts abbiegen und dabei den Schildern „camping“ folgen.
E-Mail: camping.les.gabarreys@wanadoo.fr
Internet: www.pauillac-medoc.com

die Buchstabenfolge „OTSI“ lesen. Sie ist die Abkürzung für „Office de Tourisme - Syndicat d'Initiative“ und bedeutet einfach „Fremdenverkehrsamt“. OTSI erspart viel Tipparbeit am Computer und hat sich in Frankreich schon eingebürgert.

Unser weiteres Ziel ist ab PAUILLAC die nördliche Spitze des MÉDOC. Noch Châteaux gefällig? Mouton-Rothschild und Lafite-Rothschild möchten Sie noch besichtigen? Da müssen Sie schon ein eingefleischter Weinkenner sein um die Besichtigungshürden nehmen zu können. Lesen Sie im Allgemeinen Teil bei „Wein“ nach wie Sie in die hochherrschaftlichen Gefilde vordringen können. Ich möchte Sie lieber noch auf ein etwas kurios anmutendes Weingut aufmerksam machen. Wenige Kilometer hinter PAUILLAC kommen Sie am Château Cos d'Estournel vorbei. Dessen Besitzer hat ein Stück Orient ins MÉDOC entführt. Er war beim Sultan von Sansibar zu Gast und von der dortigen Architektur so begeistert, dass er für sein Château viele Stilelemente übernommen hatte. Nach der strengen Architektur von Pichon-Longeville ein willkommener Kontrast. Ein Blick auf das Eingangsportal und die Türmchen lohnt sich allemal. Natürlich können Sie dort auch Wein einkaufen...

Türmchen am Château Cos d'Estournel

Unsere Route führt weiter nach Norden. Folgen Sie mit uns den Schildern nach LESPARRE-MÉDOC. Dort erreichen wir die N 215. Ab hier richten wir uns nach den Wegweisern nach SOULAC oder LE VERDON-SUR-MER.

Die Straße führt zwar um den Ort VENSAC herum. Wir biegen allerdings ab und folgen der Beschilderung zur „Moulin de Vensac“. Die Schilder sind nicht immer gut zu sehen, und somit musste ich zwei Mal wenden und ein Stück zurückfah-

Der Müller refft die Segel der Moulin de Vensac

ren. Daher: Erhöhte Aufmerksamkeit! [GPS: N45° 23.946' W1° 03.084'] Die Windmühle ist noch in Betrieb, aber so richtig produziert wird hier nichts mehr. Das Gebäude stammt ursprünglich aus dem 18. Jahrhundert und wurde 1858 an dieser Stelle wieder aufgebaut. Mittlerweile wurde sie in den Jahren 1982 und 1983 schön restauriert. Dabei wurde großen Wert auf die Verwendung der ursprünglichen Materialien gelegt. Die Mühle kann während des Betriebes im Rahmen einer Führung besichtigt werden. Diese dauert etwa eine halbe Stunde und ist recht interessant. Wenn Sie kein Wort Französisch verstehen, nehmen Sie sich einfach am Eingang ein Infoblatt in deutscher Sprache mit. An verschiedenen Stationen sind Info-Tafeln angebracht, die auch in Deutsch die wichtigsten Funktionen erklären.

Öffnungszeiten Moulin de Vensac:
April - Mai: So. 14.30 - 18.30 Uhr
Juni: Sa. und So.: 10 - 12.30 und 14.30 - 18.30 Uhr
Juli, August: täglich 10 - 12.30 und 14.30 - 18.30 Uhr
Sept.: Sa. und So.: 10 - 12.30 und 14.30 - 18.30 Uhr
Oktober: So. 14.30 - 18.30 Uhr

Vor hier aus fahren wir wieder zurück zur breiten N 215. Knappe 20 Kilometer trennen uns noch von LE VERDON-SUR-MER, dem Ende unserer ersten Tour. Ein Schild mit Womo-Symbol rechts der Straße lässt mich aufmerksam werden. Wenn ich ihm Glauben schenken darf, sind es noch 3700 Meter bis zu einem Ver- und Entsorgungsplatz. In VERDON brauchen wir nur den Schildern zum „Plage de la Chambrette" zu folgen und erreichen dann einen Womo-Parkplatz, der recht ordentlich angelegt ist.

Wenn Sie sich am nahegelegenen Strand in die Fluten stürzen wollen, sollten Sie allerdings bedenken, dass Sie im Mündungstrichter der *Gironde* baden, was sich eigentlich nicht so schlimm anhört. Vielleicht sollte ich aber noch erwähnen, dass VERDON einer der größten Ölhäfen FRANKREICHS ist. Auf der Hinfahrt können Sie rechts die riesigen Lastkräne des Containerterminals erkennen. Hier werden die Schiffe abgefertigt, die zu groß sind, um bis BORDEAUX fahren zu können. Trotzdem gönnen wir uns den Strandaufenthalt, den wir schon am Beginn der Tour angestrebt hatten. Man muss ja nicht unbedingt ins Wasser gehen.

(003) WOMO-Badeplatz: Le Verdon

GPS: N 45° 32.767' W 1° 03.267' Rue du Levant
max. WOMOs: > 5 gebührenfrei
Ausstattung / Lage: Ver- und Entsorgung, Strandtoiletten, Abfalleimer, Wertstoff-Container, Telefonzelle, Stranddusche / am Ufer der Gironde, 100 m zum Sandstrand
Zufahrt: In Verdon den Schildern zum „Plage de la Chambrette" folgen.
Sonstiges: Wasser und Strom mit Jetons zu 3 EUR. Erhältlich im OTSI, der Verwaltung und in verschiedenen Geschäften, die auf einer Info-Tafel stehen, allerdings alle recht weit entfernt liegen.

TOUR 2 (306 km)

Le Verdon — Lacanau-Océan — Cap Ferret — Bordeaux

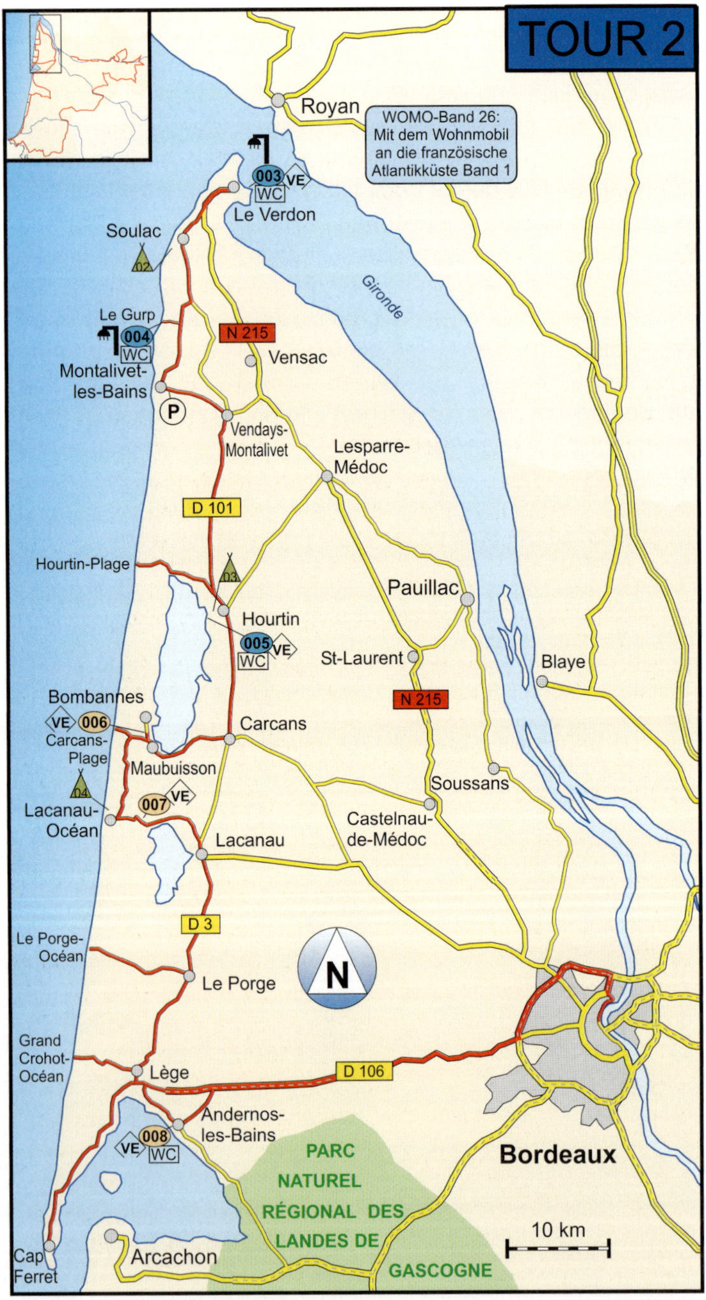

Übernachten:	Le Gurp, Hourtin-Port, Maubuisson, Le Huga, Andernos-les-Bains
Baden:	Le Gurp, Montalivet-les-Bains; Hourtin-Plage; Hourtin-Port; Maubuisson; Carcans-Plage; Lacanau-Océan; Le Porge-Océan; Grand Crohot Océan
Campingplatz:	Les Sables d'Argent, Les Ourmes, Les Grands Pins
Markt:	Maubuisson (Mi.)

Ab jetzt wollen wir nun endlich die Strände der offenen Atlantikküste besuchen. Dazu fahren wir erst einmal in Richtung SOULAC. Allerdings lauert hier eine Falle: Folgen Sie nicht den Schildern „par front de mer" wenn Ihr Fahrzeug höher ist als 2,90 Meter. SOULAC kann mich wenig begeistern. Der negative Eindruck verstärkt sich dadurch, dass Wohnmobile wohl nicht gern gesehen sind, werden Sie doch rigoros auf Campingplätze verbannt. Also fahren wir weiter: „Route des Lacs" hört sich nicht schlecht an. Dieser Richtung werden wir weiterhin folgen. Dort treffen wir auch bald schon auf eine Abzweigung nach AMÉLIE-SUR-MER, wo ich Ihnen einen Campingplatz empfehlen kann. Sowohl der Ortsteil AMÉLIE als auch der Campingplatz sind ab der Ortsmitte von SOULAC gut beschildert.

(C02) WOMO-Campingplatz-Tipp: Les Sables d'Argent ***

GPS: N 45° 29.932' W 1° 08.233' Boulevard de l'Amélie
Öffnungszeiten: 1.4. - 30.9.
Ausstattung / Lage: Ver- und Entsorgung, schattig, Laden, Restaurant, Spielplatz, Fahrrad-Verleih, Internet-Zugang / direkter Meerzugang, nächster Ort: 1000 m.
Zufahrt: Von Soulac kommend, an der Straße nach Amélie gelegen. Gut ausgeschildert.
E-Mail: sables@lellhan.com
Internet: www.sables-d-argent.com (deutsche Textversion)

Noch ein Stück weiter nach Süden auf der „Route des Lacs" ein Schild: „LE GURP 5 km". Endlich ein Strand nach unseren Vorstellungen! Das Schild ist nicht zu übersehen und wir finden einen großen Parkplatz am Ende der Stichstraße. Ein Teilbereich wurde offiziell zum Womo-Stellplatz erklärt. Einzige Bedingung, wenn man den Anschlag im DIN A4-Format zusammenfasst: Man soll sich benehmen! Hier können Sie übernachten, wenn Sie morgens nicht eine Bäckerei vor der Tür brauchen.

Hauptsächlich Surfer sind hier anzutreffen. Und Bunker. Zuerst glaube ich meinen Augen nicht zu trauen, als ich diese Ungetüme am Strand sehe. Vauban war da kreativer. Auf den

(004) WOMO-Badeplatz: Le Gurp

GPS: N 45° 26.034' W 1° 09.132' (kein Straßenname)
max. WOMOs: > 5 gebührenfrei
Ausstattung / Lage: Toiletten, Mülleimer, Wertstoff-Container, Telefonzelle / außerhalb, direkt am Meer
Zufahrt: Den Schildern zum Strand „Le Gurp" folgen. Nur durch die Düne vom Strand getrennt.
Sonstiges: Maximale Dauer 48 Stunden

zweiten Blick kann ich ihnen allerdings eine gewisse Ästhetik nicht absprechen, weil diese für tausend Jahre konstruierten Betonklötze so schief und hilflos am Strand herum liegen. Die Graffiti auf den Betonkolossen tun ein Übriges um ihnen ihre Bedrohlichkeit zu nehmen. Lästige Fremdkörper, die man abreißen sollte oder Mahnmale, die es gilt zu erhalten? Dem *Atlantik* ist das egal. Er wird sich in einigen Jahrhunderten die Bauten einverleiben und einen Sandstrand hinterlassen. — Wenn nicht wieder jemand auf die Idee kommt seine Wehrhaftigkeit in Tonnen von Beton zu manifestieren.

Bunkergraffiti in Le Gurp

Uns zieht es weiter nach Süden. MONTALIVET-LES-BAINS ist der nächste Ort auf unserer „Route des Lacs". Hier gibt's jede Menge Sandstrand entlang der Küstenstraße. Leider können Wohnmobile während der Saison nicht überall parken.

In und um MONTALIVET ist das größte FKK-Gebiet Europas. Daher gehören die meisten Strandabschnitte zu den Nudistencamps und sind nicht ohne weiteres zugänglich. Es gibt einen Stellplatz in MONTALIVET, den ich allerdings dermaßen unattraktiv finde, dass ich ihm kein Kästchen widmen will. Wer ihn sucht, fährt Richtung „Camping municipal".

Ich gehe einmal davon aus, dass Sie wie wir einen schönen Badeplatz gefunden haben. Es stehen noch jede Menge Strände auf meiner Liste. Und wenn es anfängt langweilig zu werden (Immer nur Strände!!!) habe ich auch noch ein paar Überraschungen im Hinterland für Sie parat.

Es ist sinnvoll wenn wir uns jetzt vom Meer verabschieden und nach VENDAYS-MONTALIVET fahren. Die Küstenstraße — wenn man überhaupt davon reden kann — ist eigentlich ein besserer Forstweg. In VENDAYS dann biegen wir in einer Linkskurve rechts ab nach HOURTIN. Kilometerweit führt der Weg — meistens geradeaus — durch Pinienwälder. Viele Orte in der Nähe der Küste gibt es einmal in echt und einmal mit der Ergänzung -Plage oder -Océan für die Touristen. Letztgenannte führen außerhalb der Saison meist ein tristes Dasein. HOURTIN setzt dem noch eins drauf und existiert als Dreifaltigkeit von HOURTIN - BOURG, HOURTIN-PLAGE und HOURTIN-PORT. Des Rätsels Lösung: Der Ort liegt sowohl in der Nähe des *Atlantiks* als auch am *Lac d'Hourtin-Carcans*, dem größten Binnensee Frankreichs.

In CARTIGNAC müssen Sie sich entscheiden: Wollen Sie sich in die Fluten des Ozeans stürzen oder eher gemächlich am Seeufer baden gehen? Im ersten Fall biegen Sie rechts ab und folgen den Schildern nach HOURTIN-PLAGE. Auch hier haben wir wieder einen großen Sandstrand vor uns. Durch die herrschende starke Brandung wird der Ort hauptsächlich von Surfern geschätzt. Direkt an der Uferpromenade herrscht zwischen 21 und 8 Uhr Parkverbot für uns Womofahrer. Tagsüber dürfen Sie jedoch, wenn Sie einen Platz finden, überall stehen. Falls nicht, können Sie nach der Parkplatzsuchrunde wieder Richtung HOURTIN zurückfahren und auf der linken Seite fast schon am Ortsausgang eventuell noch einen Platz finden [GPS: N45° 13.392 W1° 10.020]. Sie sind dann aber schon etliche Meter vom Meer entfernt. Wenn Sie schwerere Ausrüstungsgegenstände mitschleppen müssen, wird's anstrengend. Mit nichts als Handtuch und Sonnenöl unterm Arm nehmen Sie die Strecke mit links. Abends müssen Sie allerdings auch hier wieder wegfahren. Aber ich habe einen Stellplatz für Sie ganz in der Nähe. Ein Campingplatz ist auch nicht weit.

Wenn Ihnen die Wellen am *Atlantik* zu stark sind gibt es die kinderfreundliche Alternative HOURTIN-PORT am *Lac d'Hourtin-Carcans*. Dazu müssen wir allerdings erst einmal nach HOURTIN fahren. Dort sind schon gleich am Ortseingang die entsprechenden Schilder zu sehen.

Bevor wir nach HOURTIN-PORT kommen, erreichen wir zuerst den Campingplatz.

(C03) WOMO-Campingplatz-Tipp: Les Ourmes ***

GPS: N 45° 10.910' W 1° 04.532' Avenue du Lac
Öffnungszeiten: 1.4. - 30.9.
Ausstattung / Lage: Ver- und Entsorgung, sehr schattig, Laden, Restaurant, Spielplatz, Pool / 500 m zum See.
Zufahrt: Von Hourtin aus in Richtung Hourtin-Port fahren. Auf der linken Seite gelegen. Großes Schild, leicht zu finden.
E-Mail: lesourmes@free.fr
Internet: www.lesourmes.com (deutsche Textversion)

Gleich darauf sehen wir, ebenfalls auf der linken Seite, den Stellplatz.

(005) WOMO-Badeplatz: Hourtin-Port

GPS: N 45° 10.817' W 1° 04.915' Avenue du Lac
max. WOMOs: > 5 mittlere Gebühr 23 - 7 Uhr
Ausstattung / Lage: Ver- und Entsorgung, Toiletten, Mülleimer, Telefonzelle, Tische und Bänke, Freizeiteinrichtungen, Fahrradverleih / direkt am See gelegen, 200 zum Sandstrand
Zufahrt: Von Hourtin(-Bourg) aus sehr gut beschildert. Die Straße endet am Lac d'Hourtin-Carcans. Dort ist ein Parkplatz in einem Wäldchen, daneben der Stellplatz. An der Kasse des Fahrradverleihs können Sie die Jetons für Frischwasser erwerben und die Übernachtungsgebühr entrichten, dann sind die Jetons inbegriffen. Die Gebühr ist angesichts der Lage und des Freizeitangebotes angemessen.

Unsere Kinder verbringen einen ganzen Tag hier ohne auch nur ein einziges Mal nach uns zu fragen. Außer einer Minigolfanlage ganz in der Nähe des Stellplatzes gibt es noch eine eigene Spielinsel für Kinder, die „Île aux enfants", eine Art Abenteuerspielplatz für Kinder bis 13. Natürlich lockt auch der Strand. Die Wellen sind dort wesentlich zahmer als am *Atlantik* und das Baden wird überwacht. Eine Crêperie für den kleinen Hunger zwischendurch gibt es ebenso wie ein Eiscafé für die Abkühlung, wenn's zu heiß her geht. Kurz: Unsere Kids haben sich sehr wohl gefühlt — wir dadurch auch! Wenn Sie hier nicht nur faulenzen wollen, können Sie auf den gut ausgebauten Wegen radeln: Am gegenüberliegenden Seeufer sind Dünen mit bis zu 70 Metern Höhe zu finden. Ein lohnendes Ziel!

Am Lac d'Hourtin-Carcans in Hourtin-Port

Wir fahren von HOURTIN aus nach CARCANS. Und auch hier ist es nicht der Ort selbst, den wir besuchen wollen, sondern seinen Küstenableger CARCANS-PLAGE. Am Ortseingang von MAUBUISSON lädt uns ein Schild „Par Front du Lac“ ein, ihm nach rechts zu folgen. Ein langer Sandstrand ist wie geschaffen um wieder einmal den Fahrersitz mit dem Badetuch zu tauschen. Aber wo parken? Längs der Straße herrscht ein Halteverbot für Womos vom 1.5. bis zum 30.9. Lediglich ganz am Anfang und ganz am Ende der Promenade gibt es Ausweichparkplätze, die nur nachts für uns gesperrt sind aber direkt am See liegen. Allerdings gibt es nach kurzer Fahrstrecke einen Übernachtungsplatz.

Am Lac d'Hourtin-Carcans in Maubuisson

(006) WOMO-Stellplatz: Maubuisson

GPS: N 45° 05.117' W 1° 08.899' (ohne Straßenname)
max. WOMOs: > 5 gebührenfrei
Ausstattung / Lage: Ver- und Entsorgung, Mülleimer, Schutzhütte / im Wald
Zufahrt: Wenn Sie am Ortsende von Maubuisson am Kreisel rechts abbiegen nach Bombannes, kommen Sie nach 1500 Metern zum Stellplatz auf der linken Straßenseite. Er ist recht naturbelassen, obwohl eine Schutzhütte und eine Ver- und Entsorgungseinrichtung gebaut wurde, die übrigens nichts kostet. Allerdings ist es nicht jedermanns Sache mitten im Wald zu stehen. Mit „schnell mal Baguette einkaufen" am nächsten Morgen ist da nichts!

Zu unserem nächsten *Atlantik*-Strand fahren wir zurück zum Kreisel am Ortsausgang von MAUBUISSON und von dort aus nach CARCANS-PLAGE. Zwischen den Orten treffen wir wieder auf ein dichtes Radwanderwegenetz. CARCANS-PLAGE hat auf allen Parkplätzen durch entsprechende Schilder die Wohnmobile von 21 bis 8 Uhr verbannt. Auf dem größten Platz, links der Hauptstraße wenn Sie auf den Strand zufahren, gilt diese Regelung nur vom 1.5. bis zum 30.9. Die Frage ist dann nur: Was wollen Sie außerhalb der Saison in CARCANS-PLAGE, der Ort ist dann nämlich ausgestorben. Der Strand ist mit den bisherigen vergleichbar.

Jetzt endlich wollen wir nach LACANAU-OCÉAN, wo wir eigentlich ganz zu Beginn unserer Tour 1 hinwollten — Sie erinnern sich? Dazu müssen wir einen guten Kilometer zurückfahren nach CARCANS und können dann rechts abbiegen. In LACANAU-OCÉAN bietet sich uns das selbe Bild das wir schon von den anderen Küstenorten gewohnt sind: Direkt an der Strandpromenade Halteverbot für Wohnmobile. Einige nicht für uns gesperrte Plätze werden Sie finden, die sind jedoch alle nicht in Strandnähe. Da wir einfach nur einen Strandspaziergang machen wollen, ist das für uns kein Problem. Eventuell wollen Sie aber gerade deshalb nach LACANAU-OCÉAN weil Sie hier ihr Surf-Paradies suchen. Hier werden nämlich Surfmeisterschaften ausgetragen, entsprechend reizvoll ist die Küste hier für Sportler. Sie müssen dann Ihre Ausrüstung schon ein paar Meter schleppen.

Der Strand kommt mir riesig vor und ich denke, dass selbst in der Saison, wenn es hier im Ort von Menschen wimmelt, immer noch ein Plätzchen frei sein sollte, an dem Sie sich am Meer ausbreiten können.

(C04) WOMO-Campingplatz-Tipp: Les Grands Pins ****

GPS: N 45° 00.650' W 1° 11.684' (kein Straßenname)
Öffnungszeiten: Anfang April - Ende September
Ausstattung / Lage: Ver- und Entsorgung, sehr schattig, Laden, Restaurant, Spielplatz, beheizter Pool / direkter Meerzugang
Zufahrt: In Lacanau-Océan Richtung Plages Nord fahren.
E-Mail: reception@lesgrandspins.com
Internet: www.lesgrandspins.com (deutsche Textversion)

Den Weg nach LACANAU finden wir, wenn wir den Schildern nach BORDEAUX folgen. Dabei kommen wir durch LE HUGA.

(007) WOMO-Stellplatz: Le Huga

GPS: N 45° 00.383' W 1° 09.335' Allée de Sauviels
max. WOMOs: > 5 mittlere Gebühr
Ausstattung / Lage: Ver- und Entsorgung, Mülleimer, dezentrale Versorgung / außerhalb des Ortes
Zufahrt: Auf der Fahrt von Lacanau-Océan nach Lacanau kommen Sie durch Le Huga. Kurz vor Ende des Weilers sehen Sie ein Schild zum Stellplatz nach links weisen (Radweg überqueren). Jeder Stellplatz mit Strom- und Wasseranschluss, der im Preis enthalten ist, aber jwd.
Sonstiges: Maximale Dauer 24 Stunden.

In die Großstadt wollen wir allerdings noch nicht. Auf der Michelin-Karte habe ich noch zwei Strände entdeckt, bei denen keine Ortschaften eingezeichnet sind. Die möchte ich mir noch anschauen. Außerdem reizt mich das CAP FERRET am südlichen Zipfel einer Landzunge am *Bassin d'Arcachon*. Wenn Sie hierfür kein Interesse mitbringen, können Sie jetzt jedoch gleich nach BORDEAUX fahren. Wir treffen uns zu Beginn der Tour 3 wieder.

Wenn Sie mir weiter folgen wollen, fahren Sie in LACANAU geradeaus, wenn die Hauptstraße nach BORDEAUX links abgeht. Sie erreichen LE PORGE und biegen dann rechts ab nach LE PORGE-OCÉAN. Hier erwartet uns ein riesiger Strand mit enorm vielen Parkplätzen. Kommen Sie bitte nicht auf die Idee, auf der Stichstraße zum Strand mal eben auf den Seitenstreifen zu fahren. Der Dünensand verzeiht Ihnen diesen Fehler nicht. Fast bei jedem Besuch habe ich schwitzende Familienväter gesehen, die mit Spaten und Ästen ihr Womo wieder frei bekommen wollten. Ihren Solidaritäts-Impuls sollten Sie unterdrücken, denn wenn Sie helfen wollten, müssten Sie die Straße verlassen...

Am Ende der Stichstraße zur Küste können wir an einem Kreisel wählen ob wir auf dem Platz mit 1300 oder 1800 Parkbuchten halten wollen [GPS: z.B. N44° 53.532' W1° 12.732']. Beide liegen im Wald, auf beiden dürfen wir nicht übernachten und von beiden haben Sie die gleiche Strecke zum Strand zurückzulegen.

Der einzige Weg führt von hier aus zurück nach LE PORGE. Wieder einmal biegen wir dann im Ort rechts ab nach LÈGE-CAP FERRET. Von dort aus wollen wir noch nach GRAND CROHOT-OCÉAN. Das soll dann unser letzter Strandbesuch nördlich des *Beckens von Arcachon* werden.

Auch hier finden wir wieder einen Riesenparkplatz für 1500 Fahrzeuge vor und auch hier müssen Sie einige Meter zu Fuß bewältigen bis Sie am Meer sind [GPS: z.B. N44° 47.994' W1° 13.764']. Auch hier dürfen Sie nicht übernachten, aber das kennen wir ja nun schon. Gespannt sind wir auf die Aussicht, die in der Karte eingezeichnet ist. Dabei werden wir allerdings ein wenig enttäuscht, schöner als auf den Dünen der anderen Strände ist sie meiner Meinung nach nicht. Was soll ich über den Strand noch schreiben ohne mich zu wiederholen? Er wird Ihnen bekannt vorkommen.

Auch das weitere Procedere ist nicht neu: Auf dem Weg, auf dem wir gekommen sind, fahren wir wieder zurück nach LÈGE-CAP FERRET. Dabei können Sie auf der rechten Seite der Straße noch einen Picknickplatz ansteuern.

Jetzt muss ich Sie allerdings warnen: Wenn Sie mit mir von hier aus noch weiter nach Süden fahren wollen zum CAP FERRET, kann ich Ihnen das nur empfehlen, wenn Sie ein Mensch der Extreme sind. Das einzige, was es dort noch gibt, ist — außer aneinandergereihten Ortschaften — der Blick von CAP FERRET auf die DUNE DE PYLA von der weniger bekannten Meerseite her.

Entscheiden Sie sich also, ob Sie den Abstecher machen möchten oder gleich in Richtung BORDEAUX weiter fahren wollen. In diesem Fall finden Sie auf der gegenüberliegenden Seite noch einen Stellplatz.

Blick auf die Dune de Pilat vom Cap Ferret aus

Die Straße von LÈGE nach CAP FERRET ist recht eintönig. Die Michelin-Karte will mir mehrere Orte auf der Strecke vorgaukeln. In Wirklichkeit beginnt kurz hinter LÈGE die Bebauung und die zieht sich bis zum Ende der Landzunge hin. In CAP FERRET können Sie sich Richtung „Phare" oder „Le Pointe" orientieren, um die DUNE DE PYLA zu sehen. Einen schönen Blick haben Sie, wenn Sie vom Parkplatz am Ende der Avenue du Sémaphore, am Place de la Liberté, zum Strand gehen [GPS:N44° 37.742' W1° 14.627'].

Von hier aus gibt es nur eine Richtung in die wir fahren können: Zurück nach LÈGE. Die Strecke ist bekannt eintönig. Kurz vor LÈGE können wir auf die D 106 in Richtung BORDEAUX fahren.

Ich darf Sie jetzt kurz auf mögliche Varianten der Streckenführung aufmerksam machen. Die Tour 3 ist eine reine Besichtigungstour per Pedes durch BORDEAUX. Ohne schöne Übernachtungsmöglichkeit - ohne Ver- oder Entsorgung. Gelegenheit hierzu haben Sie in ANDERNOS-LES-BAINS, einem Ort, den Sie leicht von der D 106 aus erreichen können. Sollten Sie BORDEAUX nicht besuchen wollen, können Sie von ANDERNOS auch auf der Ostseite des Beckens von ARCACHON weiterfahren zur Tour 4.

(008) WOMO-Stellplatz: Andernos-les-Bains

GPS: N 44° 44.626' W 1° 06.521' — Port Ostréicole
max. WOMOs: > 5 — mittlere Gebühr
Ausstattung / Lage: Ver- und Entsorgung, Toiletten, Mülleimer, Spielplatz in der Nähe / am Ortsrand, in Hafennähe
Zufahrt: Nach der Einfahrt in den Ort ist am ersten Kreisel das „Quartier Ostréiculture" bereits ausgeschildert. Diesen Schildern folgen, bis es rechts abgeht zum „Parking Camping Car".
Sonstiges: Der offizielle Stellplatz fasst nur ca. 10 Womos. Allerdings stehen die Reisemobile, trotz Verbotsschildern, kreuz und quer im Hafengebiet.

TOUR 3 (Stadtspaziergang)

Bordeaux

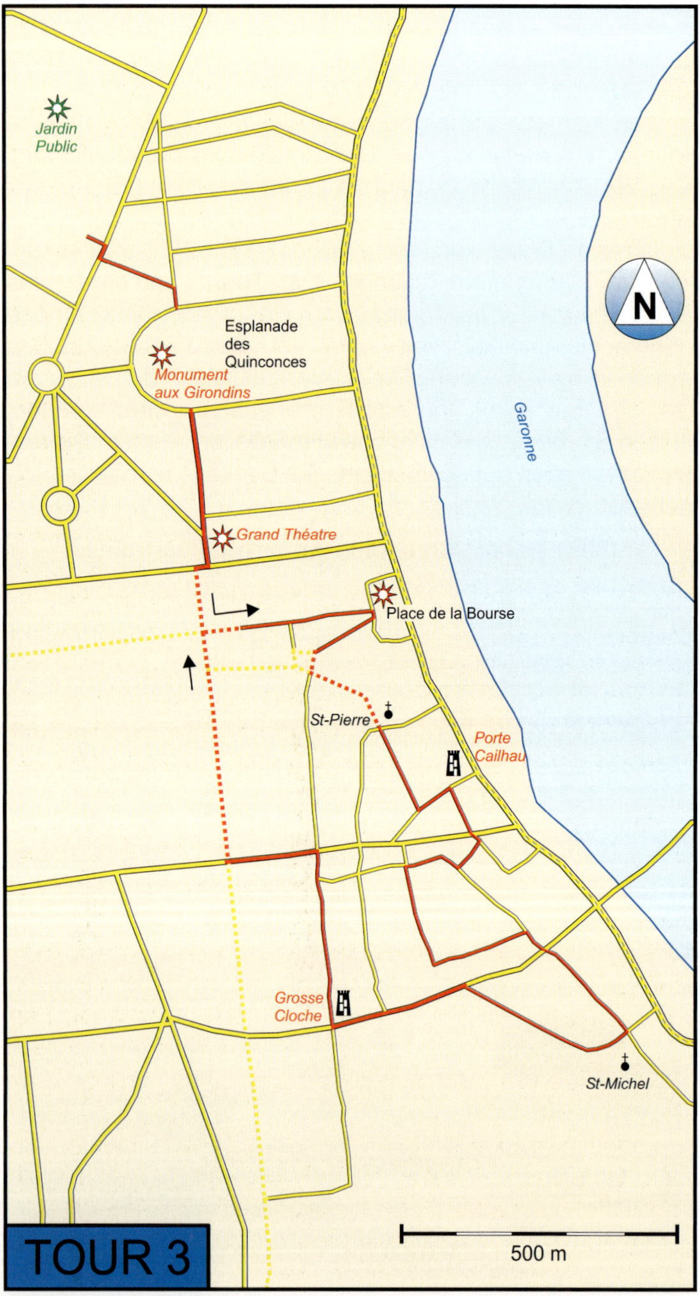

Besichtigen:	Girondistendenkmal, Place de la Bourse, Porte Cailhau, Grosse Cloche
Spazieren:	Im Jardin Public
Markt:	An der Kirche St-Pierre (Biomarkt Do.); an der Basilika St-Michel (Flohmarkt täglich außer Sa.)

Jetzt stehe ich vor der schwierigen Aufgabe, Ihnen eine Wegbeschreibung zur ESPLANADE DES QUINCONCES zu liefern. Am einfachsten ist es, auf die Rocade in Richtung PARIS zu fahren und diese bei der Ausfahrt „Bordeaux-Lac" wieder zu verlassen. „Centre Ville" ist ab hier ausgeschildert. Diesen Wegweisern folgen Sie dann bis Sie das Gefühl haben im Zentrum zu sein. Wenn jetzt noch die *Garonne* zu Ihrer Linken fließt, haben Sie den größten Teil schon geschafft. Eine mehrspurige Straße führt mit einem kleinen Abstand an deren Ufer entlang. Zwei Brücken überspannen die *Garonne*. Sie müssen auf jeden Fall nördlich davon bleiben. Nebenstehender Plan kann Ihnen im Zentrum behilflich sein.

Der schwierige Teil kommt erst jetzt: Sie sollten einen Parkplatz finden. Leider ist es mittlerweile sehr schwer geworden im Zentrum zu parken. Die Gegend um die ESPLANADE DES QUINCONCES ist eine Großbaustelle. 2004 sah ich mich nur von gelben Straßenmarkierungen, umgedrehten Einbahnstraßen und Einfahrverboten umgeben. 2007 war die Lage ähnlich. Bis zur nächsten Auflage wird die Situation sich hoffentlich verbessern. Der gesamte Bereich zwischen Zentrum und *Garonne* wird neu gestaltet. Es werden Bus- und Taxi-Spuren an- und umgelegt, eine Trasse für die S-Bahn neu gebaut; kurzum es ist chaotisch. Hin und wieder konnten Wohnmobile zwischen Straße und *Garonne* stehen, dann mal wieder nicht, dann mal wieder doch.

Wenn Sie so im Verkehrsstrom dahinschwimmen, sollten Sie nach rechts abbiegen wenn Sie Schilder zum Jardin Public sehen. In der Nähe dieses Parks hatte ich mehrmals das Glück einen Parkplatz zu finden. Parkscheinautomaten sind die Regel. Füttern Sie sie mit Münzen für 3 - 4 Stunden. Eine schöne Geste der Stadt: 2007 trugen im Sommer die Parkscheinautomaten den netten Aufkleber „Keine Parkgebühr im August". Ich hoffe jetzt mal, dass Sie ein Plätzchen für Ihr Womo finden und beginne an der ESPLANADE DES QUINCONCES mit diesem Kapitel.

Die wichtigsten Sehenswürdigkeiten der Stadt werde ich Ihnen bei einem Rundgang zu Fuß vorstellen. Wenn möglich sollten Sie nicht gerade einen Sonntag zum Besuch Bordeaux' einplanen, denn dann sind einige Strecken recht trostlos. Wir starten - wie bereits erwähnt - an der ESPLANADE DES QUIN-

Monument aux Girondins

CONCES. Hier sehen Sie das 50 Meter hohe „Monument aux Girondins“, ein Denkmal für die 1792 hingerichteten Girondisten, links und rechts davon einen Brunnen mit allegorischen

Figuren. Die Girondisten lehnten sich während der Revolution gegen die Zentralisierung auf, wollten mehr Selbstständigkeit für ihre Stadt. Deshalb wurden viele von ihnen verhaftet oder ermordet. Es lohnt sich, den einzelnen Figuren in den Brunnen und an der Säule Beach-

Brunnenfigur am Monument aux Girondins

tung zu schenken. Sie sind alle sehr ausdrucksstark. Auf der Südseite wird der Triumph der Republik gefeiert. Vier Pferde ziehen einen Triumphwagen aus dem Wasser. Lüge, Unwissenheit und Laster versinken hingegen in den Fluten. Der Brunnen auf der entgegengesetzten Seite widmet sich der Eintracht zwischen Bauern, Bürgern und Arbeitern. Wenn Sie mit dem Rücken zur *Garonne* vor dem Denkmal stehen, verlassen Sie jetzt den Platz nach links. Unser nächstes Ziel ist schon fast in Sichtweite. Das Grand Théatre, das zu den schönsten Theatern Frankreichs gezählt wird, erreichen Sie, wenn Sie an der Touristeninformation vorbeigehen und zum PLACE DE LA COMÉDIE kommen. Der Pariser Architekt Victor Louis hat das Bauwerk in den Jahren 1775 - 1780 errichtet.

Die zwölf Säulen geben ihm ein antikes Flair und wirken eigentlich nur so wuchtig wenn man unmittelbar daneben steht. Betrachten Sie das Theater ruhig einmal von der gegenüberliegenden Seite des Platzes. Erst dann sehen Sie auch die Statuen auf der Balustrade. Wir setzen unseren Weg jetzt in der Fußgängerzone fort, die seitlich des Theaters beginnt. Sie werden übrigens diesen Rundgang wie er hier beschrieben ist in leicht abgewandelter Form in anderen Reiseführern wiederfinden. Es ist ganz einfach **die** Route um die wichtigsten Sehenswürdigkeiten zu besuchen. Für den Weg zwischen Porte Cailhau und Porte de la Grosse Cloche habe ich mich allerdings sehr stark an den Michelin Führer „Atlantikküste" gehalten. Weshalb ich das getan habe lesen Sie später.

Wir sind jetzt zunächst in der Fußgängerzone RUE ST-CATHERINE. Nach etwa 100 Metern biegen wir links ab in die RUE ST-RÉMI, durch die wir zum PLACE DE LA BOURSE kommen. Hier erwartet uns neben dem Brunnen mit den Drei Grazien und den stolzen Fassaden des Palais de la Bourse und des Musée des Douanes auch der Verkehrslärm der Uferstraße. Aus diesem Grund schicke ich Sie nun nicht am Ufer der *Garonne* weiter, sondern mache mit Ihnen einen kleinen Umweg.

Place de la Bourse

Durch die RUE FERNAND-PHILIPPART, direkt neben der RUE ST-RÉMI durch die wir gekommen sind, möchte ich mit Ihnen den Platz verlassen. Gleich darauf taucht der PLACE DU PARLEMENT auf. Er war früher Marktplatz, heute ist er von Gastronomie gesäumt. Trotzdem hat er nichts von seiner Schönheit eingebüßt.

Wir gehen von hier aus am anderen Ende des Platzes wieder mehr oder weniger Richtung *Garonne*. Das mag sich beim Lesen etwas verwirrend anhören, wenn Sie an Ort und Stelle sind, werden Sie wissen was ich meine. Die Straße heißt RUE DU PARLEMENT ST-PIERRE und gibt schon einen kleinen Hinweis darauf, dass wir zur Kirche St-Pierre kommen werden. Die Straßen sind jetzt nicht mehr so akkurat recht-

Die Kirche St-Pierre

winklig angeordnet wie bisher, wir kommen in die Altstadt „Vieux Bordeaux“.

Wir überqueren den Place St-Pierre und gehen durch die Rue des Argentiers zum Place du Palais. Von hier aus sieht man schon unser nächstes Ziel, die Porte Cailhau, ein Stadttor aus dem 15. Jahrhundert. Die Pforte ist zu besichtigen. Vom 15.6. bis zum 15.9. von 15 bis 19 Uhr können Sie sich im Innern die Geschichte Alt-Bordeaux’ vor Augen führen und auch die künftigen Pläne für dieses Stadtviertel einsehen. Besonders schön ist darüber hinaus der Blick vom oberen Stockwerk über die Stadt und den Fluss. Das Stadttor wurde

1495 fertiggestellt. Karl VIII. hatte gerade die Schlacht von Fornoue gewonnen und ließ sich das Tor als Triumphbogen umgestalten. Ursprünglich war die Porte Cailhau der einzige Zugang zum Château de l'Ombrière, von dem allerdings nichts mehr übrig geblieben ist.

Porte Cailhau

Ab hier werde ich, wie schon erwähnt, die Tour nach der Vorlage des Michelin-Reiseführers weiterführen. Jetzt möchte ich Ihnen auch verraten warum: Von hier aus müssen wir irgendwie zur Basilique St-Michel kommen. Da das Gewirr der kleinen Altstadtstraßen nicht einfach zu durchschauen ist, habe ich mich bei meinem ersten Besuch dem „Michelin" anvertraut — und dabei sehr eindrucksvolle Gassen kennengelernt. Gönnen Sie Ihren Augen jetzt etwas Ruhe und konzentrieren Sie sich auf Gerüche und Geräusche. Sie werden auf dem nächsten Kilometer den Nahen und Mittleren Osten und das nördliche Afrika riechen und hören können. Aber der Reihe nach: Von der Porte Cailhau gehen Sie durch die RUE AUSONE und überqueren dann den COURS D'ALSACE-LORRAINE. Jetzt müssen Sie rechts in die kleine Straße einbiegen (was der Michelin verschweigt). Erst dann können Sie, wieder rechts, in die RUE DE LA ROUSSELLE gehen. Sie war früher eine Einkaufsstraße, Wein- und Kornhändler hatten sich hier niedergelassen. Im Haus Nummer 25 wurde Michel Eyquem de Montaigne geboren. Er war Schriftsteller und Bürgermeister von BORDEAUX. Zur Abwechslung gehen wir jetzt einmal nach links in die RUE NEUVE. Am Ende der Straße gehen wir wieder nach links weiter. Bald erreichen wir wieder die RUE DE LA ROUSSELLE und biegen rechts ab. Jetzt sind wir an der Porte des Salinières, die früher Porte de Bourgogne hieß. Wir müssen nun den COURS VICTOR HUGO überqueren, der in seiner Verlängerung auf die Pont de Pierre führt. Dies ist in BORDEAUX die älteste Brücke über die *Garonne*. Napoleon I. brauchte für seinen Spanienfeldzug eine effektive Möglichkeit zur Überquerung des Flusses. Die Fährleute konnten die immensen Mengen an Kriegsgütern nicht bewältigen, also musste eine Brücke her. 1810 wurde daher eine Holzkonstruktion gebaut, die 1821 durch die Steinkonstruktion (... de Pierre) ersetzt wurde. Die Konstrukteure waren gar nicht begeistert, da die *Garonne* wegen ihrer Strömung, ihrer Breite und den regelmäßigen Hochwassern sie vor massive Probleme stellte. Aber es hat wohl geklappt, die Brücke steht immer noch. Sie hat übrigens 17 Bögen, soviel Buchstaben hat auch „Napoleon Bonaparte", aber das nur am Rande.

Die Grosse-Cloche

Wo waren wir stehengeblieben? Ach ja, wir haben den COURS VICTOR HUGO überquert. Jetzt folgen wir der RUE DE LA FUSTERIE bis zur Basilika St-Michel. Da selbst der DuMont wenig über die Basilika zu berichten weiß, habe ich auch kein schlechtes Gewissen, wenn ich nicht näher auf sie eingehe. Deshalb sollten Sie sich von einem Besuch jedoch nicht abhalten lassen. Eindrucksvoll ist auf jeden Fall der Glockenturm, der frei neben dem Gotteshaus steht. Immerhin ist er mit seinen 114 Metern der höchste Kirchturm Südfrankreichs. Auf dem Platz davor findet täglich außer Samstag ein kunterbunter Flohmarkt statt über den es sich lohnt zu schlendern. Ab hier sind wir auf dem Rückweg. Wir lassen die Basilika samt Turm auf unserer linken Seite und gehen durch die Rue des Faures zum Cours Victor Hugo, einer breiten Einkaufsstraße. Nach etwa 250 m sehen Sie auf der rechten Seite ein weiteres Stadttor, die Porte de la Grosse-Cloche. Sie ist eines der Wahrzeichen der Stadt und wurde im 15. Jahrhundert auf den Resten eines 200 Jahre älteren Tores erbaut. Die Glocke wurde früher bei besonderen Anlässen, so zum Beispiel zum Beginn der Weinlese geläutet. Wenn Sie uns jetzt durch das Tor in die Rue St-James folgen, sehen Sie rechts daneben die Kirche St-Eloi, in der früher die Ratsherren ihren Amtseid ablegten. Am Ende der Straße kommen wir zum Cours d'Alsace-et-Lorraine in den wir nach links einbiegen. Bald

Das Maison du Vin

darauf erreichen wir dann wieder die Fußgängerzone RUE ST-CATHERINE, in die ich Sie nach rechts schicken möchte. Sie wissen jetzt wieder wo Sie sind und ich bin froh, diese Abfolge von Links-Rechts-Anweisung beenden zu können.

Auf Ihrem Weg zurück zum Womo kommen Sie schräg gegenüber des Theaters noch zum Maison du Vin mit seiner etwas eigenwilligen Form. Hier können Sie sich über Weinanbau und -Verarbeitung informieren und verschiedene Weine ungezwungen verköstigen (kein Verkauf!). Natürlich hätte ich das Gebäude auch schon zu Beginn unseres Spaziergangs erwähnen können, es sieht nur aus der Richtung, aus der wir nun kommen, interessanter aus. Zurück zum PLACE DES QUINCONCES finden Sie bestimmt allein.

Vielleicht ist Ihnen in der hektischen Stadt ja auch mehr nach Ruhe zumute, dann finden Sie Entspannung im nahegelegenen Jardin Public. Besonders sonntags ist diese Variante dem vorgenannten Spaziergang vorzuziehen. Bei gleicher Situation wie zu Beginn des Kapitels (Blick auf das Monument des Girondins, *Garonne* im Rücken) verlassen Sie den PLACE DES QUINCONCES nach rechts und kommen so zum COURS DU MARÉCHAL FOCH. Sie erreichen nach kurzem Fußmarsch den COURS DE VERDUN und finden dort einen Eingang zum Park.

Der Jardin Public wurde als Englischer Garten angelegt. Mehr über den Einfluss der Engländer auf BORDEAUX können Sie im Allgemeinen Teil unter dem Stichwort „Geschichte“ lesen. Als Zugabe gibt es am westlichen Ende noch einen botanischen Garten. Hier können Sie die ausgefallensten Gewächse finden. Da alles akribisch genau klassifiziert ist, wissen Sie sogar als Laie, welches Pflänzchen Sie gerade vor

Jardin Public - Bootsanlegestelle

sich haben. Den ganzen Park durchzieht ein Teich über den mehrere malerische Brücken führen. Eine Kinderinsel mit allerlei Spielgerät sorgt dafür, dass sich auch der Nachwuchs hier nicht langweilt. An schönen Sommertagen können Sie mit einem Boot eine kleine Rundfahrt unternehmen. Für Bildungshungrige gibt es noch ein Naturkundemuseum in einer Ecke des Parks.

Hiermit beende ich das Kapitel BORDEAUX, obwohl es noch viel mehr zu sehen gibt. Aber unsere Kinder haben die Nase voll und wollen wieder ans Meer — und das sehen sie und natürlich auch Sie im nächsten Kapitol wieder.

Idylle im Jardin Public

TOUR 4 (254 km)

Arcachon — Biscarrosse — Sabres — Mimizan — Contis Plage

Übernachten:	Dune de Pyla, Biscarrosse-Plage, Navarrosse, Parentis-en-Born, Mimizan-Plage, Contis-Plage, Gastes, Ste-Eulalie-en-Born
Besichtigen:	Vogelschutzgebiet von La Teich, Dune de Pyla, Écomusée des Landes
Spazierengehen:	Auf der Dune de Pyla
Baden:	Plage de la Lagune, Navarrosse, Gastes, Mimizan-Plage, Contis-Plage
Campingplatz:	Le Petit Nice, Mayotte Vacances, Club Marina - Landes
Markt:	Parentis-en-Born (Do. u. So.), Labouheyre (So.)

Von BORDEAUX aus fahren wir wieder zur Ringautobahn „Rocade". Versuchen Sie sich so zu orientieren, dass Sie die *Garonne* links von sich haben. ARCACHON, unser nächstes Ziel, ist eigentlich recht gut ausgeschildert. Aber auch wenn Sie die Wegweiser übersehen ist das nicht weiter schlimm. Die Rocade erreichen Sie auf jeden Fall und spätestens dort werden Sie wieder richtig geleitet. Die Ringautobahn verlassen wir bei der Abfahrt 15. Ab hier fahren wir auf einer gebührenfreien Autobahn bis zum südöstlichen Zipfel des Beckens von ARCACHON. Wir befinden uns hier in einem Zentrum der Austernzucht.

Austern im Becken von Arcachon

Ein Teil des Beckens von Arcachon wird zur Austernzucht genutzt, die einen großen Wirtschaftsfaktor in der Region darstellt. Obwohl sich die Austern schon seit Menschengedenken gern in der Bucht aufhielten, wurde die Zucht erst Mitte des 19. Jahrhunderts begonnen. Der periodische Wasseraustausch und der nicht zu hohe Salzgehalt des Wassers im Becken bieten ideale Bedingungen für die Austern. Die Larven, die im Frühjahr ausgestoßen werden, werden durch den Gezeitenstrom hin- und hergespült und nisten sich an bereitgestellten Hindernissen ein. Meist sind das gekalkte Ziegelsteine oder Pfähle. Bis sie im Alter von 4 Jahren geerntet werden können, werden Sie mehrmals umgesiedelt. Teilweise bis in die Bucht von St-Malo oder in das Becken von Marennes. Neben ihren natürlichen Feinden wurde die Auster auch häufig von Krankheiten bedroht, die bestimmte Arten sogar aussterben ließen. Mittlerweile gedeiht hier eine japanische Sorte, die sich bisher als recht robust erwiesen hat. Arcachon ist einer der größten europäischen Austernparks.

Viele der Reiseführer, die ich immer mit mir herumschleppe, empfehlen eine Besichtigung des Vogelparks von LE TEICH. Etwas zögerlich habe ich den Park zum ersten Mal betreten, da ich kein ausgesprochener Vogelfan bin. Er hat uns allen jedoch sehr gut gefallen, deshalb werde auch ich ihm hier ein paar Absätze widmen.

Die Autobahn BORDEAUX - BAYONNE (A 63) verlassen wir an der Ausfahrt 22 und fahren weiter in Richtung ARCACHON. Von dieser Straße müssen wir bei der Anschlussstelle 3 ab-

Störche im Parc ornithologique du Teich

fahren. Danach brauchen Sie immer nur den Schildern zum „Parc ornithologique du Teich" zu folgen.

Im Mündungsdelta der *Eyre* wurde ein 120 ha großes Vogelschutzgebiet ausgewiesen. Während eines Jahres machen 250 Vogelarten im Park Station. Viele davon haben sich hier auch häuslich niedergelassen, bauen Nester und brüten. Gleich zu Beginn des Besuchs können Sie zwischen 3 verschiedenen Rundgängen wählen, die allerdings ineinandergreifen. Lassen Sie sich nicht von der angegebenen Zeitdauer abschrecken! Hierbei sind ausgiebige Beobachtungszeiten mit eingerechnet. Vergessen Sie auf keinen Fall Ihr Fernglas! Wenn Sie keins dabei haben, sollten Sie sich an der Kasse eines ausleihen. Da ich gerade von Kasse spreche: Die Eintrittspreise betrugen 2007 für Erwachsene 6,80 € und 4,80 € für Kinder.

Öffnungszeiten Vogelpark:
Januar - Mitte April: 10 - 18 Uhr
Mitte April - Juni: 10 - 19 Uhr
Juli - August: 10 - 20 Uhr
1. - 15 September: 10 - 19 Uhr
Mitte September - Dezember: 10 - 18 Uhr

Wir sind allen drei Rundgängen gefolgt und haben insgesamt etwas mehr als 3 Stunden gebraucht. Nicht mitgerechnet sind allerdings längere Pausen an den Beobachtungsstationen. Dabei handelt es sich um Holzunterstände mit schmalen Sehschlitzen. Damit Sie auch wissen, welche Tiere Sie gerade beobachten, hängen dort Tafeln, auf denen dankenswerterweise auch die deutschen Vogelnamen angeben sind. Es ist nämlich keine Bildungslücke wenn Sie nicht wissen, wie Schwarzkopfmöwe, Raubseeschwalbe, Zwergstrandläufer, Löffelente oder Pfuhlschnepfe auf französisch heißen. Von vielen Vogelarten waren mir selbst die deutschen Namen unbekannt.

Eines sollten Sie noch bedenken: Sie sind nicht im Zoo. Die Beobachtung des Wunschvogels ist nicht garantiert. Das muss ja auch nicht sein. Genießen Sie einfach ein paar Stunden intakte Natur und die herrschende Ruhe. Und noch eines: Lassen Sie Ihre Kinder sich vorher austoben. In Ihrem eigenen Interesse sollten Sie die Hinweisschilder, die um Ruhe bitten, beachten, sonst sehen Sie die Vögel alle nur davonfliegen.

Fahren Sie weiter mit uns Richtung Meer. Ein Superlativ erwartet uns: Die DUNE DE PYLA (früher hieß sie mal DUNE DU PILAT, dem hat wohl eine Rechtschreibreform ein Ende gesetzt). Mit einer Höhe von 114 m ist sie die höchste Düne Europas. Dem entsprechend ist auch der Touristenandrang und die daraus resultierende Vermarktung. Vor vielen Jahren konnten wir noch an einem x-beliebigen Platz in Dünennähe parken. Das ist mittlerweile kaum mehr möglich.

Mein Tipp: Nehmen Sie die Parkgebühr in Kauf und parken Sie auf dem offiziellen „Dünenparkplatz". Sie brauchen dazu lediglich den Hinweisschildern zur Düne zu folgen und dann an einem Kreisel zum Parkplatz abzubiegen. Er ist nicht zu verfehlen. Sie können dort sogar in einem speziell ausgewiesenen Bereich für Wohnmobile übernachten.

(009) WOMO-Stellplatz: Dune de Pyla

GPS: N 44° 35.850' W 1° 11.816' (kein Straßenname)
max. WOMOs: > 20 hohe Gebühr
Ausstattung / Lage: Toiletten, Mülleimer, Telefonzelle, Tische und Bänke
Zufahrt: Wie oben beschrieben.
Sonstiges: Ein spezieller Bereich für Wohnmobile ist ausgeschildert.

Den gewaltigen Sandhaufen können Sie vom Parkplatz aus über eine Treppe besteigen. Vor Jahren schien mir das

Die Dune de Pyla

Dune de Pyla

nicht die geeignete Methode auf eine Düne zu klettern und wir arbeiteten uns durch den Sand hoch. Dabei rutschten wir bei jedem Schritt vorwärts wieder einen dreiviertel Schritt zurück. Die ganze Aktion war dem Familienfrieden nicht förderlich; mittlerweile benutzen wir die Treppe. Die mehr als 150 Stufen bringen Sie bei hochsommerlichen Temperaturen allerdings auch schon außer Puste. Muss ich erzählen, dass Sie von hier oben eine sehr schöne Aussicht haben? Muss ich erwähnen, dass der Sonnenuntergang besonders schön ist? Muss ich erklären, wie viele Leute mich für bekloppt hielten, als ich mit Kameraausrüstung, Stativ und Sonnenschirm abends die Düne erklommen habe, um ein Titelfoto zu machen? Jährlich können Ihnen eineinhalb Millionen Menschen bestätigen, wie beeindruckend diese Düne ist. Sie merken schon, wenn Sie die Einsamkeit suchen, müssen Sie weit laufen.

„Sommerski“ an der Dune de Pyla

Direkt bei der Ausfahrt des Parkplatzes ist am Kreisel BISCARROSSE ausgeschildert. Für die nächsten Kilometer ist das die richtige Richtung. Noch ein Weilchen fahren wir an der Düne entlang, bis ein Schild zum Campingplatz „Le Petit Nice“ nach rechts in Richtung Meer weist.

(C05) WOMO-Campingplatz-Tipp: Le Petit Nice ***

GPS: N 44° 34.346' W 1° 13.218' Route de Biscarrosse
Öffnungszeiten: 1.4. - 30.9.
Ausstattung / Lage: Ver- und Entsorgung, schattig, Laden, Restaurant, Spielplatz, beheizter Pool / direkt am Atlantik
Zufahrt: Südlich der Dune de Pilat gelegen. Gut beschildert.
E-Mail: info@petitnice.com
Internet: www.petitnice.com (deutsche Textversion)

Einige Kilometer weiter biegt rechts eine kleine Straße zum „Plage de la Lagune“ nach rechts ab [GPS: N 44° 32.883' W 1° 14.617']. Dort versperrt kein Balken in 2 m Höhe die Zufahrt. Und wie wir feststellen können, ist es schön dort. Deshalb habe ich ein weißes P (für Picknickplatz) und ein weißes B (für Badeplatz) in die Karte eingezeichnet. Weiß deshalb, weil wir nicht übernachten dürfen. Wir finden hier Tische und Bänke, eine Toilette, sowie Duschen und Waschbecken. Der Strand ist direkt vor der Tür.

Plage de la Lagune

Es geht weiter nach Süden. Wieder einmal fahren wir durch ausgedehnte Wälder und wieder einmal stehen wir an einem Kreisel vor der Wahl: BISCARROSSE oder BISCARROSSE-PLAGE? Wir entscheiden uns, dem Votum unserer Kinder folgend, für die Touristenversion.

(010) WOMO-Badeplatz: Biscarrosse-Plage

GPS: N 44° 27.617' W 1° 14.785' (kein Straßenname)
max. WOMOs: > 20 mittlere Gebühr
Ausstattung / Lage: Ver- und Entsorgung, Mülleimer, Wertstoff-Container, Telefonzelle, Tische und Bänke
Zufahrt: Im Ort ab dem ersten Kreisel schon „Plage de Viviers“ und „Parking Camping Car“ ausgeschildert. Leicht zu finden.

Hier finden wir wieder einen ausgedehnten Sandstrand. Direkt südlich des Ortes beginnt allerdings ein militärisches Sperrgebiet, und wir müssen im weiteren Verlauf unserer Tour Abschied von der Küste nehmen und ins Landesinnere fahren. Unser Weg führt uns über BISCARROSSE nach PARENTIS-EN-BORN und anschließend in den „Parc naturel régional des Landes de Gascogne“. Wenn Sie auf die Landkarte schauen, werden Sie sehen, dass Sie von PARENTIS aus über GASTES direkt nach MIMIZAN fahren können, einen Ort, den wir später auch erreichen werden. Ich möchte Sie jedoch gern zu einem Umweg überreden und mit Ihnen das sehenswerte Écomusée de la Grande Lande besichtigen. Die direkte Strecke PARENTIS - GASTES - MIMIZAN habe ich ans Ende dieser Tour als Alternativstrecke angehängt. Aber wir sind ja noch gar nicht in PARENTIS-EN-BORN.

Von BISCARROSSE-PLAGE aus erreichen wir zuerst einmal BISCARROSSE. Nördlich des Ortes liegt der *Étang de Cazaux et de Sanguinet*. Wenn Ihnen mehr nach dem See als nach der See zumute ist, gibt es dort auch einen Stellplatz und nicht weit davon entfernt einen Campingplatz.

(011) WOMO-Badeplatz: Navarosse

GPS: N 44° 25.900' W 1° 09.984' (kein Straßenname)
max. WOMOs: > 20 mittlere Gebühr
Ausstattung / Lage: Ver- und Entsorgung, Toiletten, Mülleimer, Telefonzelle / Direkt am See gelegen
Zufahrt: Von Biscarrosse aus in Richtung Mayotte fahren, dann die Schilder nach Navarosse beachten. Dort steht am Ortseingang schon ein Schild zum Stellplatz.

(C06) WOMO-Campingplatz-Tipp: Mayotte Vacances ****

GPS: N 44° 26.102' W 1° 09.234' Chemin des Roseaux
Öffnungszeiten: Mai - September
Ausstattung / Lage: Ver- und Entsorgung, sehr schattig, Laden, Restaurant, Spielplatz, beheizter Pool / direkt am See gelegen
Zufahrt: Im Gegensatz zum WOMO-Stellplatz von Biscarrosse aus weiterhin nach Mayotte fahren. Dann liegt der Campingplatz auf der rechten Straßenseite.
E-Mail: camping@mayottevacances.com
Internet: www.mayottevacances.com (deutsche Textversion)

Unser weiterer Weg führt von BISCARROSSE aus nach PARENTIS-EN-BORN. In diesem Ort müssen Sie sich entscheiden, ob Sie unseren Umweg mitmachen wollen oder nicht. Im zweiten Fall blättern Sie zur Seite 63 weiter.

In PARENTIS habe ich ebenfalls einen Stellplatz für Sie. Er sieht nicht sehr einladend aus und ist bezüglich der Kosten etwas verwirrend. Große Schilder sprechen von Gebühren für's Übernachten und für Wasser. Allerdings kam in den vergangenen Jahren - auch in der Hauptsaison - nie jemand, der Geld von uns wollte. Auch der Hahn am Euro-Relais lieferte Wasser ohne Ende - und ohne Jeton.

(012) WOMO-Badeplatz: Parentis-en-Born

GPS: N 44° 20.651' W 1° 05.916' — Route des Campings
max. WOMOs: > 5 — gebührenfrei (?)
Ausstattung / Lage: Ver- und Entsorgung, Mülleimer, Wertstoff-Container, Tische und Bänke gegenüber / in der Nähe des Sees
Zufahrt: In Parentis geht's zuerst nach „Centre Ville", dann in Richtung „Le Lac". Auf diesem Weg taucht rechts ein Hotel auf. Danach biegen wir unmittelbar nach rechts ab und nach etwa 30 m nochmals nach rechts. Eine Ver- und Entsorgungsstation steht gleich an der Einfahrt des von Bäumen umgebenen Platzes.

Sonstiges: Macht insgesamt einen ungepflegten Eindruck. Maximale Dauer 8 Tage.

PARENTIS lebt hauptsächlich vom Erdöl, das im und in der Nähe des *Étang de Biscarrosse et de Parentis* gefördert wird. Vielleicht ist mir dieser See deshalb etwas unsympathisch. Nein, nein, Sie brauchen keine Angst zu haben, dass Sie mit einem Ölfilm überzogen aus dem Wasser kommen. Die Erdölfirmen werden auch nicht müde zu beteuern, dass das Öl viel zu wertvoll sei um auch nur einen Tropfen zu verschwenden. Ein ungutes Gefühl bleibt bei mir trotzdem.

Unsere Kinder werden ungeduldig. Zu viel habe ich schon vom ÉCOMUSÉE DE LA GRANDE LANDE geschwärmt. Es wird Zeit, ihre Erwartungen zu erfüllen. Wir verlassen PARENTIS-EN-BORN über die D 43 in Richtung N 10. Diese stark befahrene Verbindung zwischen BORDEAUX und der spanischen Grenze überqueren wir auf einer Brücke und fahren geradeaus weiter nach PISSOS. Im Ortskern biegen wir nach links ab in die N 134, der wir bis nach SABRES folgen. Dort geht's in der Ortsmitte nach rechts ab. Der Bahnhof ist auf der rechten Seite schon sichtbar, auf der anderen Seite der Straße ist ein Parkplatz in einem Wäldchen angelegt, den es jetzt anzusteuern gilt. [GPS: N 44° 08.910' W 0° 44.796']

Nach MARQUÈZE, wo das Freilichtmuseum liegt, können Sie nämlich nicht mit Ihrem eigenen Fahrzeug fahren. Vielmehr beginnt der Besuch mit der Fahrt in einer Museumseisenbahn. Oft fährt eine Dampflok, wenn der Zug im Sommer allerdings sehr schwer wird, kommt auch schon einmal eine Diesellok zum Ein-

Abfahrtszeiten Museumszug:
Alle 40 Minuten
April - Mai: Mo. - Sa. 14.00 - 16.40 Uhr
So. und feiertags zusätzlich 10.10 - 12.10 Uhr
Juni - Mitte September: täglich
10.10 - 12.10 und 14.00 - 17.20 Uhr
Mitte Sept. - Okt.: Mo. - Sa. 14.00 - 16.40 Uhr
So. und feiertags zusätzlich 10.10 - 12.10 Uhr

Abfahrt des Museumszuges in Sabres

satz. Deshalb gibt's auf dem Bahnhof eine Fahrkarte, die gleichzeitig Eintrittskarte ist — oder umgekehrt. 2007 bezahlten wir für Erwachsene 9,50 €, Kinder kosteten 7,00 €. Das als Anhaltspunkt.

In der einstmals für den Holztransport wichtigen Eisenbahn poltern wir gemächlich bis zu einer Waldlichtung. Dort werden Sie von einem Führer in Empfang genommen, dem Sie sich aber nicht anvertrauen müssen, wenn Sie lieber auf eigene Faust die Gegend erkunden wollen. Am Bahnhof haben Sie ein Heftchen erhalten, das Ihnen die Orientierung erleichtert und zudem viel Wissenswertes über die Siedlung zu berichten weiß.

Ochsenkarren in Marquèze

Das ganze Dorf wurde im Lauf der Zeit von seinen Bewohnern verlassen und teilte damit sein Schicksal mit vielen anderen Gemeinwesen. 1968 kaufte der „Parc Naturel Régional des Landes de Gascogne“ das Gelände und begann die noch bestehenden Gebäude zu restaurieren und einige, die an anderen Orten standen, hier neu aufzubauen.

Es wird versucht, die Landwirtschaftsform zum Ende des 19. Jahrhunderts zu rekonstruieren. Und wie das damals funktioniert hat können Sie sich hier sozusagen „live“ anschauen. Da gibt es eine Schafherde, die für die Düngung der Felder sorgt und zudem Wolle und Fell für die Kleidung liefert. Das Getreide wird gedroschen und anschließend mit dem Ochsenkarren zum Müller gefahren, von wo aus dann die Mehlsäcke zum Bäcker gebracht werden. Natürlich können Sie dem beim Backen zuschauen und die leckeren Produkte gleich käuflich erwerben. Ein Genuss nach wochenlangem Verzehr von Weißbrot! In dem Wald können Sie außerdem noch etwas über die Harzgewinnung erfahren. Der ganze Zusammenhang ist in einer Scheune sehr übersichtlich erklärt.

Überhaupt sollten Sie in jedes Haus mal reinschauen, sie sind größtenteils stilgerecht möbliert. Besonders fasziniert war ich von der Funktion der Mühle. Das Wasser strömt dabei auf das waagrecht (!) liegende Mühlrad.

Die Führung dauert zwischen eineinhalb und zwei Stunden. Auf eigene Faust haben wir gut und gerne drei Stunden hier verbracht. Das sollten Sie berücksichtigen, wenn Sie einen Besuch planen. Nach Abfahrt des letzten Zuges in Richtung Sabres müssten Sie die knapp 5 Kilometer zu Fuß auf den Bahnschwellen zurücklegen.

Das Haus des Müllers und die Mühle

Zurück am Womo hören wir den *Atlantik* wieder rufen. Also fahren wir nach Westen, vom Parkplatz kommend also nach links. Wir überqueren nochmals die N 10 und folgen dann den Schildern nach MIMIZAN und von dort aus nach MIMIZAN-PLAGE. Hier treffen wir auch auf jene Leser, die sich das Museum entgehen ließen.

Es erwartet uns der herbeigesehnte Strand. Direkt daneben liegt ein Übernachtungsplatz. Hier ist Platz für 70 Womos mit einer straffen Organisation. Auf einer Tafel ist viersprachig erklärt was erlaubt und verboten ist. Für die deutsche Übersetzung hat man sich scheinbar einen deutschen Amtsschimmel ausgeborgt. Sie liest sich wie eine „Verordnung zur Benutzung

(013) WOMO-Badeplatz: Mimizan-Plage

GPS: N 44° 12.291' W 1° 17.834' (kein Straßenname)
max. WOMOs: > 20 mittlere / hohe Gebühr
Ausstattung / Lage: Ver- und Entsorgung, Toiletten, Mülleimer, Wertstoff-Container, Telefonzelle, Stranddusche / direkt am Strand
Zufahrt: Die entsprechenden Hinweisschilder stehen schon in Mimizan. Dann Richtung Mimizan-Plage fahren. Dort Richtung „Plage Sud“ nach links. Jetzt immer geradeaus bis zum Womo-Stellplatz. Platz liegt direkt am Strand.
Sonstiges: Hohe Gebühr vom 15.6. - 14.9.

(C07) WOMO-Campingplatz-Tipp: Club Marina-Landes ****

GPS: N 44° 12.251' W 1° 17.468' Rue du Marina
Öffnungszeiten: Mai - Mitte September
Ausstattung / Lage: Ver- und Entsorgung, sehr schattig, Laden, Restaurant, Spielplatz, beheizte Pools / am Ortsrand, Strand 500 m
Zufahrt: Von Mimizan kommend in Mimizan-Plage so früh wie möglich links über die Brücke fahren, dann rechts weiter Richtung Plage Océan. Campingplatz dann gut beschildert.
E-Mail: contact@clubmarina.com
Internet: www.marinalandes.com

des Platzes zum Übernachten für selbstfahrende Campingaufbauten (im folgenden Reisemobile genannt)". Äußerst lesenswert!

Nach der Lektüre fühle ich schon zwei stechende Polizistenblicke im Rücken, da ich den Parkscheinautomaten, der mir für lächerliche 10 € ein 24-stündiges sorgenfreies Verweilen garantiert, noch nicht gefüttert habe. Das ist mir für den tristen und überfüllten Asphaltplatz, so nah er auch am Meer liegen mag, schlicht und einfach zuviel.

CONTIS-PLAGE ist nur 30 km entfernt, wir fahren weiter. Es ist alles mehrere Nummern kleiner als in MIMIZAN. Auch hier gibt es einen gut ausgeschilderten Übernachtungsplatz. Die Schilder sind kleiner, aber trotzdem gut zu sehen. Der Ort und der Platz sind ebenfalls kleiner, aber trotzdem sehr stark frequentiert. Der Platz schmiegt sich um ein Wäldchen herum, das wenigsten zu bestimmten Zeiten etwas Schatten verspricht. Am Ende des Stellplatzes wurde sehr liebevoll ein Waschhäuschen errichtet, so richtig mit Dusche und Waschbecken. Falls es Sie also in den Fingern juckt und Sie mal einen richtigen Waschtag einlegen wollen: Bitte sehr, hier sind Sie genau richtig. Der Strand ist, verglichen mit MIMIZAN, erfreulich leer und bestimmt genau so schön. Wir bleiben hier, schließlich sind wir für heute genug gefahren. Und ein bisschen Abkühlung ist jetzt dringend nötig.

(014) WOMO-Badeplatz: Contis-Plage

GPS: N 44° 05.617' W 1° 234' — Rue des Avocettes
max. WOMOs: > 20 — gebührenfrei / mittlere Gebühr
Ausstattung / Lage: Ver- und Entsorgung, Toiletten, Mülleimer, Wertstoff-Container, Waschbecken, Duschen / in Strandnähe
Zufahrt: Bei der Einfahrt nach Contis-Plage bereits ausgeschildert. In Richtung Phare nach rechts abbiegen.
Sonstiges: Gebühr von Juni - September. Maximale Dauer 48 h.

Alternativstrecke Parentis - Mimizan

Wenn Sie auf den Besuch des Freilichtmuseums Marquèze verzichten, können Sie von PARENTIS direkt nach MIMIZAN fahren. Sie kommen dabei durch zwei Orte, in denen Sie Stellplätze finden. Sowohl in GASTES, als auch in STE-EULALIE haben wir uns sehr wohl gefühlt. Obwohl die Anzahl der Womos hoch war, kam nie ein Gefühl der Hektik und Enge auf.

Um von MIMIZAN zum Ende der Tour zu kommen, müssen Sie eine Seite zurückblättern.

(015) WOMO-Badeplatz: Gastes

GPS: N 44° 19.717' W 1° 09.099' Avenue du Lac
max. WOMOs: > 20 gebührenfrei / mittlere Gebühr
Ausstattung / Lage: Ver- und Entsorgung, Toiletten, Mülleimer, Tische und Bänke / direkt am Strand

Zufahrt: Der Platz ist leicht zu finden wenn Sie am ersten Kreisel rechts abbiegen und dann immer der Beschilderung folgen. Am See angekommen biegen Sie links ab und werden auf einer Wiese schon einige Womos stehen sehen.
Sonstiges: Gebühr von Ostern - September

(016) WOMO-Badeplatz: Ste-Eulalie-en-Born

GPS: N 44° 18.415' W 1° 10.901' Rue du Port
max. WOMOs: > 5 geringe / mittlere Gebühr
Ausstattung / Lage: Ver- und Entsorgung, Toiletten, Mülleimer, Telefonzelle, Außendusche / direkt am See gelegen
Zufahrt: Von Gastes kommend, vor dem Wasserturm rechts abbiegen. Nach dem Campingplatz links abbiegen und den Schildern folgen. 200 m zum Sandstrand.
Sonstiges: mittlere Gebühr im Juli und August

TOUR 5 (138 km)

Contis-Plage — Vieux-Boucau — Capbreton — BayonneAngletBiarritz — St-Jean-de-Luz

Übernachten:	Léon, Vieux-Boucau, Nähe Hossegor, Capbreton, Labenne-Océan, Ondres-Plage, Biarritz, St-Jean-de-Luz
Besichtigen:	Rocher de la Vierge, St-Jean-de-Luz
Baden:	Léon, Vieux-Boucau, Plage des Casernes, Capbreton, Ondres-Plage, St-Jean-de-Luz
Campingplatz:	Le Boudigau, Merko Lacarra
Markt:	Vieille St-Girons (Sa.), Léon (tgl.), Vieux-Boucau (in der Saison Mo. bis Sa.), Ondres (So.), Bayonne (Mo. - Sa.), St-Jean-de-Luz (Di., Fr., Sa)

Nach einer ruhigen Nacht zieht es uns weiter nach Süden. Von CONTIS-PLAGE aus fahren wir über eine schöne schmale Straße durch den Pinienwald nach ST-JULIEN-EN-BORN und LIT-ET-MIXE. Weiter geht es nach ST-GIRONS, schließlich erreichen wir LÉON. Der Ort liegt am *Étang de Léon*, den wir uns anschauen möchten. Nach dem „Intermarché" nehmen wir die erste Straße nach rechts und folgen den Schildern zum Lac. An einem Campingplatz vorbeifahrend kommen wir schließlich an den See. Auf den ersten Blick gefällt er uns recht gut. Große Parkplatzschilder zeigen nach links und es ist sogar ein eigener Womo-Parkplatz ausgewiesen.

(017) WOMO-Badeplatz: Léon

GPS: N 43° 53.053' W 1° 19.085' Route du Puntaou
max. WOMOs: > 20 mittlere Gebühr 22 - 9 Uhr
Ausstattung / Lage: Ver- und Entsorgung, Toiletten, Mülleimer, Telefonzelle, Tische und Bänke / in der Nähe des Sees

Zufahrt: Von Léon aus zum See fahren. Dort links abbiegen und die Parkstraße entlangfahren bis zum ausgewiesenen Womoparkplatz in einem Wäldchen. Hohe Mobile müssen auf herunterhängende Äste achten.
Sonstiges: Zahlung am Horodateur, etwa 500 Meter zum Sandstrand.

Von LÉON aus fahren wir weiter nach VIEUX-BOUCAU. Der Ort ist sehr charmant, auch wenn alle Parkplätze nachts für Womos gesperrt sind. Dafür gibt es einen Stellplatz, den zugehörigen Kasten finden Sie auf der nächsten Seite. Sie können von dort aus zum *Étang de Pinsolle*, zum künstlich angelegten *Lac Marin* und zum *Atlantik* gehen. Zum Ortszentrum kommen Sie, wenn Sie am *Lac Marin* entlanglaufen. Da im Sommer hier täglich außer Sonntag ein farbenfroher Markt stattfindet, lohnt ein Besuch des Zentrums auf jeden Fall. Beim erwähnten *Lac Marin* handelt es sich übrigens um einen

(018) WOMO-Stellplatz: Vieux-Boucau

GPS: N 43° 46.813' W 1° 24.041' Promenade de Bire Plecq
max. WOMOs: > 20 geringe / hohe Gebühr
Ausstattung / Lage: Ver- und Entsorgung, Mülleimer / am Ortsrand
Zufahrt: Folgen Sie der Straße nach Hossegor oder Capbreton bis zum Ortsende-Schild von Vieux-Boucau. Danach biegen Sie an einem Kreisel rechts in die nächste Straße ein und fahren in einem Bogen nochmals nach rechts auf einen Parkplatz. Sie erreichen eine Schranke an der Sie sich einen Parkschein ziehen können. Bezahlt wird dann später bei der Ausfahrt. Die Ver- und Entsorgungsanlage ist großzügig ausgelegt. Etwa 500 Meter zum Ortszentrum.
Sonstiges: Hohe Gebühr vom 1.6. - 30.9.

künstlich angelegten Salzwassersee. Durch ein Schleusensystem ist gewährleistet, dass ein ständiger Wasseraustausch im Rhythmus der Gezeiten stattfindet.

Altes Waschhaus in Vieux-Boucau

Bis CAPBRETON sind es noch schlappe 20 km, die wir in einem Rutsch hinter uns bringen wollen. Zwei Hinweisschilder lassen uns die Fahrt jedoch zwei Mal unterbrechen. Da ist zuerst ein Wegweiser zum „Plage des Casernes". Mit meinem ersten umgebauten VW-Bus war ich vor mehr als 30 Jahren einmal hier. Damals konnte man noch überall ungestört übernachten. Pure Nostalgie lässt mich nach rechts abbiegen, um mir den Strand noch einmal anzusehen. Am Ende der Stichstraße gibt es zwei große Parkplätze. Einer ist für Womos vollständig gesperrt, der Andere nur nachts. Wie hier überall üblich, ist eine Düne zu überqueren, bevor wir den Strand erreichen. Erstaunt muss ich feststellen, dass er immer noch so schön und so leer ist, wie ich ihn in meiner Erinnerung behalten habe.

Am Plage des Casernes

Den zweiten Stopp legen wir ein, als plötzlich auf freier Strecke auf dem Weg nach CAPBRETON an der D 79 ein Hinweis auf einen Womo-Stellplatz auftaucht. Direkt neben der Straße wurde ein Stück Wald gelichtet und ein Weg asphaltiert. Ich frage mich allerdings, warum ein solches Gelände an einer so unattraktiven Stelle angelegt wird. Weit und breit ist nichts als Wald und Straße. Ich weiß noch nicht mal welchem Ort ich den Platz zuordnen soll.

(019) WOMO-Stellplatz: D 79

GPS: N 43° 41.432' W 1° 25.566' (kein Straßenname)
max. WOMOs: > 20 mittlere Gebühr 19 - 11 Uhr
Ausstattung / Lage: Ver- und Entsorgung, Toiletten, Mülleimer / ganz weit außerhalb
Zufahrt: Zwischen Vieux-Boucau und Hossegor direkt an der D 79 gelegen. Man hat sich bei der Anlage des Platzes Mühe gegeben. Die Ver- und Entsorgungsstation ist von außen zu erreichen. Zwischen 19 und 11 Uhr muss ein Parkschein am Horodateur gelöst werden. Schöner Platz in unmöglicher Umgebung.

Unsere Route führt uns weiter nach Süden. Endlich erreichen wir CAPBRETON. Aus früheren Zeiten habe ich hier noch einen schönen Stellplatz direkt am Meer in Erinnerung. Die Zufahrt ist etwas verzwickt, aber er ist zu finden. Bevor ich wieder jede Menge Zuschriften bekomme: Im Sommer ist er nicht so leer, wie das auf dem Bild auf der nächsten Seite aussieht.

(020) WOMO-Badeplatz: Capbreton

GPS: N 43° 38.134' W 1° 26.798' — Allée des Ortolans
max. WOMOs: > 20 — gebührenfrei / mittlere Gebühr
Ausstattung / Lage: Ver- und Entsorgung, Mülleimer, Telefonzelle in der Nähe / nahe am Strand
Zufahrt: Orientieren Sie sich zuerst an den Schildern zum „Centre Ville" und achten Sie dann auf die Hinweise zum „Plage" oder — noch besser — „Les Vignes". Dann werden Ihnen die kleinen Womo-Schilder auffallen. Außerhalb der Saison gehört der Platz zu meinen Favoriten. Im Sommer ist er allerdings hoffnungslos überfüllt. 100 Meter Fußweg zu einem riesigen Sandstrand machen ihn natürlich auch besonders beliebt. Und wer noch einen Platz findet zahlt die Gebühr gern.
Sonstiges: Gebühr vom 1.4. - 30.9.

Wir orientieren uns zum Agglomerat aus BAYONNE, ANGLET und BIARRITZ hin. Keiner dieser Städte kann ich etwas abgewinnen, sie sind mir zu hektisch. Deshalb ist noch einmal Rast angesagt und zwar in LABENNE-OCÉAN. Diesem Ort habe ich es zu verdanken, dass ich bei jedem Besuch mein Manuskript neu schreiben muss. Mal ist der Stellplatz am Strand für Wohnmobile gesperrt, dann mal wieder nicht, dann vielleicht... oder doch... und so weiter. Mittlerweile wurde ein neuer Platz angelegt, der hoffentlich von Dauer ist. Er ist zwar weit weg vom Meer. Allerdings lässt die Mühe, die man sich mit der Gestaltung machte, auf eine längere Existenz des Platzes schließen.

(021) WOMO-Stellplatz: Labenne-Océan

GPS: N 43° 35.783' W 1° 27.317' — (kein Straßenname)
max. WOMOs: > 5 — mittlere Gebühr
Ausstattung / Lage: Ver- und Entsorgung / abseits vom Geschehen
Zufahrt: Von Labenne aus kommend, nach dem Ortsschild von Labenne-Océan an der ersten Straße nach rechts in Richtung „Aquaric" abbiegen und dann dem Weg folgen. Nach einer Holperstrecke liegt der Platz auf der linken Seite.
Sonstiges: Bei meinem letzten Besuch war der Platz noch im Entstehungszustand und ähnelte teilweise einer Baustelle.

Ein konstanter Faktor ist jedenfalls der Campingplatz, der nicht weit vom Stellplatz entfernt liegt.

(C08) WOMO-Campingplatz-Tipp: Le Boudigau ****

GPS: N 43° 35.765' W 1° 27.650' (kein Straßenname)
Öffnungszeiten: Mitte Mai - Mitte September
Ausstattung / Lage: Ver- und Entsorgung, schattig, Laden, Restaurant, Spielplatz, Pool / im Feriengebiet
Zufahrt: Wenn Sie nach dem Ortsschild von Labenne-Océan aus weiter geradeaus fahren, überqueren Sie das Flüsschen „Boudigau". Unmittelbar nach der Brücke liegt der Platz auf der rechten Seite.
E-Mail: info@boudigau.com
Internet: www.boudigau.com (deutsche Textversion)

Zwischen LABENNE und BAYONNE gibt es noch einen Wohnmobil-Platz, den ich nur der Vollständigkeit halber erwähnen möchte. Weder der Strand noch der Platz können mich besonders begeistern.

(022) WOMO-Badeplatz: Ondres-Plage

GPS: N 43° 34.617' W 1° 29.181' (kein Straßenname)
max. WOMOs: > 20 mittlere Gebühr
Ausstattung / Lage: Ver- und Entsorgung, Toiletten, Mülleimer, Wertstoff-Container, Telefonzelle, Stranddusche / direkt am Strand
Zufahrt: Immer geradeaus fahren. Der große Parkplatz direkt am Strand ist dreigeteilt. Das linke Drittel ist für Wohnmobile reserviert. 50 bis 60 Womos passen da schon hin. Die Ver- und Entsorgungsstation ist groteskerweise auf dem rechten Drittel des Platzes und wird außerhalb der Saison abgebaut. Häufig überfüllt.

Es ist soweit: Das Projekt BAYONNE/ANGLET/BIARRITZ wird in Angriff genommen. Im Sommer ergeht es uns oft so, dass wir in BAYONNE vom Verkehrsstrom aufgesogen werden und am Ende von BIARRITZ wieder ausgeworfen werden, ohne zwischendrin auch nur die Chance zu haben, einen Parkplatz zu finden. Für einen PKW ist das schon eine Glücksache, für uns mit unseren größeren Fahrzeugen schon fast eine Unmöglichkeit. Ich gehe also davon aus, dass Sie im Frühjahr oder Herbst reisen oder ein Glückspilz sind und in der Nähe der Kathedrale einen Parkplatz gefunden haben. Wenn der gar noch am Ufer der *Nive* liegt, ist das optimal. Die *Nive* ist der kleinere der beiden Flüsse, die durch BAYONNE fließen, sie begegnet uns übrigens auf der nächsten Tour wieder.

In der Umgebung der Cathédrale Ste-Marie gibt es einige Straßen, die zur Fußgängerzone ausgebaut sind. Dort schlendern wir ein bisschen herum, weil die Kathedrale gerade Mit-

Kreuzgang der Kathedrale in Bayonne

tagspause macht. Auf diese Weise kommen wir auch am Château Vieux vorbei, das heute eine Militärverwaltung beherbergt und erreichen bald darauf den Jardin botanique. Mehr als tausend exotische Pflanzen aus allen Herren Ländern sollen hier zu sehen sein. Ich habe sie nicht gezählt. Es macht aber auf jeden Fall Spaß in diesem Garten, der nach japanischem Muster angelegt wurde, spazieren zu gehen. Sie können jetzt auch die Stadtmauern sehen. Hier treffen wir wieder auf die Arbeit meines Freundes Vauban, er hat sie im 17. Jahrhundert runderneuert.

In der Kathedrale von Bayonne

Mittlerweile hat die Kathedrale wieder geöffnet und wir statten ihr einen Besuch ab. Sie wurde im 13. Jahrhundert begonnen, dann folgten 3 Jahrhunderte Bauphase. Berühmt ist sie für ihre Glasfenster und die Schlusssteine der Kreuzrippengewölbe. Wesentlich besser gefällt mir jedoch der Kreuzgang des dazugehörigen Klosters, den Sie nur von außen erreichen. Wenn Sie aus der Kirche kommen, müssen Sie nach rechts gehen. Eine kleine Geschichte möchte ich noch loswerden: Am Nordportal sehen Sie eine Tierschnauze, mit einem ringförmigen Türklopfer. Er wird „Asylring" genannt, weil ein Verfolgter nur seinen Finger durch den Ring zu stecken brauchte und dann das Kirchenasyl für sich in Anspruch nehmen konnte.

Natürlich gibt es noch viel mehr über BAYONNE zu berichten. Zum Beispiel, dass es den hier ansässigen Waffenschmieden zu verdanken ist, dass es das Bajonett gibt. Aber auch für weniger kriegerische Dinge ist die Stadt berühmt. Da wäre vor allem der Schinken zu nennen. Noch einen süßen Leckerbis-

Schinken aus Bayonne

Wie bei so vielen lokalen Eigenheiten gibt es auch hierzu eine Geschichte. Der Legende zufolge stürzte ein Wildschwein in eine salzhaltige Quelle. Monate später fand man das Tier — perfekt konserviert. Also wurde fortan der Schinken kräftig gesalzen und dadurch zur Spezialität. Seit 2002 ist der Produktname „Jambon de Bayonne" europaweit geschützt, so dass Sie sicher sein können, dass Ihr echter Bayonnaiser Schinken nicht aus Skandinavien kommt.

sen gibt es aus BAYONNE: die Schokolade. Im 18. Jahrhundert wurde BAYONNE zu einer wichtigen Stadt für Kakaoimport. Was lag da näher als ihn gleich hier an Ort und Stelle weiter zu verarbeiten?

Grand Plage in Biarritz

Mit Schinken und Schokolade versorgt (die Bajonette brauchen wir weniger) gehen wir zum Womo zurück. Den nächsten Stopp planen wir in BIARRITZ.

Die Parksituation in BIARRITZ ist natürlich genauso katastrophal wie in BAYONNE, von daher gilt das Eingangs geschriebene auch hier. Die Stadt lebt von einem längst vergangenen legendären Ruf, der sich bis heute aus mir unerklärlichen Gründen gehalten hat. Ich kann BIARRITZ nichts abgewinnen. Der Rocher de la Vierge ist recht schön anzuschauen. Sie können auf einem Steg zur Jungfrau gehen, der von keinem geringeren als dem Erbauer des Pariser Wahrzeichens, Herrn Eiffel, errichtet wurde. Von hier aus haben Sie einen schönen Blick über die Strände — theoretisch. Der Felsen ist zwar gut ausgeschildert, aber fragen Sie mich bitte nicht, wo Sie parken sollen.

Biarritz - Rocher de la Vierge

Haben Sie sich gar dazu hinreißen lassen, der Küstenstraße nach dem Felsen weiter zu folgen und durch das Felsentor zu fahren? Dann kommen Sie zwar zu einem schönen Strand, müssen allerdings am Ende der Straße wenden und wieder zurückfahren. Irgend jemand muss das Schild „Sackgasse" gestohlen haben...

Neben dem Grand Plage im Stadtzentrum hat BIARRITZ noch mehrere Strände zu bieten. Sie liegen im Süden der Stadt. Ganz in der Nähe des Strandes Milady gibt es einen Stellplatz.

(023) WOMO-Badeplatz: Biarritz

GPS: N 43° 27.950' W 1° 34.319' Avenue de la Milady
max. WOMOs: > 20 hohe Gebühr
Ausstattung / Lage: Ver- und Entsorgung, Mülleimer / am Ortsrand
Zufahrt: Richten Sie sich in Biarritz nach der Beschilderung nach St-Jean-de-Luz. Achten Sie allerdings darauf, dass Sie nicht sofort auf die N 10 geleitet werden. Versuchen Sie möglichst in Meeresnähe zu bleiben: „par la Côte". Sie sehen dann die kleinen Hinweisschilder zu den verschiedenen „plages". Beim „Plage de la Milady" können Sie das Womo-Schild schon sehen. Es gibt dort eine eigene Linksabbiegerspur um den Platz erreichen zu können.
Sonstiges: Für eine Stadt wie Biarritz ist der Platz etwas klein geraten und daher meist überfüllt.

Verlassen Sie BIARRITZ mit uns in Richtung ST-JEAN-DE-LUZ. Wenn Sie nochmal im *Atlantik* baden wollen haben Sie dort zum letzten Mal Gelegenheit, vorausgesetzt Sie folgen weiterhin meiner Route. Wenige Kilometer hinter BIARRITZ erreichen wir die N 10, die uns zügig nach ST-JEAN-DE-LUZ führt. Wenn Sie sich nun partout nicht vom Meer trennen können habe ich auf halbem Weg noch einen Campingplatz für Sie.

(C09) WOMO-Campingplatz-Tipp: Merko Lacarra ***

GPS: N 43° 25.117' W 1° 37.402' Chemin de la Mer
Öffnungszeiten: Anfang April - Ende Oktober
Ausstattung / Lage: Ver- und Entsorgung, schattig, Laden, Imbiss, Spielplatz / 50 m zum Strand
Zufahrt: Von Guéthary aus kommend, biegt 4 km vor St-Jean eine kleine Straße nach rechts ab. Achten Sie auf das Schild „campings". Kurz darauf gabelt sich die Straße, wir müssen nach rechts fahren und kommen in einem großen Bogen zum Campingplatz.
E-Mail: contact@merkolacarra.com
Internet: www.merkolacarra.com (deutsche Textversion)

ST-JEAN-DE-LUZ habe ich erst in den letzten Jahren schätzen und lieben gelernt. Der Ort kann gleich mit zwei Stellplätzen aufwarten.

Man sagt, sie sei die baskischste aller Städte nördlich der Pyrenäen. Von beiden Stellplätzen aus sind Sie schnell am Bahnhof (im zweiten Fall mit dem Shuttle-Bus) und von dort

(024) WOMO-Stellplatz: St-Jean-de-Luz I

GPS: N 43° 23.183' W 1° 39.529' Boulevard du Commandant Passicot
max. WOMOs: 5 gebührenfrei
Ausstattung / Lage: Ver- und Entsorgung / im Zentrum
Zufahrt: Fahren Sie in Richtung Zentrum bzw. Bahnhof (gare). Direkt daneben liegt der offizielle Stellplatz der Stadt. Er ist allerdings nur von Westen kommend zu erreichen, so dass Sie zuerst einmal daran vorbei fahren und sich dann eine geeignete Möglichkeit suchen müssen um die Fahrtrichtung zu wechseln. Er ist der hässlichste Platz den ich kenne. Ich erwähne ihn nur deshalb weil Sie hier ver- und entsorgen können.
Sonstiges: Nur für kleine Womos geeignet

(025) WOMO-Stellplatz: St-Jean-de-Luz II

GPS: N 43° 22.500' W 1° 38.317' Rue Rodolphe Caillaux
max. WOMOs: 3 gebührenfrei
Ausstattung / Lage: Toiletten, Mülleimer, Wertstoff-Container, Telefonzelle, Shuttle-Bus in der Saison / am Ortsrand
Zufahrt: Wenn Sie St-Jean-de-Luz in Richtung Ascain (unsere Richtung für die nächste Tour) verlassen, kommen Sie an einem Sportzentrum rechts der Straße vorbei. Davor steht eine Ampel, an der Sie rechts abbiegen. Dort sehen Sie viele Parkplätze, die mit einer Höhenbeschränkung versehen sind. Sie sehen weiterhin ein Holzhäuschen des Touristenbüros. Nebenan finden Sie 6 Parkplätze außerhalb der Schranken. Für große Wohnmobile kann das Rangieren schwierig werden. In den Schulferien wird allerdings das Parken auf der mit „Bus" gekennzeichneten Spur zwischen Holzhäuschen und Wendeplatz geduldet. Hört sich komplizierter an als es ist. Sie sind jetzt recht weit vom Stadtzentrum entfernt. Dafür können Sie jedoch im Sommer einen kostenlosen Shuttle-Bus benutzen, der Sie alle 30 Minuten ins Zentrum und wieder zurück bringt. Der Fahrplan hängt am schon erwähnten Holzhäuschen.

aus ist es nur ein Katzensprung zum Zentrum. Schlendern Sie durch die Markthalle, die Fußgängerzone oder über die Strandpromenade. Auf einer Mauer können Sie zwischen der Innenstadt und dem Strand entlanglaufen, der in unmittelbarer Stadtnähe zu finden ist. Sehr malerisch, in jeder Bedeutung des

Strand in St-Jean-de-Luz

Fußgängerzone in St-Jean-de-Luz

Wortes, ist der Place Louis XIV., der geschaftige Mittelpunkt des Ortes.

ST-JEAN ist eine sympathische Stadt. Sogar im Sommer, wenn Gott und die Welt unterwegs sind, hält sich der Trubel in Grenzen. Der Strand ist - zugegebenermaßen - dann natürlich überfüllt, aber in der Fußgängerzone und den kleinen Seitenstraßen ist wenig Andrang zu erkennen. Es macht uns einfach Spaß, in den Straßen und auf den Plätzen hin und her zu laufen.

Weniger Spaß dürfte Louis XIV. gehabt haben, als er hier 1660 die spanische Infantin Maria Teresia geheiratet hatte. War er doch in die Nichte des königlichen Beraters Mazzarin, die schöne Marie Mancini, verliebt. Seine Heirat war jedoch

St-Jean-de-Luz

schon beschlossene Sache und im Pyrenäenfrieden geregelt. Bei Königs zählt jedoch in erster Linie die Staatsräson. Der Onkel schickte die Nichte kurzerhand aus den Augen und dem Sinn des Bräutigams und so konnte dieser seine Cousine heiraten. Man blieb eben unter sich. Und das gleich im doppelten Sinn, denn nicht nur der Brautvater und die Mutter des Bräutigams waren Geschwister, sondern auch die Brautmutter und der Vater des Bräutigams. Streit gab es wohl wenig zwischen den Eheleuten, denn Maria Teresia soll kein Französisch gesprochen und auch keine Anstalten gemacht haben, die Sprache zu erlernen. Die aufwändige und prunkvolle Hochzeit fand in der Kirche St-Jean Baptiste statt. Nach der Zeremonie wurde das Hauptportal, durch das die Brautleute das Gebäude verließen, zugemauert - und ist es bis heute noch. Das alles ist im Wachsfigurenmuseum (Musée Grévin), einem Nebengebäude des Maison de l'Infante, in der Rue Mazzarin nachgestellt. An der Kasse erhalten Sie einen Walkman, der Ihnen die wichtigsten Szenen in deutscher Sprache erläutert. Nicht erwähnt wird, dass sich die Eheleute nicht nur sprachlich, sondern auch im täglichen Leben schlecht verstanden. Auch der Michelin-Führer (französischen Ursprungs) verschweigt, dass die Königin in VERSAILLES nur gerade mal 11 Zimmer für sich beanspruchen konnte, während der Mätresse des Sonnenkönigs wesentlich mehr Raum zur eigenen Verfügung stand.

Von ST-JEAN-DE-LUZ aus steuern wir ASCAIN an, das gut ausgeschildert ist. Der Stellplatz 2 liegt schon in der richtigen Richtung. Und in dieser Richtung führt uns die Straße in die

PYRENÄEN. Mit Stränden ist da in nächster Zeit nicht mehr zu rechnen (das gilt übrigens für den Rest des Buches). Ganz im Gegenteil: wir wollen hoch hinaus, auf den „Heiligen Berg" der Basken, „La Rhune". Da Sie im Lauf der nächsten Tour noch öfter mit Basken zu tun haben werden, möchte ich Ihnen etwas über dieses seltsamen Volk erzählen.

Die Basken

Sie sind eines der großen Rätsel, die uns die Geschichte aufgibt. Sicher ist lediglich, dass Baskisch nicht zu den indogermanischen Sprachen zählt. Unsicher ist, zu welcher Sprachfamilie das Idiom überhaupt gezählt werden kann. Sogar die Römer merken schon, dass sie es hier mit einem Volk zu tun haben, das sich deutlich von seinen Nachbarn unterscheidet. Als Meister der Verwaltung fassen Sie die baskischen Stämme als Einheit zusammen und geben dem Gebilde den Namen Novempopulanien. 600 Jahre später unterwerfen Stämme aus der Gegend von Huesca, die vor den Westgoten fliehen dieses Novempopulanien und geben ihm den Namen Vasconia. Im Laufe der Zeit entwickeln sich die Sprachen nördlich und südlich der Pyrenäen in verschiedene Richtungen. Im Norden werden die Vaskonen zu Gaskonen, im Süden zu Basken.

Nachdem die Basken mit zur Niederlage Karls des Großen beitrugen, verjagen Sie 50 Jahre später erneut die Franken. Ihr Anführer ist Inigo Arista, der später König von Pamplona wird. Er macht es sich zur Aufgabe, die Mauren, die den größten Teil der iberischen Halbinsel besetzt halten, zu bekämpfen. Damit hat er auch einigen Erfolg, doch im Laufe der Zeit wird die Geschichte des Baskenlandes immer mehr zur Geschichte Spaniens.

Das Bestreben nach Unabhängigkeit ist um so stärker geworden, je enger die Bindung zu Spanien wurde und reicht bis in die Gegenwart. Ein lebendiger Beweis sind die Anschläge der ETA. Erst 1979 erhält der spanische Teil des Baskenlandes einen begrenzten Autonomiestatus.

Die kulturellen Unterschiede werden auch Ihnen auffallen, wenn Sie das Baskenland besuchen. „Typisch baskisch" sind zum Beispiel die Glockenmauern statt der Glockentürme an den Kirchen, typisch auch das Pelota-Spiel mit den dazugehörenden Frontons — und natürlich die von mir so geliebten diskoidalen Stelen (Bild), deren Sinn ebenso im Dunkel liegt, wie der Ursprung der baskischen Sprache.

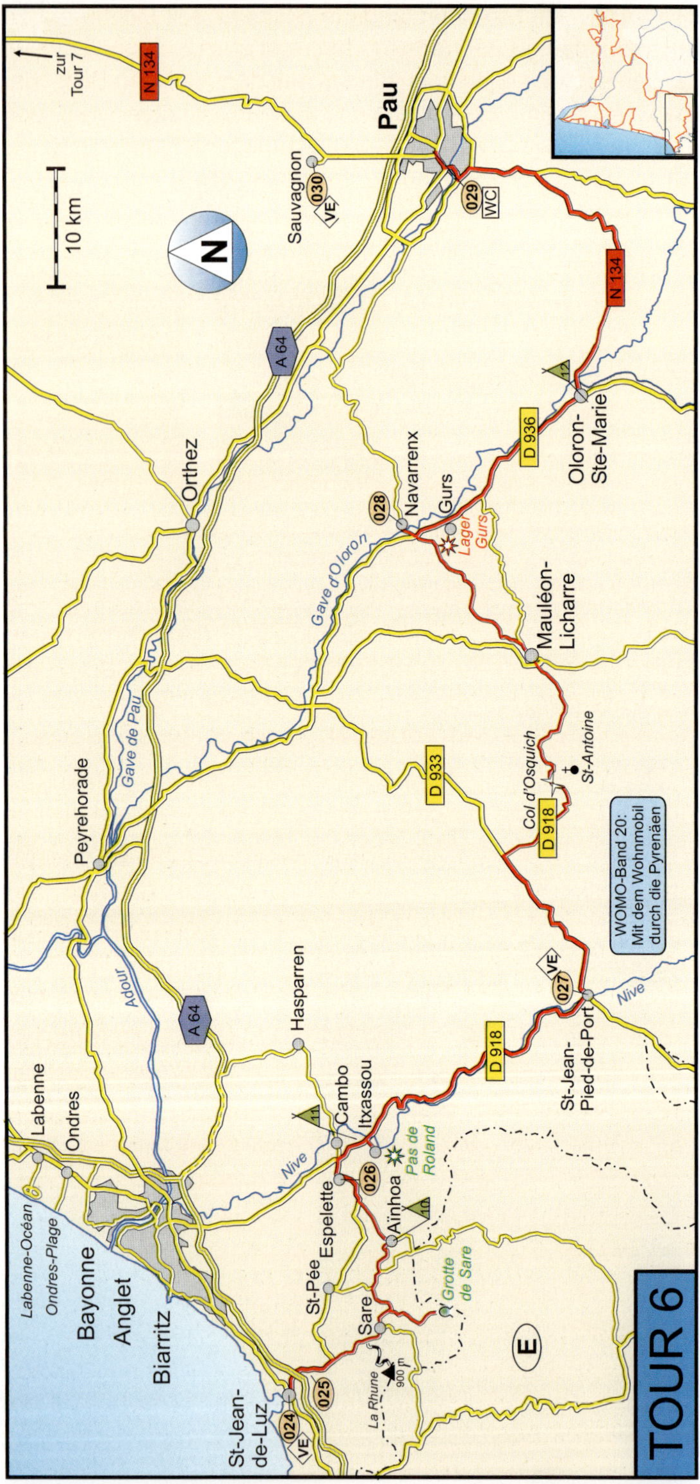
TOUR 6
zur Tour 7
N 134
Pau
Sauvagnon
030
VE
029
WC
10 km
N
A 64
Orthez
Navarrenx
028
Gurs
Lager Gurs
Gave d'Oloron
Oloron-Ste-Marie
D 936
12
Mauléon-Licharre
St-Antoine
Col d'Osquich
D 918
D 933
Gave de Pau
Peyrehorade
WOMO-Band 20: Mit dem Wohnmobil durch die Pyrenäen
Adour
Hasparren
027
St-Jean-Pied-de-Port
Nive
Labenne
Ondres
Labenne-Océan
Ondres-Plage
Bayonne
Anglet
Biarritz
Cambo
Itxassou
11
Pas de Roland
026
Espelette
Aïnhoa
10
St-Pée
Sare
Grotte de Sare
E
025
024
St-Jean-de-Luz
La Rhune
900 m

TOUR 6 (215 km)

St-Jean-de-Luz — La Rhune — St-Jean-Pied-de-Port — Pau — (Sauvagnon)

Übernachten:	St-Jean-de-Luz, Espelette, St-Jean-Pied-de-Port, Navarrenx, Pau, Sauvagnon
Besichtigen:	La Rhune, Aïnhoa, Itxassou, St-Jean-Pied-de-Port, Navarrenx, Gedenkstätte Gurs, Pau
Spazierengehen:	La Rhune, von Itxassou zum Pas de Roland, vom Col d'Osquich zur Kapelle St-Antoine
Campingplatz:	Xokoan, L'Hiriberria, Gîte du Stade
Markt:	Espelette (Mi.), St-Jean-Pied-de-Port (Mo.), Oloron-Ste-Marie (Fr.), Pau (Sa.)

Mit dieser Tour wollen wir uns endgültig vom *Atlantik* verabschieden. Ich kann Ihnen aber versprechen, dass das Hinterland viel interessanter ist als eine unzählige Reihe von Stränden. Vor allem aber ist es abwechslungsreicher. Wir bleiben allerdings in Reichweite zum Wasser. Wenn Ihnen mein weiteres Programm zu trocken wird, können Sie jederzeit in höchstens zwei Stunden einen Abstecher zum Strand machen. Es muss ja nicht immer der Ozean sein. Die *Dordogne*, die uns ab Tour 10 immer wieder mal begleitet, hat schöne Badestrände anzubieten.

Die Straße von St-Jean-de-Luz nach Ascain ist gut beschildert, wie ich im letzten Kapitel bereits geschrieben habe. Um auf den „Heiligen Berg" der Basken zu kommen biegen wir in Ascain rechts ab. Jetzt geht's aufwärts. Die Beschilderung nach „La Rhune" ist gut, so dass wir den Col de St-Ignace, den wir dabei überwinden müssen, leicht finden. Weniger leicht finden wir hier oben einen Parkplatz. Ich sollte vorausschicken, dass wir hier am Pass in eine Zahnradbahn umsteigen wollen, um zum Gipfel zu kommen. Offen gestanden war ich bereits innerhalb eines Jahres drei Mal an der Bahnstation und konnte keine Fahrkarte erstehen. An Ostern machten wohl alle Spanier einen Ausflug hierher. Keine Chance noch ein Ticket zu erwerben. Im Sommer war unser Versuch sowieso nur halbherzig, da wir schon vermuteten, dass wir kein Glück haben würden. Langsam fuhren wir zwischen den links und rechts am Weg parkenden Fahrzeugen vorbei. Die Schlange am Fahrkartenschalter wand sich einmal um den großzügig angelegten Parkplatz und verschlang sich dann selbst. Meine Hoffnungen setzte ich auf den Herbst. Doch auch da wurde ich enttäuscht. Fazit: Übernachten Sie in St-Jean-de-Luz, stehen Sie sehr früh auf, und versuchen Sie am nächsten

Bahnhof der Zahnradbahn am Col de St-Ignace

Morgen um 9 Uhr oben am Pass zu sein. Auf diese Weise ist es mir gelungen auf den Berg zu fahren. Trotz aller Hindernisse muss ich sagen, dass es sich gelohnt hat.

11 € kostete 2007 die einfache Fahrt, wenn Sie noch 2 € drauflegen, kommen Sie auch wieder zurück. Sie können bergab auch laufen. Das dauert etwa 2 bis 2 1/2 Stunden. 731 Hö-

Abfahrtszeiten Zahnradbahn:
Mitte Mai - Ende Oktober: 10 - 15 Uhr alle 35 Minuten.
Bei großem Andrang Sonderfahrten.
Bahnhof ab 8.30 Uhr geöffnet.
Im Oktober keine Züge an Mo. und Do.

henmeter überwindet die alte Bahn. Gleich nachdem wir den Bahnhof verlassen geht es steil aufwärts. Nach kurzer Zeit können wir bereits bis zum *Atlantik* schauen. ST-JEAN-DE-LUZ ist deutlich zu erkennen. Allerdings habe ich mit einer optischen Täuschung zu kämpfen: Da man sich relativ schnell an die starke Steigung gewöhnt hat, wird der Waggon zum normalen Bezugspunkt. Beim Blick durch das Fenster auf den *Atlantik* verläuft der Horizont ganz eindeutig von links unten nach rechts oben. Da er das nicht tun darf, sollte es für einen intelligenten Menschen ganz einfach sein, den Horizont als waagrechte Bezugslinie anzunehmen und sich somit der extremen Neigung des Waggons bewusst zu werden. Ich muss gestehen, dass ich, auf der „Bergseite" sitzend, große Schwierigkeiten hatte diese beiden Bilder zu koordinieren. Um mich herum viele Personen, die normalerweise in aufrechter Haltung auf waagrechten Bänken sitzen, dann ein Fenster, das im

Auf dem Gipfel von La Rhune

richtigen Leben aus vertikalen und horizontalen Begrenzungen besteht, und dahinter dann der schiefe Horizont, der gefälligst waagrecht zu verlaufen hat. In einem Selbstversuch habe ich mich auf der Rückfahrt auf die „Meerseite“ gesetzt. Dort ließ sich mein Gehirn wesentlich leichter von der Gültigkeit physikalischer Gesetze überzeugen. Aus dem Fenster blickend hatte ich nur die Natur vor Augen, nach einer Kopfwendung konnte ich wieder in die schiefe Welt des Wagens eintauchen. Der Berg hat mit seinen 900 m eigentlich noch kein Pyrenäenniveau, bietet aber trotzdem eine gute Aussicht, da er sehr nahe am Ozean liegt. Hier oben können Sie auch auf der französisch - spanischen Grenze balancieren. Sie ist durch eine gelbe Linie vor einer Bar gekennzeichnet. Die paar Häuser sind durchwegs Gastronomiebetriebe oder Souvenirläden. Nachdem Sie die Aussicht gebührend bewundert haben, können Sie noch einen kleinen Spaziergang unternehmen. Verpassen Sie aber nicht die letzte Bahn ins Tal.

Zurückgekehrt zum COL DE ST-IGNACE fahren wir weiter nach SARE. Der Ort war das Schmugglerparadies im BASKENLAND. Da der Beruf heute so gut wie ausgestorben ist, war man gut beraten sich auf das zweite Attribut des Ortes zu besinnen, nämlich die „Hölle der Ringeltauben“ zu sein. Dazu muss man wissen, dass diese Vögel auf ihrem Zug nach Süden hier in der Nähe die PYRENÄEN überqueren. Die Basken jagen die Tauben mit großer Leidenschaft und ziehen jedes Jahr im Oktober mit Begeisterung, Baguette und noch mehr vin rouge in ihre Palombières ein. Das sind Unterstände, von denen aus die Jäger ein komplizierten Geflecht aus Stricken und Netzen bedienen in dem die Ringeltauben schließlich gefangen werden und die das ganze Jahr über mit Begeisterung, Baguette und noch mehr vin rouge liebevoll instandgehalten werden. In den Zeitungen stehen dann neben dem Wetterbericht auch die Menge der Schwärme mit der Anzahl der einzelnen Vögel, die irgendwann irgendwo gesehen wurden.

Aber aus diesen Gründen wollen wir SARE nicht besuchen. Vielmehr gibt es südlich des Ortes die GROTTE DE SARE.

Im weiteren Verlauf unserer Reise werden wir noch an vielen Höhlen vorbeikommen. Sie müssen schon ein ausgesprochener Höhlenfan sein wenn Sie alle besuchen wollen. Ich werde auf unseren Touren vier völlig unterschiedliche Grotten beschreiben. Anfangen möchte ich mit der GROTTE DE SARE. Vom Ort aus fahren wir vom Parkplatz in der Dorfmitte (am Fronton) die ansteigende Straße an der Längsseite des Platzes hoch. Ab dem nächsten Kreisel brauchen wir immer nur den Schildern zu folgen. Ein einziges Mal müssen wir

Eingang der Grotte de Sare

aufpassen und links abbiegen ansonsten sind die Wegweiser gut zu sehen. Die letzten Meter vor dem Parkplatz an der Grotte sind mühsam. Es geht ziemlich steil hoch.

Öffnungszeiten Grotte:

Faschingszeit - Ostern:	14 - 17 Uhr
Ostern - Ende Juni:	10 - 18 Uhr
Juli - August:	10 - 19 Uhr
September:	10 - 18 Uhr
Oktober	10 - 17 Uhr
November - Dezember:	14 - 17 Uhr

Die GROTTE DE SARE fällt in meiner persönlichen Beurteilung unter die Kategorie „Hi-Tech-Höhle“. Deshalb möchte ich Sie kurz vorwarnen. Wenn Sie kein Freund technischer Spielereien sind, sollte ich Ihnen von einem Besuch abraten. Napoleon III. besichtigte mit seiner Eugénie die Grotte noch mit Fackeln. Das ist heute passee. Wir folgen dem blau erleuchteten Weg durch die Höhle und lassen uns von Diaprojektionen und ständig wechselnden Geräuschen und Erläuterungen verwirren. Sehenswert ist sie jedoch allemal; Sie wissen ja jetzt, was Sie erwartet.

Wir fahren weiter und zwar zuerst einmal wieder zurück in Richtung SARE, aber nur bis zu dem Kreisel, bei dem rechts AÏNHOA ausgeschildert ist. Dort biegen wir genau in diese Richtung ab. 10 Kilometer später haben wir den mittelalterlichen Ort erreicht. Er gilt in allen

Typische Häuser und untypische Bananen in Aïnhoa

Reiseführern als der typische baskische Vorzeigeort — und das mit Recht. Hier finden Sie typisch baskische Häuser, einen typisch baskischen Friedhof und eine typisch baskische Kirche. Ich möchte hier einen Spaziergang mit Ihnen durch den Ort machen. In AÏNHOA kann ich Ihnen alles erklären, was für die nächsten Orte auch zutrifft und brauche mich daher nicht zu wiederholen. Fahren Sie mit uns ein paar hundert Meter in den Ort hinein und achten Sie auf das Parkplatzschild, das Sie nach links lotst. Im unteren Teil des Platzes konnten wir früher noch übernachten. Inzwischen sind alle Parkplätze nachts für Womos gesperrt. Fahren Sie von dort aus zweimal nach rechts um den Bus- und Womo-Platz zu erreichen. Übernachten ist hier allerdings auch nicht drin. Das geht höchstens auf dem Campingplatz. Wegen großflächiger Straßenbauarbeiten im Jahr 2007 kann sich die Zufahrtsbeschreibung allerdings mittlerweile geändert haben. Der Parkplatz sollte jedoch nach wie vor links der Hauptstraße zu finden sein. Zum Campingplatz müssen Sie noch ein Stück weiter fahren.

(C10) WOMO-Campingplatz-Tipp: Xokoan ***

GPS: N 43° 17.482' W 1° 30.201' (ohne Straßenname)
Öffnungszeiten: 1.02. - 30.11.
Ausstattung / Lage: Ver- und Entsorgung, sehr schattig, Laden, Restaurant, Spielplatz /direkt am Fluss gelegen
Zufahrt: Durch den Ort ganz durchfahren. Man erreicht den Ortsteil Dancharia, dort weiter geradeaus. Die Straße führt direkt auf die spanische Grenze zu. Kurz vorher noch geht es links ab, einem kleinen, leicht zu übersehenden Schild folgen. Der Weg ist schmal und nicht für größere Wohnmobile geeignet. Das gilt auch für den Campingplatz.

Wenn Sie jetzt vom Parkplatz zur Hauptstraße gehen, wenden wir uns zuerst nach links und wollen etwas durch den Ort schlendern ehe wir zur Kultur übergehen. Besonders gefallen uns die schönen Häuser, die die Straße säumen. Achten Sie dabei auf das senkrechte Fachwerk und die vorherrschende Farbe Rot. Warum hier Bananen wachsen konnte mir kein Reiseführer erklären. Die Einheimischen erzählten etwas von mildem Klima, was mir schon klar war. Aber warum ausgerechnet hier? Keine Ahnung! Sind Sie mit der Besichtigung fertig und stehen wieder in der Nähe der Kirche? Dann beginnen wir jetzt mit dem kulturellen Teil.

Diskoidale Stelen

So ganz genau weiß man es - wie bei so vielen baskischen Kulturgütern - wieder nicht, woher sie kommen und welche Bedeutung Ihnen beizumessen ist. Vermutlich waren es Grabsteine? Vielleicht aber auch nicht! Vielleicht hatten sie eine andere kultische Bedeutung. Heute sind sie hauptsächlich auf Friedhöfen zu finden und werden mit traditionellen baskischen Symbolen geschmückt, deren Herkunft auch zu einem großen Teil im Dunkeln liegt. Einzig das baskische Kreuz (Lauburu) ist auf vielen Stelen zu finden: Vier Arme mit halbrunden Enden, die vom Mittelpunkt aus gedreht sind. Die Tausendjährigen hatten im letzten Jahrhundert das Emblem in Form des Hakenkreuzes für sich vereinnahmt. Es ist allerdings ein uraltes Symbol, das in vielen Kulturen vorkommt.

Diskoidale Stelen auf dem Friedhof von Aïnhoa

Wenn Sie von der Rue Principale (der Hauptstraße) die Treppen zur Kirche hochgehen, kommen Sie zuerst auf den Friedhof. Hier gibt es wunderschöne diskoidale Stelen zu bewundern. Sie haben oft die selbe Funktion wie bei uns die Grabsteine. Häufig sind sie mit dem Baskenkreuz geschmückt. Es lohnt sich, ein wenig zwischen den Gräbern entlangzugehen, die Steine sind sehenswert.

Unser nächster Besuch gilt der Kirche. Auffallend sind im Inneren gleich die Galerien. Dort saßen früher (vielleicht auch

Pelota

Bei diesem typisch baskischen Ballspiel wird ein kleiner Gummiball gegen eine senkrechte Wand geworfen. Ein Spieler der gegnerischen Mannschaft versucht die zurückprallende Kugel aufzunehmen und erneut gegen die Wand zu werfen. Was ich hier so harmlos mit „Aufnehmen“ und „Werfen“ beschreibe ist in Wirklichkeit eine einzige Bewegung. Die Spieler tragen dazu an einer Hand ein bogenförmiges Korbgeflecht, genannt Chistera. Damit wird der Ball, der mit enormer Geschwindigkeit ankommt, gefangen ohne ihn dabei abzubremsen. Er rollt dann durch den Bogen des Korbgeflechts und wird mit einer entsprechenden Wurfbewegung wieder zur Mauer, dem sogenannten Fronton, zurückgeschleudert. Bei manchen Spielarten wird der Ball auch mit der bloßen Hand zurück geschlagen. Pelota ist eines der schnellsten Spiele der Welt. Bei der Variante „Cesta Punta“ erreicht der Ball Geschwindigkeiten bis zu 210 km/h. Frontons finden Sie in den meisten baskischen Orten.

heute noch?) die Männer, während die Frauen und Kinder im Parterre Platz nahmen. Diese Galerien werden Sie auch noch in vielen anderen baskischen Gotteshäusern antreffen. Zum Beispiel auch in ITXASSOU, einem unserer nächsten Ziele.

Nördlich der Kirche schließt sich der Pelota-Platz an, der sofort durch die große Mauer (Fronton) auffällt.

Mittlerweile haben wir das Wichtigste im Ort gesehen und wollen uns auf die Weiterfahrt machen. Den Ort verlassen wir an der Stelle, an der wir auch hineingefahren sind, richten uns dann allerdings nach den Schildern nach ESPELETTE.

Eine große Rolle in diesem Ort spielen die beiden Ps: Piment und Pottoks. Der Piment hängt an vielen Häusern an der Fassade zum Trocknen. Wir haben ihn daher schon oft gesehen, konnten uns allerdings keinen Reim darauf machen, um was es sich dabei genau handelt. In verschiedenen Reiseführern wird mal von Paprikaschoten, mal von Pfefferschoten gesprochen. Also habe ich ein hochwissenschaftliches Werk zu Rate gezogen und gelernt, dass es sich um „Nelkenpfeffer" handelt, „die vor der Reife gepflückten und getrockneten Bee-

Piment an einem Haus in Espelette

(026) WOMO-Stellplatz: Espelette

GPS: N 43° 20.304' W 1° 26.868' (kein Straßenname)
max. WOMOs: 5 Gebührenfrei
Ausstattung / Lage: Mülleimer / am Ortsrand
Zufahrt: Am ersten Kreisel in Espelette fahren wir in Richtung Itxassou. Den folgenden Kreisverkehr müssen wir fast einmal umrunden um dann sofort in den Stellplatz einzubiegen.
Sonstiges: Die Stellflächen sind schief und der Platz durch seine Lage unmittelbar an der Umgehungsstraße recht laut. Inoffizielle aber gern genutzte Plätze längs der Straße zum Ortszentrum.

ren des Pimentbaumes, die als Gewürz ähnlich wie getrocknete Pfefferkörner verwendet werden". Soweit das Zitat. Die Pottoks sind kurzbeinige Pferde, die auf den umliegenden Weiden gezüchtet werden. Beide Ps haben natürlich ihr loka-

Pottoks

les Fest. Näheres dazu im Service-Teil. Die Schokoladenmanufaktur Antton direkt an der Markthalle in der Ortsmitte fängt zwar nicht mit P an, ist jedoch vor allem für unsere Kinder interessant, da sie besichtigt werden kann. Und wie das bei einer Besichtigung so ist, wird natürlich auch die eine oder andere Probe angeboten.

Am Parkplatz in der Ortsmitte gehen drei Straßen ab. Um nach ITXASSOU zu kommen haben Sie zwei Möglichkeiten. Sie können dem Schild direkt am Parkplatz folgen und kommen über eine schöne aber sehr enge Straße in den Ort oder Sie fahren Richtung CAMBO-LES-BAINS und biegen kurz vor dem Ort in die D 932 nach ST-JEAN-PIED-DE-PORT ein. Die müssen Sie dann nach 3,5 km nach rechts verlassen um nach ITXASSOU hineinzufahren. Dort möchte ich Sie auf einen Parkplatz lotsen, auf dem Sie eigentlich gar nicht stehen dürfen. Vor vielen Jahren konnte man dort noch übernachten. Mittlerweile

Gedenkstein in Itxassou

ist er für Womos völlig gesperrt. Die Sperrung ist für mich nicht nachvollziehbar, weil dort kaum jemand parkt.

Welche Strecke Sie auch gewählt haben, Sie passieren zuerst den Fronton und erreichen schließlich eine Straßengabelung. Hier nehmen wir den rechten Weg und biegen gleich darauf wieder nach rechts ab. Ein Schild zeigt zur „école“ und zur „église“. Die Kirche erreichen wir nach einer lustigen Berg- und Talfahrt. Direkt nebenan liegt der besagte Parkplatz. Im mittleren Bereich stehen Sie ziemlich gerade.

Unser Besuch soll zuerst dem Friedhof und der Kirche gelten. Das Wichtigste hierzu habe ich bereits in AÏNHOA erklärt. Auch hier gibt es schöne diskoidale Stelen und die Kirche setzt sogar noch eins drauf, was die Anzahl der Galerien betrifft. Ein Besuch lohnt sich auch wegen der Kanzel mit ihren Goldbelägen.

Neben der Kirche ist ein Gedenkstein zu bewundern. Auf ihm stehen in baskischer Sprache die Forderungen der Enbata, einer autonomistischen Organisation, die 1974 vom französischen Innenminister verboten wurde.

WOMO-Spaziertipp: Pas de Roland

Wenn Sie wollen, können Sie jetzt noch ein bisschen mit uns spazieren gehen. Wir wollen zum „Pas de Roland", einem Felsen mit einem Loch, das der sagenhafte Roland mit seinem berühmten Schwert eigenhändig geschlagen hat.

Verlassen Sie dazu den Parkplatz an dem Ende, das der Kirche gegenüber liegt und gehen nach links. Sie erreichen dann die Nive. Dort wenden Sie sich nach rechts und folgen dem Wasserlauf bis Sie den Pas de Roland erreicht haben. Es ist nicht sehr weit.

Roland wollte vor den Basken und Mauren nach Norden fliehen und hat seine Männer durch das Loch im Felsen geführt. Sagen Sie jetzt nicht, dass er auch hätte um den Felsen herumgehen können. Einen Held bei der Arbeit soll man nicht kritisieren! Kurz vor dem Felsenloch sehen Sie sogar noch einen Fußabdruck Rolands im Stein verewigt. Wie Sie sehen, lebte er auf großem Fuß.

Zurück geht's auf dem selben Weg.

Sollte es Ihnen in ITXASSOU so gut gefallen, dass Sie länger hier verweilen möchten, müssen Sie auf den Campingplatz ausweichen. Das Übernachtungsverbot auf dem Platz neben der Kirche sollten Sie respektieren. Vielleicht dürfen wir in einigen Jahren ja wenigstens tagsüber wieder dort stehen.

(C11) WOMO-Campingplatz-Tipp: L'Hiriberria ***

GPS: N 43° 20.314' W 1° 24.132' (kein Straßenname)
Öffnungszeiten: Mitte Februar - Mitte Dezember
Ausstattung / Lage: Ver- und Entsorgung, sehr schattig, Spielplatz, Pool / nächster Ort: 1000 m.
Zufahrt: Der Platz liegt in Richtung Espelette, Sie müssen also wieder ein Stück zurück fahren. Etwa einen Kilometer außerhalb Itxassous ist die Zufahrt zum Platz an der D 918 nach rechts ausgeschildert.
E-Mail: hiriberria@wanadoo.fr
Internet: www.hiriberria.com (englische Textversion)

Zum Weiterfahren verlassen Sie den Parkplatz indem Sie die Straße zwischen Kirche und Gedenkstein nehmen und dann nach links abbiegen. Halten Sie sich anschließend an die Wegweiser zur D 918. Wenn Sie die erreicht haben, folgen Sie der Beschilderung nach ST-JEAN-PIED-DE-PORT.

Da ST-JEAN zu meinen Lieblingsorten zählt, möchte ich mich etwas länger darüber auslassen. Zuerst stelle ich Ihnen einen Übernachtungsplatz vor. Leider wurden sämtliche Plät-

(027) WOMO-Stellplatz: St-Jean-Pied-de-Port

GPS: N 43° 09.904' W 1° 13.902' (kein Straßenname)
max. WOMOs: > 20 geringe Gebühr
Ausstattung / Lage: Ver- und Entsorgung, Mülleimer, Wertstoff-Container / am Ortsrand
Zufahrt: Fahren Sie durch den Ort in Richtung Mauléon-Licharre. Achten Sie bei den weiteren Kreiseln auf die Schilder zum Jaï-Alaï. Dort müssen Sie rechts abbiegen und können den Womo-Platz schon gleich sehen. Sie können am Horodateur zwischen einem 24- und einem 48-Stunden Ticket wählen.

Sonstiges: 10 Minuten Fußweg zum Zentrum, Supermarkt ganz in der Nähe.

ze in der unmittelbaren Umgebung des Zentrums für Wohnmobile gesperrt.

Der Ort hat mich in jeder Hinsicht verwöhnt. Kaum ein Besuch, bei dem nicht irgend etwas los war. Ein Bauernmarkt, ein baskisches Fest, eine Folklore-Tanzveranstaltung, ein Trachtenumzug, eine malerische Prozession, man gibt sich Mühe mit den Touristen.

Folklorefest in St-Jean-Pied-de-Port

Lassen Sie mich versuchen auch Sie in den Bann des Ortes zu ziehen. Dazu möchte ich zuerst mit Ihnen zum Zentrum des Städtchens gehen. Sie haben auf dem Weg zum Stellplatz den Ort schon durchquert und wissen daher, wo es

Musiker in St-Jean-Pied-de-Port

hin geht. Ganz in der Nähe des Zentrums erreichen wir die Brücke über die *Nive*. Links genießen Sie den Blick auf die alte *Nive*-Brücke, die in jedem Reiseführer abgebildet ist. Kurz vor der Brücke können Sie sich nach links orientieren und durch die Fußgängerzone schlendern. Ein Tipp: Besonders originelle T-Shirts und CDs mit baskischer Musik gibt's bei KUKUXKA in der Rue de la Citadelle Nummer 3. Da ich gerade von Zitadelle rede: Hoch über dem Städtchen thront eine Festung bei der natürlich wieder Vauban seine Hand im Spiel gehabt hat. Sie ist nicht zu besichtigen, aber von deren Hof hat man einen sehr schönen Blick über die Stadt und die umliegenden Berge. Den Aufstieg können Sie über 207 Stufen von der

Kirche aus in Angriff nehmen. Dazu gehen Sie zwischen dem Gotteshaus und der *Nive* ein Stück an deren Ufer entlang, dann sehen Sie die Stufen schon auf der linken Seite.

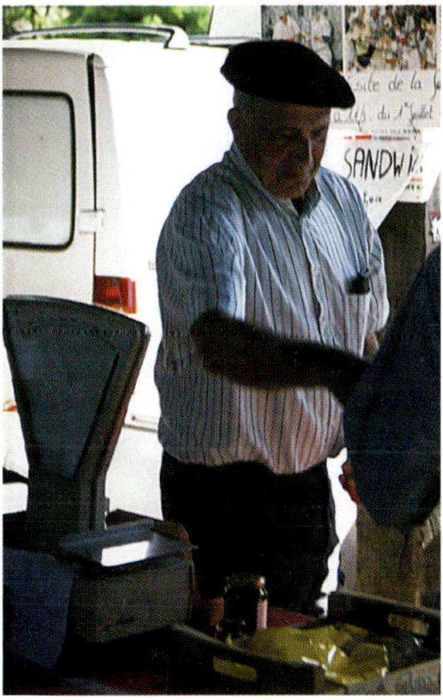

Wenn Sie die *Nive* auf der neuen Brücke überqueren, können Sie mehr oder weniger geradeaus über eine bergauf führende Straße die Markthalle erreichen. Sollte hier gerade Markt sein dürfen Sie sich das keinesfalls entgehen lassen. Unzählige Käsearten, verschiedene Schinken, getrocknete Würste, baskische Kuchen, diverse Weinsorten und allerlei mehr wartet darauf, von Ihnen probiert zu werden.

Ich hoffe, Sie haben in ST-JEAN-PIED-DE-PORT eine ruhige Nacht verbracht. Ab hier werden wir nämlich an den nächsten Tagen viele Kilometer hinter uns bringen. Wir verlassen den Ort indem wir in Richtung MAULÉON-LICHARRE fahren und dann auf der D 933 bleiben bis wir nach LARCEVEAU kommen. Dort biegen wir am Kreisel rechts ab nach MAULÉON-LICHARRE.

Um die Hauptstadt der kleinsten baskischen Provinz SOULE zu erreichen müssen wir über den 392 m hohen COL D'OSQUICH fahren. Auf der Passhöhe sehen wir ein Hinweisschild zur Chapelle St-Antoine. 1500 Meter steht da geschrieben. Ein kleiner Spaziergang, der gerade mal gut genug ist, sich die Beine etwas zu vertreten. Allerdings ist ein Höhenunterschied von 200 Metern zu bewältigen. Auch das sollte trotz der gnadenlos scheinenden Sonne kein Problem sein. Schon nach den ersten Wegbiegungen können wir die Kapelle sehen. Dann verschwindet sie wieder - und taucht wieder auf. Und ihr Abstand zu unserer derzeitigen Position wird und wird nicht geringer. Jeder Bergwanderer kennt das Phänomen. Nach knapp einer Stunde haben wir sie schlussendlich erreicht. Wir sind jetzt auf 706 m Höhe. Die Kapelle selbst wäre den Weg nicht wert, hätten wir von hier oben nicht eine sehr schöne Aussicht. Ich habe weder einen Schrittzähler, noch bin ich besonders gut im Schätzen von Entfernungen. Definitiv kann ich jedoch sagen, dass die 1500 Meter gelogen sind. Luftlinie vielleicht!

Nach weiteren 14 km (mittlerweile geht es dann doch bergab) fahren wir an MAULÉON auf der Umgehungsstraße vorbei. Wir folgen zuerst den Schildern „Toutes Directions", dann MOURENX bzw. OLORON.

Nach 16 km kreuzen wir die D 936 und erreichen gleich darauf NAVARRENX. Beim Überqueren der fahnengeschmückten Brücke über den *Gave d'Oloron* haben Sie einen schönen Blick auf die Befestigungsanlage des Ortes. Das erste Stadttor ist für den Verkehr gesperrt, fahren Sie also durch das Zweite in den Ort hinein. Gleich darauf biegen Sie nach links in eine kleine Straße ab und kommen dann zu einem Parkplatz. Hier können zwei bis drei Wohnmobile auch eine Nacht ste-

(028) WOMO-Stellplatz: Navarrenx

GPS: N 43° 19.415' W 0° 45.650' (kein Straßenname)
max. WOMOs: 2 - 3 gebührenfrei
Ausstattung / Lage: Mülleimer / zentrumsnah
Zufahrt: Nach der Einfahrt durch das Stadttor folgen Sie dem Parkplatz-Schild an der zweiten Straße nach links.

hen. Der Ort ist klein genug, dass Sie vom Parkplatz aus einen Rundgang zu Fuß machen können. An verschiedenen Stellen steigen wir auf die Stadtmauer und genießen dort die Aussicht. Obwohl es so aussieht, ist diese Festungsanlage diesmal nicht von Vauban.

Von NAVARRENX aus fahren wir wieder zurück zum Kreisel an der D 936. Diesmal folgen wir den Schildern nach OLORON-STE-MARIE. Nach etwa 5 km biegen wir nach rechts ab zum „Camp de GURS". Ignorieren Sie die Schilder nach GURS, die vorher schon an einigen Ausfahrten stehen. Von der beschriebenen Ausfahrt aus können Sie nach dem Überqueren der Gleise auf der linken Seite in der Rue des Pyrénées auf einen Rasenparkplatz fahren. [GPS: N43° 16.450' W0° 44.383']

Hier wurde 1939 ein Flüchtlingslager errichtet. Vor allem Kämpfer der Internationalen Brigaden und spanische Republikaner sollten während des Spanischen Bürgerkrieges hier Zuflucht finden können. Ein Jahr später kamen auch Antifaschisten aus DEUTSCHLAND und ÖSTERREICH hinzu. Nach der Besetzung Frankreichs durch die Nazis wurde aus dem Flüchtlingslager ein Konzentrationslager. Vor allem Juden, Sinti und Roma sowie französische Widerstandskämpfer wurden hier zusammengepfercht. Von 1939 bis 1944 wurden 61000 Menschen hier interniert. Über 15000 Juden kamen aus BADEN und der PFALZ

Gedenkstätte des Konzentrationslagers Gurs

— mehr als 1000 von ihnen starben hier, der Rest wurde zurückverlegt in deutsche Lager. Dem Lager angeschlossen ist ein jüdischer Friedhof. Hier können Sie an den Grabsteinen erkennen, dass die meisten Toten aus dem Südwesten Deutschlands kamen. Nicht alle: Einige erblickten hier das Licht der Welt. Ein Blitzlicht. Grausam! Wenn Sie den jüdischen Friedhof besuchen wollen, möchte ich die Männer bitten, an eine Kopfbedeckung zu denken. Sie finden ihn,

Der jüdische Friedhof in Gurs

wenn Sie der Bahnlinie folgen und sich an deren Ende, an dem Mahnmal, nach rechts wenden.

Von unserem Parkplatz aus fahren wir die paar Meter zur D 936 zurück. Dann geht's weiter durch das Tal des *Gave d'Oloron* in südöstlicher Richtung nach OLORON-STE-MARIE. Die Stadt war für die Jakobspilger auf ihrem Weg nach SANTIAGO DE COMPOSTELLA eine wichtige Station bevor die Überquerung der PYRENÄEN am COL DE SOMPORT in Angriff genommen wurde. Heute liegt ihre Bedeutung in der Fabrikation von Baskenmützen. Hier steht die letzte Fabrik in der diese Kopfbedeckung noch hergestellt wird. Wobei es sich streng genommen um einen Etikettenschwindel handelt, denn wir sind nicht mehr im BASKENLAND sondern im BÉARN. Wenn man der Überlieferung glauben darf wurde die Baskenmütze von einem Schäfer erfunden, der vergessen hatte seine Pudelmütze wieder in Form zu bringen, nachdem sie vom Regen durchweicht und verfilzt war. Hier im BÉARN ist man natürlich sicher, dass besagter Schäfer ein Landsmann war und kein Baske. Wie dem auch sei, dem „béret basque" werden Sie auch heute noch auf Schritt und Tritt begegnen.

In OLORON-STE-MARIE möchte ich mit dem Campingplatz beginnen. Dort können Sie sich einrichten, wenn Sie länger verweilen wollen.

(C12) WOMO-Campingplatz-Tipp: Gîtes du Stade ***

GPS: N 43° 10.711' W 0° 37.425' Chemin de Lagravette
Öffnungszeiten: 1.4. - 30.9.
Ausstattung / Lage: Ver- und Entsorgung, sehr schattig, Imbiss, Spielplatz / am Ortsrand
Zufahrt: Etwas schwer zu finden. Im Zentrum den Schildern zum Sportzentrum folgen. Zu Beginn geht auch Col du Somport um die Grobrichtung zu finden. Später ist der Platz dann gut beschildert.
E-Mail: camping-du-stade@wanadoo.fr
Internet: www.camping-du-stade.com (englische Textversion)

Portal der Kathedrale Ste-Marie

Von den beiden Kirchen der Stadt ist zweifelsfrei die Kathedrale Ste-Marie die größere Sehenswürdigkeit. Ihr verdankt der Ort schließlich seinen Namenszusatz. Sie ist vor allem wegen ihres reich geschmückten Portals berühmt. Von den beiden großen Bögen über dem Eingang ist auf dem Oberen das apokalyptische Orchester abgebildet. Auf dem unteren Bogen ist das tägliche Leben der Bauern und Handwerker dargestellt. Interessant sind zudem die beiden Atlanten, die die mittlere Säule tragen. Vergessen Sie auch nicht, sich die überall versteckten kleinen Figuren und Wasserspeier anzuschauen. Einen großen Nachteil hat die ganze Geschichte: Für ein Fahrzeug in unserer Größenordnung ist es schwer, in der Nähe der Kirche einen Parkplatz zu finden.

In einer guten halben Stunde fahren wir von hier nach PAU. Dort erwartet uns ein Schloss, ein kurioses öffentliches Nahverkehrsmittel, von dem Sie später noch lesen werden und ein wunderbarer Blick auf die Pyrenäen. Da die Stadt recht ansehnliche Parkgebühren festgesetzt hat, lotse ich Sie zuerst einmal zu einem kostenlosen Parkplatz.

(029) WOMO-Stellplatz: Pau

GPS: N 43° 17.891' W 0° 22.522' Place de Verdun
max. WOMOs: > 20 gebührenfrei
Ausstattung / Lage: Toiletten, Mülleimer, Telefonzelle / zentrumsnah
Zufahrt: Folgen Sie zuerst den Schildern zum Zentrum und dann der Beschilderung nach Bordeaux. Parking Verdun ist zwischenzeitlich auch ausgeschildert. Wenn Sie sich zweispurig nach links einordnen müssen, sind Sie schon fast am Ziel. Nach einen kurzen Steigung liegt der Platz zu Ihrer Linken. 1500 Fahrzeuge können hier stehen und wir haben bisher immer ein Plätzchen gefunden. Im mittleren Bereich ist der Verkehrslärm nachts einigermaßen erträglich.

Zur Besichtigung der Stadt orientieren Sie sich am besten nach den Türmen der Kirche St-Jacques. Die sehen Sie, wenn Sie vom Parkplatz aus zur Einfahrt schauen und dann Ihren Blick etwas nach rechts lenken. Dort angekommen brauchen Sie nur noch das Hauptportal zu finden und von dort geradeaus in die Rue des Cordeliers zu gehen und schon sind Sie in der größten Einkaufsstraße.

Auch wenn Sie nicht gerade in Einkaufslaune sind, sollten Sie uns trotzdem hierher folgen, denn ich möchte Ihnen eine der wichtigsten Sehenswürdigkeiten der Stadt zeigen. Und dazu müssen wir der Straße folgen und dann immer weiter mehr oder weniger geradeaus gehen, bis eine Balustrade uns am Weitergehen hindert. Wir sind jetzt am Boulevard des Pyrénées. Angelegt wurde diese Prachtstraße von Napoleon I.

Am Boulevard des Pyrénées in Pau

Warum sie so heißt brauche ich Ihnen nicht zu sagen. Der Blick von hier aus hat ohne Zweifel die 3 Michelin-Sterne verdient. Ich verleihe ihm, ohne mit der Wimper zu zucken, 4 Engel-Sterne. Sie stehen jetzt übrigens ganz in der Nähe der Bergstation eines Verkehrsmittels, das ich nicht so recht benennen kann. Die meisten Reiseführer nennen das Gefährt Seilbahn, einer sogar Standseilbahn. Ein Seil spielt zwar eine Rolle. Unter einer Seilbahn stelle ich mir allerdings etwas Anderes vor: Eine Gondel schwebt da irgendwo zwischen Berg und Himmel. Dieses Gefährt bleibt jedoch eher bodenständig. Zahnradbahn wäre nicht schlecht, aber ein Zahnrad spielt überhaupt keine Rolle. Es läuft recht energiesparend: Zwei Wagen, wir nennen sie 1 und 2, sind über ein Seil(!) miteinander verbunden. 1 steht oben, 2 unten. Wenn nun die Abfahrtszeit gekommen ist, braucht ein Motor, der das Seil bewegt, nur die Gewichtsdifferenz der beiden Wagen auszugleichen. Wagen 1 zieht ja bei der Abwärtsfahrt Wagen 2 schon mit seiner Kraft ein Stück weit hoch. Damit beide nicht zusammenstoßen, gibt es in der Mitte eine Ausweichstelle mit 2 Weichen und 2 Gleisen. Jetzt steht Wagen 2 oben und 1 unten und das Spiel kann so weiter gehen! Ich werde den französischen Namen beibehalten: Funiculaire. (Die Physiker

Funiculaire

unter meinen Lesern mögen mir die absolut unwissenschaftliche Ausdrucksweise verzeihen. Ich finde sie anschaulich! Popularwissenschaftliche Erklärungen die potentielle Energie, Gewichtsdifferenz und kinetische Energie in wenigen Sätzen in einen allgemeinverständlichen Zusammenhang bringen, sind willkommen.)

Folgen Sie uns jetzt nach rechts, dort gibt es ein Schloss. Dessen Geschichte ist unmittelbar mit dem französischen König Heinrich IV. verbunden. Er wurde 1553 hier geboren.

Schloss von Pau

Seine Mutter, Johanna von Albret, war eine rustikale Frau und protestantische Fundamentalistin. Katholische Kirchen wurden zu protestantischen umgewandelt, Priester ermordet und Katholiken verfolgt. Schluss war mit Wein, Weib und Gesang. Sittenstrenge und Nüchternheit waren angesagt. Erst mit der Machtübernahme Heinrichs wurde wieder Toleranz geübt. Er selbst trat zwar zum Katholizismus über, um in PARIS Fuß fassen zu können, beendete dann aber mit dem Edikt von NANTES die im ganzen Land wütenden Religionskriege.

Das Schloss selbst sieht von außen recht ansprechend aus, von der Besichtigung war ich allerdings enttäuscht, so dass ich sie Ihnen nicht unbedingt ans Herz legen möchte. Das einzige spektakuläre Stück der Sammlung ist ein Schildkrötenpanzer, der angeblich die Wiege des jungen Heinrich gewesen sein soll.

Von hier aus können Sie jetzt in gewundenen Pfaden zurückgehen zum Parkplatz — oder auf kürzestem Weg. Die stark befahrene Straße in der Nähe des Schlosseinganges führt direkt zum PLACE DE VERDUN. Wenn Sie noch gut zu Fuß sind würde ich Sie gern zu einem Umweg verführen.

Gehen Sie dazu mit mir zurück zum Boulevard des Pyrénées. Uns gefällt der Blick auf die PYRENÄEN so gut, dass wir noch bis zum anderen Ende des Boulevards entlangspazieren. Ein kleines Zwischenspiel legen wir zur Freude unserer Kinder am bereits erwähnten Funiculaire ein: Wir laufen auf einem gewundenen Pfad hinunter zur Talstation und fahren anschließend wieder hoch. Dieses öffentliche Personen-Nahverkehrsmittel ist übrigens kostenlos. Gleich neben der Bergstation und gegenüber des Boulevards finden wir noch einen kleinen Park.

Der Rückweg zum Parkplatz gelingt intuitiv. Das Stadtzentrum haben Sie ja bereits einmal durchquert, und Sie werden festgestellt haben, dass es leicht überschaubar ist.

Die Tour 6 endet eigentlich hier. Wenn Sie jedoch nicht auf dem Parkplatz in PAU übernachten wollen, den man ja nicht gerade als idyllisch bezeichnen möchte, können Sie das 10 Kilometer weiter nördlich tun. Die nächste Tour beginne ich sowieso etliche Kilometer weiter im Norden - genauer gesagt in AIRE-SUR L'ADOUR. Den Schildern zu diesem Ort dürfen Sie sich ruhig anvertrauen. Vom Parkplatz aus geht's nach links, wenn Sie dort rausfahren, wo Sie eingebogen sind. Dann sind Sie auf dem besten Weg zu meiner Tour 7.

(030) WOMO-Stellplatz: Sauvagnon

GPS: N 43° 24.217' W 0° 23.217' Champ de Foire
max. WOMOs: 3 - 4 gebührenfrei
Ausstattung / Lage: Ver- und Entsorgung, Mülleimer, Wertstoff-Container / im Zentrum
Zufahrt: Fahren Sie in den Ort hinein und dann zur Kirche. Etwas weiter biegen Sie dann nach rechts ab und fahren zum „Centre Festif". Dahinter finden Sie die Ver- und Entsorgungsstation.

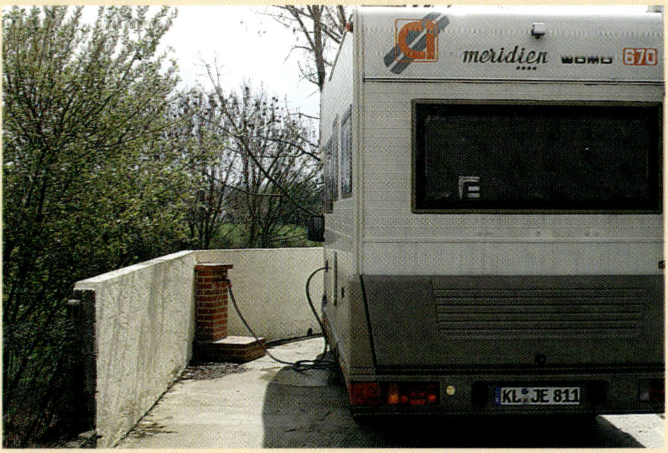

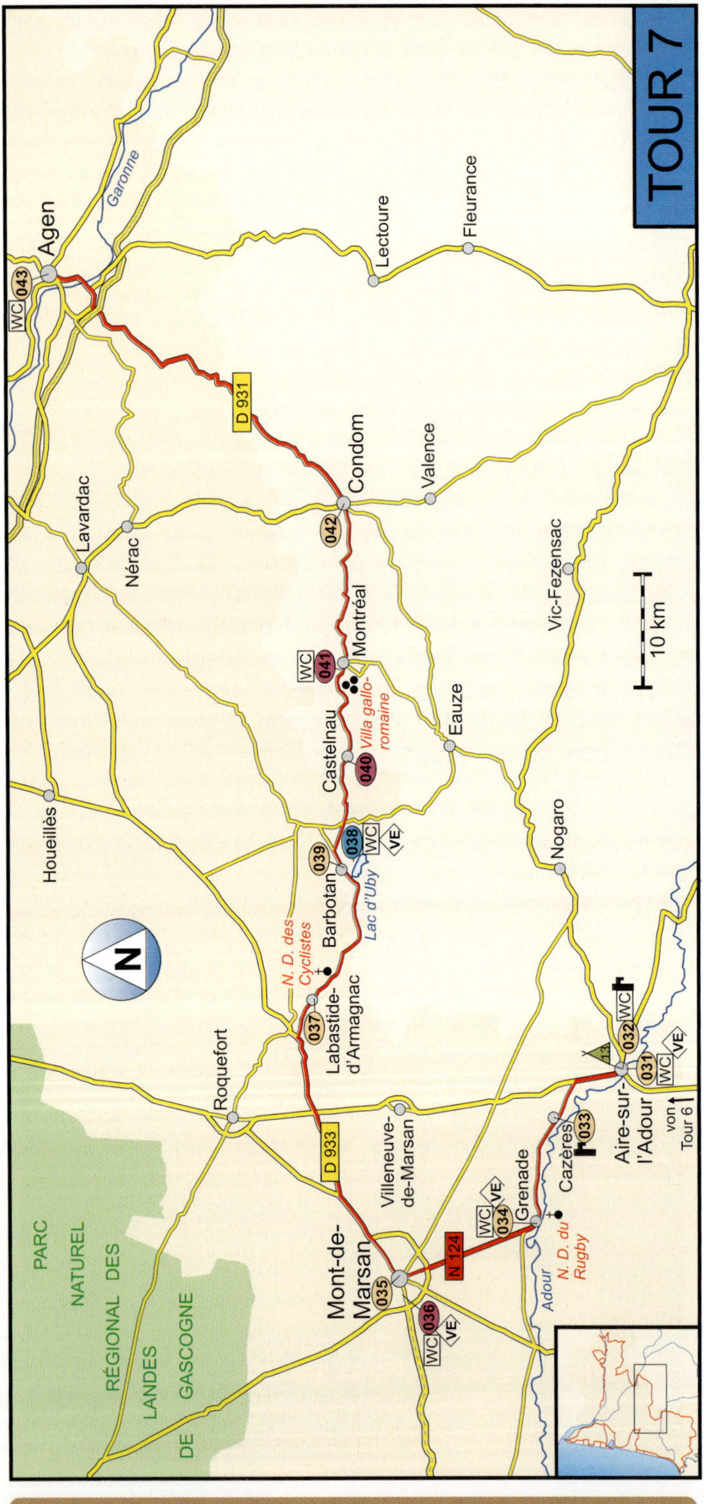
TOUR 7
Agen
Garonne
Lectoure
Fleurance
D 931
Lavardac
Nérac
Condom
Valence
Vic-Fezensac
Montréal
Villa gallo-romaine
Castelnau
Eauze
10 km
Houeillès
Nogaro
Barbotan
Lac d'Uby
N. D. des Cyclistes
Labastide-d'Armagnac
Roquefort
Villeneuve-de-Marsan
D 933
Aire-sur-l'Adour
von Tour 6
Cazères
Grenade
N. D. du Rugby
Adour
N 124
Mont-de-Marsan
PARC NATUREL RÉGIONAL DES LANDES DE GASCOGNE
WC
VE
031
032
033
034
035
036
037
038
039
040
041
042
043

TOUR 7 (226 km)

Aire-sur-l'Adour — Mont-de-Marsan — Barbotan-les-Thermes — Condom — Agen

Übernachten:	Aire-sur-l'Adour, Cazères-sur-l'Adour, Grenade-sur-l'Adour, Mont-de-Marsan, Labastide d'Armagnac, Lac de l'Uby, Barbotan-les-Thermes, Castelnau-d'Auzan, Montréal, Condom, Agen
Besichtigen:	Kirche Notre-Dame-de-Rugby, Mont-de-Marsan, Kirche Notre-Dame-des-Cyclistes, Villa gallo-romaine de Séviac
Baden:	Am Lac de l'Uby
Campingplatz:	Ombrages de l'Adour
Markt:	Aire-sur-l'Adour (Di., Sa.) Grenade-sur-l'Adour (Sa.), Mont-de-Marsan (Di., Sa.), Labastide-d'Armagnac (Sa. 14 - 18 Uhr), Agen (Mi.)

Ganz deutlich ist zu merken, dass wir die PYRENÄEN jetzt hinter uns lassen. Immer kleiner werden die Bergketten, die hin und wieder im Rückspiegel zu sehen sind. Bis auf wenige Abschnitte ist die Straße wieder kerzengerade. AIRE-SUR-L'ADOUR ist ein recht liebenswerter Ort. Hier gab es zuerst einen Stellplatz, dann wurde er gesperrt, danach gab's einen anderen Platz mit Ver- und Entsorgungsmöglichkeit. Mittlerweile können Sie zwischen zwei Übernachtungsplätzen wählen. In der Nähe des zweiten Stellplatzes finden Sie auch noch einen Campingplatz.

Von beiden Stellplätzen aus können Sie ganz schnell und einfach die kleine Fußgängerzone erreichen. Dort wiederum

(031) WOMO-Stellplatz: Aire-sur-l'Adour I

GPS: N 43° 41.916' W 0° 15.716' Boulevard Lamothe
max. WOMOs: > 5 gebührenfrei
Ausstattung / Lage: Ver- und Entsorgung, Toiletten, Mülleimer, Wertstoff-Container, Telefonzelle, Tische und Bänke, Stadtplan / zentrumsnah
Zufahrt: Wenn am Ortsanfang die Vorfahrtsstraße nach links abknickt, geradeaus in Richtung „Centre Ville" fahren. Dann immer weiter geradeaus. Sie erreichen dann durch ein Tor einen Parkplatz. Danach wenden Sie sich nach rechts um die Ver- und Entsorgungsstation zu erreichen. Dort sind Parkflächen für Womos.

Sonstiges: In unmittelbarer Nähe finden Sie einen großen Park mit Spielplatz, sowie die Markthalle.

(032) WOMO-Stellplatz: Aire-sur-l'Adour II

GPS: N 43° 42.133' W 0° 15.584' Rue des Arènes
max. WOMOs: > 5 gebührenfrei
Ausstattung / Lage: Wasserhahn, Toiletten, Mülleimer, Wertstoff-Container, Telefonzelle, Tische und Bänke, Stadtplan / zentrumsnah
Zufahrt: Wenn Sie den Ort auf der Vorfahrtsstraße durchqueren, erreichen Sie bald eine Brücke über den Adour. Kurz davor biegen Sie nach rechts auf einen Parkplatz ab.
Sonstiges: Größere Womos passen nur in wenige Parkflächen.

(C13) WOMO-Campingplatz-Tipp: Ombrages de l'Adour **

GPS: N 43° 42.134' W 0° 15.483' Rue des Graviers
Öffnungszeiten: Anfang April - Ende Oktober
Ausstattung / Lage: Ver- und Entsorgung, sehr schattig, Laden, Imbiss in der Saison, Spielplatz / direkt am Adour, zentrumsnah
Zufahrt: Vom Stellplatz Aire-sur-l'Adour II parallel zum Adour weiterfahren, dann dem Schild „camping" nach links folgen.
Internet: www.camping-adour-landes.com (englische Textversion)

finden Sie die Kirche St-Pierre-du-Mas mit ihrem Sarkophag der Ste-Quitterie. In der Kirche werden wir zuerst einmal von einem „Jakobspilger-Beauftragten" begrüßt. In einem Nebenraum gibt es die begehrten Stempel, mit denen die Wallfahrer ihre Reise belegen können. Es herrscht dort überraschend großer Andrang! Wir wollen jedoch in die andere Richtung. Sowohl generell als auch speziell in der Kirche. Dort finden Sie die Krypta der Ste-Quitterie auf der rechten Seite vom Haupteingang aus gesehen. Ihr Sarkophag ist mit Motiven aus dem Alten Testament geschmückt.

Sarkophag der Hl. Quitterie

Falls Sie wirklich die Heilige Quitterie nicht kennen sollten, möchte ich Ihnen die wichtigsten Informationen nicht vorenthalten: Die kleine Quitterie war eine von 9 Töchtern eines westgotischen Prinzen, konnte auf eine lange Ahnenreihe zurückblicken und sollte natürlich standesgemäß heiraten. Sie weigerte sich jedoch und wurde logischerweise daraufhin von ihrem Vater enthauptet. Sie stand danach auf, nahm ihren Kopf, legte ihn auf ein bereitstehendes Tablett und ging damit zur Kirche, wo sie sich in den Sarkophag legte und anschließend verschied. Am Tatort selbst entsprang selbigen Tages eine Quelle mit wundertätigem Wasser. Es hilft — was sonst — bei Kopfschmerzen.

Wir schlendern noch ein wenig durch die Innenstadt und verlassen anschließend AIRE-SUR-L'ADOUR. Jetzt orientieren uns nach den Schildern nach MONT-DE-MARSAN, die eigentlich nicht mehr zu übersehen sind. Nach knapp 10 km erreichen wir CAZÈRES-SUR-L'ADOUR.

(033) WOMO-Stellplatz: Cazères-sur-l'Adour

GPS: N 43° 45.638' W 0° 19.015'
max. WOMOs: 5

Place de l'ancienne Bastide
gebührenfrei

Ausstattung / Lage: Wasserhahn, Mülleimer, Telefonzelle, Tische und Bänke / im Zentrum
Zufahrt: Biegen Sie, wenn Sie an der Kirche vorbei gefahren sind, nach links ab.

Immer in der Nähe des *Adour* fahren wir durch eine schöne Allee weiter nach GRENADE-SUR-L'ADOUR. Bevor ich Ihnen beschreibe, wo Sie hier übernachten können möchte ich noch einen kleinen Abstecher zu einer kuriosen Kirche machen. Folgen Sie mir in GRENADE am Ortsanfang nach links über die Brücke. Ab hier folgen wir den Schildern zur „Notre-Dame-du-Rugby". Die Straße teilt sich in eine Route für Omnibusse und eine für PKW auf. Größere Womos folgen der Omnisbus-Beschilderung und fahren in einem weiten Bogen zur Kapelle.

Trikots in der Kirche Notre-Dame-du-Rugby

Fahrer von Kastenwagen bis Sprinter-Größe sowie kämpferische Womo-Kapitäne nehmen die PKW-Route. Die Rückfahrt führt für alle über die PKW-Strecke. Es kann Ihnen auf der schmalen PKW-Straße durchaus ein Omnibus entgegenkommen. Wenn Sie den kleinen Parkplatz [GPS: N 43° 45.950' W 0° 25.251' Route de la Chapelle im Nachbarort Larrivière] erst einmal erreicht haben werden Sie zugeben: Hier ist ohne jeden Zweifel der Schutzpatron der Rugby-Spieler — wer immer das auch sein mag — zu Hause.

Zurück nach Grenade-sur-l'Adour fahren wir auf dem selben Weg auf dem wir auch hergefahren sind. Nach der Überquerung des *Adour* biegen wir nach links ab. Hier kann ich Ihnen einen weiteren Übernachtungsplatz und einen sehr schön gelegenen Picknickplatz empfehlen.

(034) WOMO-Stellplatz: Grenade-sur-l'Adour

GPS: N 43° 46.516' W 0° 26.050' Rue des Accacias
max. WOMOs: > 5 gebührenfrei
Ausstattung / Lage: Ver- und Entsorgung, Toiletten, Mülleimer, Waschbecken / am Ortsrand

Zufahrt: In Richtung Mont-de-Marsan fahrend, biegen Sie fast am Ortsende beim Supermarkt „Leclerc express" nach links ab. Sie fahren dann auf das Rugby-Stadion zu. In einer Ecke des großen Parkplatzes am Stadion finden Sie die Ver- und Entsorgungsstation.

Sonstiges: Maximale Dauer 24 h

Zum Picknickplatz kommen Sie, wenn Sie kurz nach der Ortsmitte nach links in Richtung Campingplatz abbiegen. An dem fahren Sie vorbei und kommen dann direkt ans *Adour*-Ufer. Hier ist es zum Picknicken ideal, allerdings herrscht Übernachtungsverbot.

Gerade noch 13 Kilometer trennen uns von MONT-DE-MARSAN, der Hauptstadt des Départements LANDES. Die Stadt ist mir hauptsächlich wegen ihrer vielen Skulpturen in Erinne-

(035) WOMO-Stellplatz: Mont-de-Marsan I

GPS: N 43° 53.460' W 0° 29.802' Passage Delamarre
max. WOMOs: > 5 gebührenfrei
Ausstattung / Lage: - / zentrumsnah
Zufahrt: Wir folgen zuerst den Schildern zur Stadtmitte, biegen dann aber an der Caisse d'Espargne rechts ab. Wenn dann Pfeile auf der Fahrbahn markiert sind ordnen wir uns links ein, fahren über die Brücke und dann rechts auf den Parkplatz „Terrasse du Midou".

(036) WOMO-Picknickplatz: Mont-de-Marsan

GPS: N 43° 54.134' W 0° 31.183' Avenue de Sabres
max. WOMOs: 2 gebührenfrei
Ausstattung / Lage: Ver- und Entsorgung, Toiletten, Mülleimer, Wertstoff-Container, Tische und Bänke / am Ortsrand
Zufahrt: Fahren Sie in Richtung Bordeaux. Wenn die Bebauung lichter wird und Sie merken, dass der Ort bald aufhört, achten Sie auf das Schild „Aire de Rond", das nach rechts zeigt. Die Einfahrt ist leicht zu übersehen. Wenn auf der linken Seite der Straße eine Citroën-Werkstatt auftaucht, sind es noch ca. 250 m. Neben einem kleinen Weiher steht eine Euro-Relais-Station mit 2 Stellplätzen. Der Platz ist viel schöner als der oben genannte Stellplatz. Sie sind allerdings weit vom Zentrum entfernt.

rung. In wenigen Minuten können wir vom Stellplatz I aus ins Stadtzentrum laufen. Gehen Sie einfach den Anfahrtsweg ein Stück weit wieder zurück bis zur Caisse d'Espargne. Von einer Brücke aus, die zum Place Charles de Gaulle gehört, haben Sie einen schönen Blick auf den Zusammenfluss von *Midou* und *Douze*, die ab ihrer Vereinigung *Midouze* heißt. Hier und in der Rue Léon Gambetta finden sie mehrere Skulpturen der hier geborenen Künstler Charles Despiau und Robert Wlérick. Den Beiden ist auch ein Museum gewidmet. Sie finden es,

Zusammenfluss von Douze und Midou

wenn Sie nach Überquerung der Brücke nach rechts gehen. Aber auch an anderen Stellen in der Stadt fallen uns immer wieder Arbeiten von Bildhauern auf. Sogar als Schmuck von Restaurants. Das Stadtzentrum ist leicht überschaubar. Von der gerade eben erwähnten Brücke über den *Midou* aus können Sie in alle vier Himmelsrichtungen gehen und kommen nach wenigen Minuten zu den Hauptsehenswürdigkeiten des Ortes.

Da wäre zuerst einmal ein kleiner Gang in Richtung des Flusses möglich zum bereits erwähnten Zusammenfluss. Einige alte Häuser stehen heute noch in unmittelbarer Nähe.

Im Norden der Brücke finden Sie ebenfalls noch einige schöne alte Gebäude.

Der Süden, die Rue Léon Gambetta, ist der Verwaltung gewidmet und eignet sich gut zum Bummeln und für Einkäufe. Sehr einladend sind auch die Straßencafés, die man südlich der Brücke findet.

Es bleibt jetzt noch der Osten unerwähnt. In dieser Richtung können Sie nördlich der Brücke zuerst durch einen kleinen Park bis fast zu unserem Stellplatz zurücklaufen. Wenn's nicht mehr weiter geht, müssen Sie den *Midou* auf einer Fußgängerbrücke überqueren und auf bekanntem Weg zum Stellplatz gehen.

Wenn ich jetzt einmal voraussetze, dass Ihr Fahrzeug auf dem Stellplatz 1 steht, müssen Sie mit uns an der Ampel an der Ausfahrt nach rechts weiterfahren. Bei der nächsten Ampel folgen Sie uns nach rechts in Richtung AGEN. Diese Richtung ist auch für den zweiten Platz in MONT-DE-MARSAN richtig.

In ST-JUSTIN ist erhöhte Aufmerksamkeit geboten dort geht es rechts ab nach LABASTIDE D'ARMAGNAC. Das ist ein mittelalterliches Örtchen, das noch nicht aus seinem Dornröschenschlaf geweckt wurde und gehört zu einer Reihe von Bastidenstädtchen, die uns in dieser Gegend noch begegnen werden

(037) WOMO-Stellplatz: Labastide-d'Armagnac

GPS: N 43° 58.134' W 0° 11.117' (ohne Straßenname)
max. WOMOs: 3 - 4 gebührenfrei
Ausstattung / Lage: Mülleimer, Tische und Bänke / zentrumsnah
Zufahrt: In einer Rechtskurve in der Nähe des Ortsendes (das merkt man) nach links auf den Parkplatz abbiegen.
Sonstiges: Wenn zu viele Womos dort stehen, gibt's ganz schnell eine Höhenbeschränkung.

und zu denen auch GRENADE gehört, das wir schon passiert haben. Gerade das macht es mir besonders sympathisch. Die Straße führt um den Ortskern herum. Wenn sie sich in einer Rechtskurve endgültig anschickt das Dorf zu verlassen, können Sie links auf einem kleinen Platz parken.

Theoretisch könnten Sie auch bis ins Herz des Ortes fahren und ihr Womo auf den Place Royale

Labastide d'Armagnac

Labastide d'Armagnac

stellen, was ich Ihnen persönlich allerdings übel nehmen würde. Vom Parkplatz am Ortsrand sind Sie in zwei Minuten im Zentrum und ärgern sich über jedes Auto, das den mittelalterlichen Charme des Ortes stört und Ihnen zusätzlich noch vor's Objektiv kommt.

Der Armagnac spielt nicht nur im Ortsnamen eine Rolle. In dieser Gegend wachsen die Trauben, die für diesen Branntwein verwendet werden. Im Gegensatz zum Cognac wird der Armagnac beim Destillieren öfter erhitzt. Allein dadurch entsteht der kräftigere Geschmack. Die Weiterverarbeitung und die Lagerung in Eichenfässern ist mit der Cognacherstellung vergleichbar, wobei beim Armagnac anderes Holz, das hier aus der GASCOGNE stammt, für den Fassbau verwendet wird.

Verraten Sie diesen Satz aber nicht an einen Gasconen. Für sie gibt es zwischen Cognac (na ja!) und Armagnac (oh là là!) abgrundtiefe Unterschiede.

Da darf natürlich ein entsprechendes Museum nicht fehlen. Wir finden es einige Kilometer weiter, wenn wir in Richtung CAZAUBON fahren, in Form des „Écomusée de l'Armagnac (Château Garreau)". Sie müssen jedoch schon ein eingefleischter Armagnac-Fan sein um dem Museum etwas abgewinnen zu

Öffnungszeiten Museum:
April - Oktober: Mo. - Fr. 9 - 12 und 14 - 18 Uhr
Sa. 14 - 18 Uhr, So. 15 - 18 Uhr
November - März: Mo. - Fr. 9 - 12 und 14 - 18 Uhr

Alte Destillieranlage im Écomusée de l'Armagnac

können. In Deutschland würden wir die Anlage als „landwirtschaftliche Versuchsanstalt“ bezeichnen. Allein das ist nicht abwertend gemeint, für den Besucher jedoch etwas öde, auf verschiedenen Wegen durch verschiedene Traubenpflanzungen mit verschiedenen Sorten zu gehen. Es gibt zwei Gebäude, die sich der Herstellung des Branntweines widmen. Dort sind einige alte Destilliermaschinen ausgestellt und auch der Werdegang des Armagnac auf Schautafeln dargestellt. Natürlich gibt es zum Schluss eine Probe der Flüssigkeit und natürlich können Sie auch den einen oder anderen Tropfen käuflich erwerben. Entscheiden Sie nach dieser Einleitung selbst, ob Sie das Museum besuchen wollen. Falls ja, sollten Sie nach dem Verlassen von LABASTIDE-D'ARMAGNAC nicht zu schnell fahren. Die Straße zum Museum zweigt ziemlich überraschend nach rechts ab. Die letzten 400 Meter sind unbefestigter Feldweg, den ich großen Womos wegen herabhängender Äste nicht empfehlen möchte.

Aber wir wollen weiter und behalten die Richtung nach CAZAUBON bei. Da wir auf dieser Tour schon eine etwas ungewöhnliche Kapelle besichtigt haben, scheue ich mich fast Ihnen noch eine zu präsentieren. Aber an „Notre-Dame-des-Cyclistes“ sollten Sie nicht vorbeifahren [GPS: N 43° 57.301' W 0° 09.683', Allée Joseph Michaud]. Diesmal gilt es, auf eine Einfahrt auf der linken Straßenseite zu achten. Nach einem kleinen Vorwegweiser müssen wir auch schon bald abbiegen. Durch ein Tor fahrend erreichen wir einen Parkplatz. Wie der Name schon sagt, geht es hier um Radfahrer, denen diese Kirche gewidmet ist. Der zuständige Pfarrer hat ganze Arbeit

Öffnungszeiten Kapelle:
Mai, Juni: 15 - 18 Uhr, Montag geschlossen
Juli, August: 10 - 12 und 15 - 18 Uhr
Sonntag und Montag vormittags geschlossen
September - 15. Oktober: 15 - 18 Uhr
Montag geschlossen

Eingangspforte zum Pfarrhof der Kapelle Notre-Dame-des-Cyclistes

Radfahrertrikots in Notre-Dame-des-Cyclistes

geleistet. Bereits am Eingang zum Pfarrhof schmücken zwei Fahrräder das schmiedeeiserne Tor. Im Innern des Gotteshauses hängen dann unzählige Trikots, darunter auch Leibchen von Jan Ullrich und Lance Armstrong. Natürlich sollte eine Kirche auch eine sakrale Funktion haben. Unter diesem Aspekt lohnt ein Blick auf die links und rechts angebrachten Übersetzungen des „Ave Maria" in viele Sprachen. Besonders die asiatischen Schriften sehen sehr malerisch aus.

Unser Weg führt uns weiter nach BARBOTAN-LES THERMES. Dazu müssen wir an einer Weggabelung nach links abbiegen. Die Straßen sind hier nicht besonders groß, die Wegweiser ebenfalls. Also aufpassen!

Durch Zufall sehe ich kurz vor dem Ort ein Schild mit dem typischen Wohnmobil-Symbol nach rechts zeigen. Es geht zum *Lac de l'Uby* (manchmal auch: *Lac d'Uby*). Außerplanmäßig biegen wir also rechts ab und entdecken dadurch nach kurzer Fahrtstrecke einen der schönsten Stellplätze Südwestfrankreichs, wie ich finde. Der Zugang zum Platz ist etwas

(038) WOMO-Stellplatz: Lac de l'Uby

GPS: N 43° 56.050' W 0° 01.929' (ohne Straßenname)
max. WOMOs: > 5 geringe Gebühr
Ausstattung / Lage: Ver- und Entsorgung, Toiletten, Mülleimer, Tische und Bänke, Elektroversorgung im Preis enthalten / direkt am See
Zufahrt: Den Schildern zum Lac de l'Uby folgend, kommen wir zuerst zu einem Campingplatz und ich vermute schon, dass sich das Schild auf ihn bezieht. Fahren Sie allerdings mit uns einfach geradeaus weiter. Nach etwa einem Kilometer biegen Sie, der Beschilderung folgend, rechts ab und kommen dann zu einem großen Gelände direkt am See.
Sonstiges: Sie brauchen zum Öffnen einer Schranke vor dem Gelände einen speziellen Schlüssel, den Sie in Barbotan, dem nächsten Ort, beim OTSI erhalten können. Allerdings müssen Sie eine hohe Kaution hinterlegen (> 50 EUR). An dieser Stelle einen Dank an Herrn Abts für seine umfangreichen Informationen.

umständlich, wie Sie der Beschreibung entnehmen können, die jetzt folgt. Sie müssen zuvor zum OTSI in Barbotan, und das hat seine Behörden-Öffnungszeiten.

Wenn es Ihnen hier am See zu einsam ist, finden Sie wenige Kilometer weiter in BARBOTAN-LES-THERMES einen weiteren Übernachtungsplatz.

(039) WOMO-Stellplatz: Barbotan-les-Thermes

GPS: N 43° 56.934' W 0° 02.603' (kein Straßenname)
max. WOMOs: > 5 geringe Gebühr
Ausstattung / Lage: Mülleimer, Wertstoff-Container, Telefonzelle, Stadtplan / zentrumsnah
Zufahrt: Wir fahren am zweiten Kreisel in den Ort hinein und folgen dabei dem Schild zum OTSI. Auf der linken Seite des Parkplatzes, den wir gleich darauf erreichen, sind 8 Stellplätze für Wohnmobile markiert.
Sonstiges: Die Gebühr zahlen Sie im OTSI nebenan.

Vom Stellplatz aus ist es gar nicht weit zu einem Park in dem es sich wunderbar spazieren lässt. Die Teiche werden von heißen Quellen gespeist und sind übervoll mit Fischen und Wasserschildkröten.

Kurpark in Barbotan-les-Thermes

Nach einem kurzen Bummel durch die Fußgängerzone verlassen wir Barbotan. Vom Parkplatz aus geht's wieder zurück zur Umgehungsstraße. Ihr folgen wir weiter in Richtung CONDOM. Am Ortseingang von CASTELNAU-D'AUZAN liegt rechts ein Fischweiher. Auf dem nahegelegenen Parkplatz können Sie übernachten, auch wenn er ein wenig klein ist. Vorher

(040) WOMO-Picknickplatz: Castelnau-d'Auzan

GPS: N 43° 56.851' E 0° 05.000' Avenue de la Liberation
max. WOMOs: 2 gebührenfrei
Ausstattung / Lage: Mülleimer, Tische und Bänke, Grill, Spielplatz / am Ortsrand
Zufahrt: Ein kleiner Parkplatz liegt direkt neben der Straße neben dem Weiher. Hier gibt es eine Übernachtungsmöglichkeit. Allzuviel Platz ist allerdings nicht vorhanden, so dass allerhöchstens 2 Mobile hier stehen können. Der geringe Verkehr an der Hauptstraße lässt gegen Abend fast ganz nach, so dass Sie eine ruhige Nacht verbringen werden.

sollten Sie noch einen ausgedehnten Spaziergang am See unternehmen. Am nächsten Morgen können Sie am Holztisch im Freien frühstücken.

Wer mehr Aktion liebt fährt noch 10 Kilometer weiter nach MONTRÉAL. Dort findet sich am Ortseingang ein Freizeitzen-

(041) WOMO-Picknickplatz: Montréal

GPS: N 43° 57.068' E 0° 11.543' (ohne Straßenname)
max. WOMOs: 5 gebührenfrei
Ausstattung / Lage: Ver- und Entsorgung im Ort, Toiletten, Mülleimer, Tische und Bänke, Stadtplan, Schwimmbad, Spielplatz
Zufahrt: Kurz vor dem Ort biegen Sie nach links ab zum Freizeitgelände („Base de Loisirs"). Hier erwartet Sie ein großer Parkplatz der zum Übernachten einlädt.
Sonstiges: Zur Ver- und Entsorgungsstation fahren Sie weiter in den Ort hinein und folgen der ersten Straße nach links bis das Stadion auf der linken Seite auftaucht. Dann wieder die erste Straße links bis zur Ver- und Entsorgungsstation. [GPS: N 43° 57.164' E 0° 11.839']

trum. Die dort angebotenen Einrichtungen sind alle kostenlos. Besonders die große Wasserrutsche hat es unseren Kindern angetan. Der Badebetrieb wird überwacht, so dass wir keine Bedenken haben, Kathrin und Eva hier zurückzulassen und uns auf eine kleine Wanderung zu begeben. Verschiedene Rundwanderwege zwischen 2 und 5 Stunden sind ab hier markiert.

Etwas Kultur gefällig? Wenn Sie vom Stellplatz aus weiter Richtung MONTRÉAL fahren, geht rechts eine Straße zur „Villa Gallo-Romaine de SÉVIAC" ab [GPS: N 43° 56.651' E 0° 10.949']. Hier wurden bei Ausgrabungen die Fundamente einer großen römischen Villa aus dem 4. Jahrhundert freigelegt. Besonders beeindruckend sind dabei die recht gut erhaltenen Mosaiken. Sie können sich einer

Öffnungszeiten Ausgrabungsstätte:
März - Juni: täglich 10 - 12 und 14 - 18 Uhr
Juli, August: täglich 10 - 19 Uhr
Sept. - Nov.: täglich 10 - 12 und 14 - 18 Uhr

Mosaik in der Villa Gallo-Romaine de Séviac

(französischen) Führung anschließen oder auf eigene Faust das Gelände erforschen. Hierzu können Sie sich einen Plan mit Erläuterungen (allerdings nur in Französisch) an der Kasse ausleihen.

Begleiten Sie uns in das 4. oder 5. Jahrhundert und treten Sie ein in eine großzügig angelegte Villa eines wohlhabenden Bürgers. Er hat eine ausgesprochene Vorliebe für Mosaiken. Nicht nur die Böden seiner vielen Räume, auch Wandelgänge und der Zugang zum Bade sind damit ausgelegt. Er hat auch hochkarätige Baumeister engagiert. Das etwas unscheinbare Mosaik auf dieser Seite offenbart sein Geheimnis, wenn Sie das Buch um 90 Grad im Uhrzeigersinn drehen und sich kurze Zeit auf das große Viereck konzentrieren. Erkennen Sie die

Türme? Selbstverständlich hatte unser Gastgeber auch eine Fußbodenheizung. Für die Altsprachler: Hypokaustum. Dabei wird unter dem Fußboden ein System aus Kanälen angelegt, durch das von einer Feuerstelle aus die Rauchgase geleitet werden. Auf diese Weise wurde auch das Schwimmbad beheizt. Richtiger sollte ich schreiben: die Schwimmbäder. Wie sich das für reiche Römer gehörte gab es derer drei, genannt Caldarium, Tepidarium und Frigidarium. Im Erstgenannten konnte man schön schwitzen, anschließend ging's ins Tepidarium um sich langsam wieder abzukühlen. Schließlich wartete dann das Frigidarium mit kaltem Wasser auf die Badenden. Dort wurden nach Kneipp-Methode (die damals noch gar nicht erfunden war) Fuß- und Armbäder genossen.

Wir fahren zurück nach MONTRÉAL, wo Sie im OTSI noch ein Museum mit Ausgrabungsstücken besuchen können. Ich selbst war noch nicht dort und kann daher nichts darüber schreiben. Von hier aus geht's dann weiter nach CONDOM. Dort folgen wir den Schildern nach AGEN.

(042) WOMO-Stellplatz: Condom

GPS: N 43° 57.351' E 0° 22.318' — Avenue Général de Gaulle
max. WOMOs: > 5 — gebührenfrei
Ausstattung / Lage: Mülleimer / zentrumsnah
Zufahrt: Fahren Sie zuerst in Richtung „centre ville". Nachdem Sie den Fluss überquert haben, fahren Sie am nächsten Kreisel bei der zweiten Ausfahrt ab, sonst kommen Sie nicht an meinem Platz vorbei. Nach einer kurzen Steigung sehen Sie ihn auf der linken Seite der Avenue Général de Gaulle. Wenn Sie nach der Steigung wieder bergab fahren sehen Sie, ebenfalls links, einen zweiten Platz. Die beiden Übernachtungsplätze, sind nicht besonders schön, aber nachts haben Sie ja sowieso die Augen geschlossen.
Sonstiges: Nur für Wohnmobile bis etwa 6 m geeignet. Im Gegensatz zur Einfahrt in den Platz ist die Ausfahrt sehr eng.

Vom Stellplatz aus finden Sie die Altstadt von CONDOM auf der linken Seite, wenn Sie sich kurz noch einmal Ihre Fahrtrichtung vergegenwärtigen, die Sie eingeschlagen hatten, bevor Sie auf den Platz fuhren. Sehenswert sind hier die spätgotische Kathedrale St-Pierre im Ortskern und ein paar Patrizierhäuser. Übrigens: Die Franzosen finden absolut nichts dabei in dieser Stadt zu wohnen. Was uns schmunzeln lässt, heißt in Frankreich „préservatif". Der Bürgermeister weiß allerdings, welche Landsleute die Ortsschilder als Souvenir mit nach Hause nehmen. Besonders das Ortsendeschild mit dem roten Balken durch den Ortsnamen wird gern genommen.

Wir fahren weiter nach AGEN. Die Fahrt führt uns durch eine landschaftlich schöne und abwechslungsreiche Gegend. Was uns in dieser Stadt erwartet, lesen Sie im nächsten Kapitel.

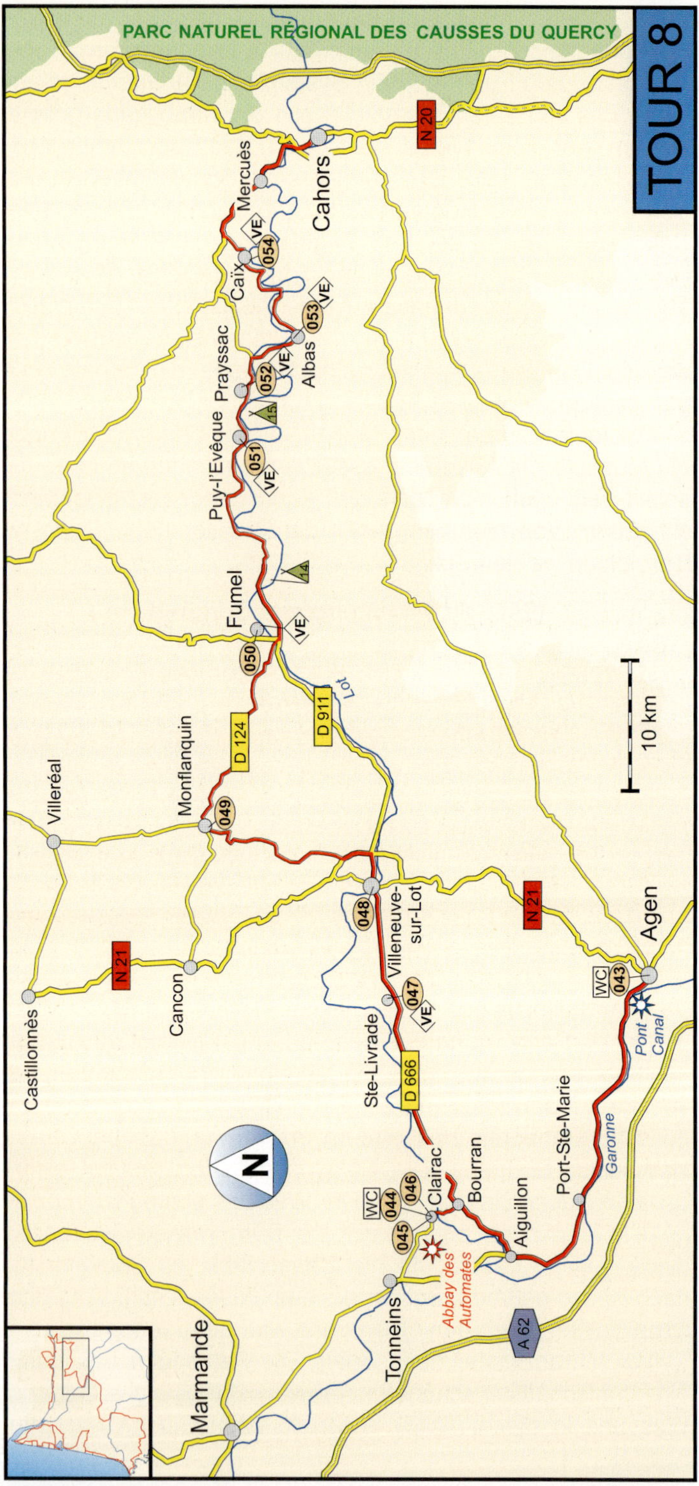
TOUR 8
PARC NATUREL RÉGIONAL DES CAUSSES DU QUERCY
N 20
Cahors
Mercuès
Caïx
054
VE
053
VE
Albas
Prayssac
052
VE
15
Puy-l'Evêque
051
VE
14
Fumel
VE
050
D 124
D 911
Lot
10 km
Monflanquin
049
Villeréal
N 21
Villeneuve-sur-Lot
048
Agen
WC
043
Pont Canal
Castillonnès
N 21
Cancon
Ste-Livrade
047
VE
D 666
Garonne
Port-Ste-Marie
Clairac
Bourran
Aiguillon
WC
044
045
046
Abbay des Automates
Tonneins
A 62
Marmande
N

TOUR 8 (184 km)

Agen— Villeneuve — Fumel — Puy-l'Évêque — Cahors

Übernachten:	Agen, Clairac, Ste-Livrade, Villeneuve-sur-Lot, Monflanquin, Fumel, Puy-l'Évêque, Prayssac, Albas, Caïk
Besichtigen:	Pont Canal in Agen, L'Abbaye des Automates in Clairac, Monflanquin
Campingplatz:	Camping de Condat „Les Catalpas", Camp de la Source
Markt:	Agen (Mi.), Fumel (So.), Puy-l'Évêque (Di.), Mercuès (Do.)

Die Strecke von CONDOM nach AGEN ist landschaftlich sehr schön und abwechslungsreich. Viele Obstbäume säumen die Straße. Wir tauchen ein in das Reich der Pflaumen - auf französisch „pruneaux". Man kann sie einfach nur essen oder trocknen und dann essen. Man kann sie aber auch in Alkohol einlegen oder gleich Hochprozentiges daraus brennen. Sie werden der Frucht noch häufig begegnen. Im letzten Kapitel habe ich Sie allerdings kurz vor AGEN stehengelassen, und Sie wollen mit Recht jetzt wissen, wie es weitergeht.

Zuerst möchte ich Sie auf den Übernachtungsplatz führen. Wie in den meisten Städten ist er nicht gerade attraktiv und, da er zentrumsnah liegt, nachts auch laut. Ich habe aber bereits erwähnt, dass ich nicht lärmempfindlich bin. Außerdem hatte ich hier schon sehr interessante Begegnungen, unter anderem mit einer Sintifamilie, deren Gastfreundschaft mir bis heute in angenehmer Erinnerung ist. Ich war gerade dabei, mir bei geöffnetem Fenster ein leckeres Abendessen zuzubereiten als zwei Kinder neugierig meine Kochkünste begutachte-

(043) WOMO-Stellplatz: Agen

GPS: N 44° 12.302' E 0° 37.598' — Rue Jean-Louis Vincens
max. WOMOs: > 5 — gebührenfrei
Ausstattung / Lage: Toiletten, Mülleimer, Wertstoff-Container, Telefonzelle / zentrumsnah
Zufahrt: Wenn Sie nach Agen hereinfahren fließt links von Ihnen die *Garonne*. Zwischen Fluss und Straße gibt es zwar Parkplätze, die sind allerdings mit Stangen in 2 Meter Höhe abgesperrt. Also nichts für uns. Deshalb folgen sie mir in Richtung „Centre Ville". Sie fahren dann durch die Hauptgeschäftsstraße und sehen schon bald die Hinweisschilder zum „Parking Pin". Am Ende der Geschäftsstraße fahren Sie am Kreisel bei einem Hamburger-„Restaurant" auf den Parkplatz.
Sonstiges: Einen etwas ruhigeren Platz finden Sie auf der anderen Seite des Parkhauses. Der ist jedoch recht klein. Mittwochs Markt auf beiden Plätzen!

ten. Nach einiger Zeit verschwanden sie und deren Vater kam zu mir und lud mich ein, mit ihnen an einem großen Tisch, der mittlerweile vor deren Caravan aufgebaut war, zu speisen. Die deutsch-spanische Essensmixtur aus französischen Zutaten, gepaart mit französischem Wein war äußerst schmackhaft. Mit den anfangs genannten Einschränkungen ist der Platz für eine Nacht akzeptabel. Die Nacht von Dienstag auf Mittwoch ist allerdings tabu. Mittwochs ist hier nämlich Markt. Von dem Platz aus können Sie die Einkaufsstraße, den Boulevard de la République, noch einmal in Ruhe zu Fuß durchqueren. Die wichtigste Sehenswürdigkeit der Stadt ist das Kunstmuseum. Sie finden es am Place Docteur-Pierre-Esquirol, ein paar hun-

Agen - Haus in Schmalbauweise

dert Meter linkerhand des Boulevards de la République. Es ist gut ausgeschildert.

Wenn Sie den Trubel fürchten, habe ich noch einen Alternativspaziergang für Sie. Gehen Sie mit uns zur Pont Canal. In der Nähe des Parkplatzes überquert die N 21, der Sie anfangs in Richtung PÉRIGUEUX folgen, zuerst eine Bahnlinie und dann den *Canal Latéral à la Garonne*. Danach geht links ein Fußweg am Kanal entlang und führt Sie von der Nationalstraße weg. Nach knapp 2 Kilometern am Kanal entlang erreichen Sie die Pont Canal. Ein kurioses Bauwerk, das den Kanal über eine Brücke über die *Garonne* führt.

An der Pont Canal

Wenn Ihnen der Spaziergang zu weit ist, können Sie die Pont Canal auch noch beim Verlassen von AGEN besichtigen. Vom Parking Pin aus fahren wir wieder durch den Boulevard de la République bis zu dessen Ende zurück und biegen dann rechts ab. Die Straße steigt an und überquert den *Canal Latéral à la Garonne*. Wenn Sie von hier noch einen Blick auf die Kanalbrücke werfen wollen, können Sie nach der Straßenbrücke auf einer der Parkbuchten längs der Straße anhalten.

Unser weiterer Weg führt uns über PONT-STE-MARIE und AIGUILLON nach CLAIRAC. Um zum letztgenannten Ort zu kommen, müssen wir in BOURRAN nach links abbiegen. Die Abbaye des Automates, die wir in CLAIRAC besichtigen wollen ist kilometerweit vorher schon ausgeschildert, so dass es keine Schwierigkeiten machen dürfte, das Dorf zu finden.

Gleich drei Übernachtungsangebote habe ich hier für Sie. Auf dem ersten Platz finden hin und wieder örtliche Veranstaltungen statt, so dass Sie einfach zum zweiten Platz weiter fahren können. Die dritte Übernachtungsmöglichkeit liegt unmittelbar an der Abbaye, ist aber weiter vom Zentrum entfernt.

(044) WOMO-Stellplatz: Clairac I

GPS: N 44° 21.650' E 0° 22.698' Avenue des Déportés
max. WOMOs: 4 - 5 gebührenfrei
Ausstattung / Lage: Toiletten, Mülleimer, Telefonzelle / zentrumsnah
Zufahrt: Geradeaus nach Clairac reinfahren und die Brücke überqueren. Am Stop-Schild links abbiegen. Nach dem Zebrastreifen nach rechts auf den Platz fahren.

(045) WOMO-Stellplatz: Clairac II

GPS: N 44° 21.650' E 0° 22.612' Boulevard des Ormeaux
max. WOMOs: 5 gebührenfrei
Ausstattung / Lage: Mülleimer, Wertstoff-Container, Telefonzelle / zentrumsnah
Zufahrt: Von Clairac I noch 100 m weiter fahren. Fahren Sie um das Feuerwehrhaus herum, dort ist die Bordsteinkante niedriger.

(046) WOMO-Stellplatz: Clairac III

GPS: N 44° 21.503' E 0° 22.597' Place du Fort
max. WOMOs: 4 - 5 gebührenfrei
Ausstattung / Lage: Mülleimer / dicht bei den Museen
Zufahrt: Folgen Sie von Clairac II aus den Schildern zur Abbaye des Automates. Fahren Sie dann, ungeachtet abknickender Vorfahrtsstraßen, immer geradeaus. Sie kommen dann direkt zum Platz.

Zu den bewegten Mönchen haben Sie von beiden erstgenannten Plätzen etwa gleich weit. Der Ort ist recht klein, so dass keine großen Strecken zu überwinden sind. In einer alten Benediktinerabtei wurde mit lebensgroßen beweglichen Figuren der Alltag der Mönche des Mittelalters dargestellt. Jedem

Clairac - Abbaye des Automates

Raum ist ein spezielles Thema zugeordnet. Mit einem Druck auf einen Schalter starten Sie die Bewegungen und eine Licht-Tonschau. Die Abtei ist wirklich einen Besuch wert, auch der Preis von 10 € pro Person (Kinder 7 €) ist gerechtfertigt.

Öffnungszeiten Abbaye des Automates:
Januar geschlossen
Februar, März: Mi., Sa., So. und Feiertage 10 - 17 Uhr
April - September: täglich 10 - 18 Uhr
Oktober - Dezember: Mi., Sa., So. und Feiertage 10 - 17 Uhr

An der Kasse erhalten Sie auch Eintrittskarten für zwei weitere Sehenswürdigkeiten in CLAIRAC. Da gibt es den meiner Meinung nach zu kitschig aufgemachten Zauberwald (Forêt Magique), ansonsten haben wir noch ein Modelleisenbahn-Museum (Musée du Train). Hier schlägt das Herz jedes Modellbauers höher. Auf 340 m² sind über 100 Jahre Eisenbahn-

Festszene in der Abbaye des Automates

geschichte zu bewundern. Der Clou ist eine Mini-Kamera, die im Führerstand einer Lok eingebaut ist. Auf einem Bildschirm können Sie dann die Fahrt des Zuges so miterleben, als stünden Sie an dieser Stelle.

Unsere weitere Route führt uns nach VILLENEUVE-SUR-LOT. Dazu müssen wir wieder ein Stückchen zurückfahren bis wir die D 666 erreichen. Auf unserem Weg fahren wir an STE-

(047) WOMO-Stellplatz: Ste-Livrade

GPS: N 44° 23.750' E 0° 35.498'

Place du Lieutenant-Colonel Jean François Calas
gebührenfrei

max. WOMOs: > 5

Ausstattung / Lage: Ver- und Entsorgung, Mülleimer, Wertstoff-Container / nicht weit vom Zentrum entfernt

Zufahrt: Verlassen Sie die D 666, wenn die Straße an einem Kreisel nach Ste-Livrade abbiegt. Sie fahren dann geradeaus in den Ort hinein bis zum nächsten Kreisel. Dort biegen Sie rechts ab und überqueren die nächste Kreuzung. Genau dort finden Sie den Stellplatz auf der linken Seite.

LIVRADE vorbei, einem Ort, der mit einer Ver- und Entsorgungsanlage aufwarten kann.

VILLENEUVE-SUR-LOT ist bald darauf erreicht. Die Stadt empfängt uns mit Kultur. Ein Samba-Festival findet gerade statt und die gesamte City dröhnt vom Klang unzähliger Trommeln. Die Parkplatzsuche wird dadurch nicht erleichtert. Der einzige mir bekannte gebührenfreie Platz ist am Hôtel de Ville. Folgen Sie dazu erst den Schildern zur Centre Ville und dann denen zum Hôtel de Ville. Vermeiden Sie über die Pont Vieille (Schild: „Centre Ville par Pont Vieille") zu fahren. Die Straßen werden dann sehr eng und Sie kommen in ein vertracktes Einbahnstraßensystem.

(048) WOMO-Stellplatz: Villeneuve-sur-Lot

GPS: N 44° 24.649' E 0° 42.332' Place de l'Hôtel de Ville
max. WOMOs: > 5 gebührenfrei
Ausstattung / Lage: - / zentrumsnah
Zufahrt: Folgen Sie den Schildern zum Hôtel de Ville und parken Sie auf dem dortigen Parkplatz auf der oberen Etage.

Was gibt es hier zu sehen? Recht angenehm ist ein Bummel durch die Fußgängerzone. Durch Torbögen hindurch und über kleine Plätze gehend stehen wir plötzlich vor der Kirche Ste-Catherine, die so gar nicht in das Umfeld passen will. Des Rätsels Lösung: Die Kirche die ursprünglich hier stand ist im 19. Jahrhundert teilweise eingestürzt und musste abgerissen werden. 1937 wurde das jetzige Gotteshaus mit seiner eigenwilligen Architektur geweiht.

Im Zentrum von Villeneuve-sur-Lot

Nach unserem ausgedehnten Rundgang sitzen wir in einem der vielen Straßencafés und blättern in Prospekten aus dem OTSI. MONFLANQUIN scheint recht vielversprechend zu sein. Also schlendern wir zurück zum Wohnmobil und verlassen die Stadt in Richtung MONFLANQUIN. Dieser Ort ist gut beschildert. Er gehört, wie schon VILLENEUVE-SUR-LOT, zu den mittelalterlichen Bastiden in dieser Region.

(049) WOMO-Stellplatz: Monflanquin

GPS: N 44° 31.796' E 0° 46.131' — Place du 8. Mai 1945
max. WOMOs: 3 - 4 — gebührenfrei
Ausstattung / Lage: Mülleimer, Wertstoff-Container, Telefonzelle / in der Nähe des Zugangs zur Altstadt
Zufahrt: Auf den Parkplatz auf der linken Straßenseite fahren, kurz bevor es rechts abgeht nach Fumel. Im unteren Bereich einigermaßen waagrechte Stellplätze.

Von nun an geht's zu Fuß zum Zentrum - und zwar steil bergauf. Nach knapp 10 Minuten haben wir über verschiedene Treppen den Place des Arcades erreicht. Hier herrscht ge-

Place des Arcades in Monflanquin

schäftiges Treiben, denn am folgenden Tag soll hier ein Mittelalterfest stattfinden. Viel zu verändern braucht man nicht. Die Kulisse stimmt. In den umliegenden Läden kann man sich noch schnell mit Mittelalterzubehör, wie Spitzhauben, langen Gewändern, Schwert und Schild eindecken. Das ganze Ensemble wird von der Kirche überragt - natürlich auch aus dem Mittelalter.

Der Abstieg zum Parkplatz ist nicht weniger beschwerlich als der Aufstieg. Wir fahren weiter nach FUMEL.

Sie können nach FUMEL fahren, ohne den *Lot* zu überqueren, was ich Ihnen jedoch nicht empfehlen möchte. Bleiben Sie zuerst einmal auf der Umgehung, bis Sie über den Fluss gefahren sind und biegen Sie dann erst zum Ort ab. Zwangsläufig fahren Sie dann wieder über eine Brücke. Grund für den kleinen Umweg ist der sehr schöne Blick, den Sie von beiden Brücken aus genießen. Zur Stadtbesichtigung parken Sie am Besten auf dem Stellplatz.

(050) WOMO-Stellplatz: Fumel

GPS: N 44° 29.784' E 0° 58.067' — Place Léo Lagrange
max. WOMOs: 2 - 3 — gebührenfrei
Ausstattung / Lage: Ver- und Entsorgung im Ort, Mülleimer, Wertstoff-Container / zentrumsnah
Zufahrt: Nach der zweiten Überquerung des Lot fahren Sie nach rechts und orientieren sich zur Kirche hin. Kurz bevor Sie sie erreichen, folgen Sie dem Parkplatz-Schild, das nach rechts zeigt. Halten Sie sich innerhalb des ausgedehnten Parkplatzgeländes auch weiterhin rechts und fahren Sie in einen „Seitenarm" hinein. Dort gibt es ruhige und gerade Stellflächen.

Sonstiges: Der abgebildete Platz ist nur für Womos bis zur Größe von Kastenwagen geeignet. Es gibt auf dem großzügigen Parkplatzgelände aber noch mehrere Möglichkeiten zum Übernachten.

Im Ort gibt es auch eine Ver- und Entsorgungsstation [GPS: N 44° 29.883' E 0° 58.300', Place Sauloue]. Die erreichen wir, wenn wir, vom Zentrum kommend, den Ort in Richtung CAHORS verlassen. Je nachdem, auf welchen Wegen Sie vom Stellplatz runter fahren, kann es sein, dass Sie erst einmal wieder an den Ortseingang zurück gelotst werden. Dann starten Sie einen neuen Anlauf zum „Centre Ville". Es geht ab hier den Berg runter. Nach dem steilsten Stück unten angekommen, sehen wir ein Schild zum Campingplatz nach geradeaus zeigen. Hier biegen wir nach links ab und sehen die Station auf der linken Seite. Falls Sie zum Campingplatz wollen, folgen Sie natürlich dem Schild.

(C14) WOMO-Campingplatz-Tipp: Plaine de Condat „Les Catalpas" **

GPS: N 44° 29.325' E 0° 59.786' Route de Cahors
Öffnungszeiten: April - Oktober
Ausstattung / Lage: Ver- und Entsorgung, schattig, Laden, Spielplatz, Pool / direkt am Flussufer
Zufahrt: In Fumel Richtung Cahors fahren. Am Ortsende-Schild des Örtchens Condat rechts abbiegen. Gut ausgeschildert.
E-Mail: les-catalpas@wanadoo.fr
Internet: www.les-catalpas.com (englische Textversion)

Auf unserem Weg nach CAHORS kann ich Ihnen noch vier Stellplätze und einen weiteren Campingplatz anbieten. Immer dort, wo die Straße den Windungen des *Lot* folgt sind schöne Aussichten garantiert. So auch kurz vor PUY-L'ÉVÊQUE. In diesem Ort gibt es einen schönen Stellplatz.

(051) WOMO-Stellplatz: Puy-l'Évêque

GPS: N 44° 30.417' E 1° 08.149' Rue Henri Dunant
max. WOMOs: > 5 gebührenfrei
Ausstattung / Lage: Ver- und Entsorgung, Mülleimer, Wertstoff-Container, Bänke, Telefonzelle in der Nähe / am Ortsrand
Zufahrt: Zu Beginn des Ortes macht die Straße eine Biegung nach links. Genau in dieser Kurve geht eine Straße nach links ab, in die wir einbiegen müssen. Es geht den Berg hoch, an der Post vorbei und bald darauf taucht das Schild zur Entsorgungsstation nach rechts auf. Ein paar Meter weiter ist auch schon der Stellplatz, ebenfalls auf der rechten Seite. Er ist nicht ganz waagerecht, die handelsüblichen Unterlegkeile reichen jedoch aus um Ihr Fahrzeug in eine horizontale Position zu bringen.
Sonstiges: Die Gendarmerie nebenan passt auf Sie auf!

Bevor wir CAHORS erreichen, kommen wir noch durch PRAYSSAC. Auch hier gibt es einen Stellplatz, ganz neu eingerichtet, und - wie versprochen - auch einen Campingplatz.

(C15) WOMO-Campingplatz-Tipp: Camp de la Source **

GPS: N 44° 30.216' E 1° 10.365' (kein Straßenname)
Öffnungszeiten: Mitte Juni - Mitte September
Ausstattung / Lage: schattig, Imbiss, Spielplatz / am Ortsrand, am Fluss
Zufahrt: Noch vor Prayssac sehen Sie auf der rechten Seite ein Sägewerk, dann eine Art TÜV. Ab hier ist erhöhte Aufmerksamkeit geboten. Eine kleine Straße geht rechts ab zum Campingplatz (unscheinbares Schild). Folgen Sie dieser Straße, bis sie im rechten Winkel nach links abknickt. Genau dort liegt der Platz.

Um zum Stellplatz zu kommen, müssen Sie weiter in den Ort hinein fahren.

(052) WOMO-Stellplatz: Prayssac

GPS: N 44° 30.201' E 1° 11.483' Avenue des Acacias
max. WOMOs: > 5
gebührenfrei

Ausstattung / Lage: Ver- und Entsorgung, Mülleimer, Wertstoff-Container, Stadtplan / zentrumsnah
Zufahrt: Durch den Ort durchfahren, bis auf der rechten Seite ein Hinweisschild auftaucht (gut zu sehen!). Dann links abbiegen und gleich wieder rechts.

Die letzten Kilometer vor CAHORS wollen wir am *Lot* entlang fahren. Dazu überqueren wir in CASTELFRANC den Fluss und biegen dann nach links ab. Die Straße folgt dessen Windungen. Nach kurzer Fahrt erreichen wir ALBAS. Dort gibt es eine Ver- und Entsorgungsstation und einen unattraktiven Stellplatz.

(053) WOMO-Stellplatz: Albas

GPS: N 44° 28.482' E 1° 13.983' (kein Straßenname)
max. WOMOs: 5 gebührenfrei
Ausstattung / Lage: Ver- und Entsorgung, Mülleimer / am Ortsrand, am Fluss
Zufahrt: In der Nähe des Ortseingangs geht's links ab. Von der Lage her könnte man was draus machen.
Sonstiges: Wasser kostenlos

Unser nächstes Ziel heißt LUZECH. Genauer gesagt: Wir wollen in den Vorort CAÏK, der allerdings auf unserer Route ein „Nachort" ist. Deshalb müssen wir zuerst einmal in LUZECH den Schildern „Centre Ville" folgen. Wenn wir den *Lot* überquert haben, geht's am 1. Kreisel geradeaus, am nächsten „Giratoire" dann nach links. Hier steht dann schon ein Schild zur Ver- und Entsorgungsstation.

(054) WOMO-Stellplatz: Caïk

GPS: N 44° 29.433' E 1° 17.702' (kein Straßenname)
max. WOMOs: > 5 gebührenfrei/mittlere Gebühr

Ausstattung / Lage: Ver- und Entsorgung, Mülleimer / in Flussnähe
Zufahrt: Gleich nach dem Ortsschild rechts abbiegen. Dann zuerst die Zufahrt zum Campingplatz benutzen, vor dessen Einfahrt jedoch rechts abbiegen.
Sonstiges: Mittlere Gebühr vom 1.5. - 31.10.

TOUR 9 (80 km)

Cahors — Payrac — Rocamadour

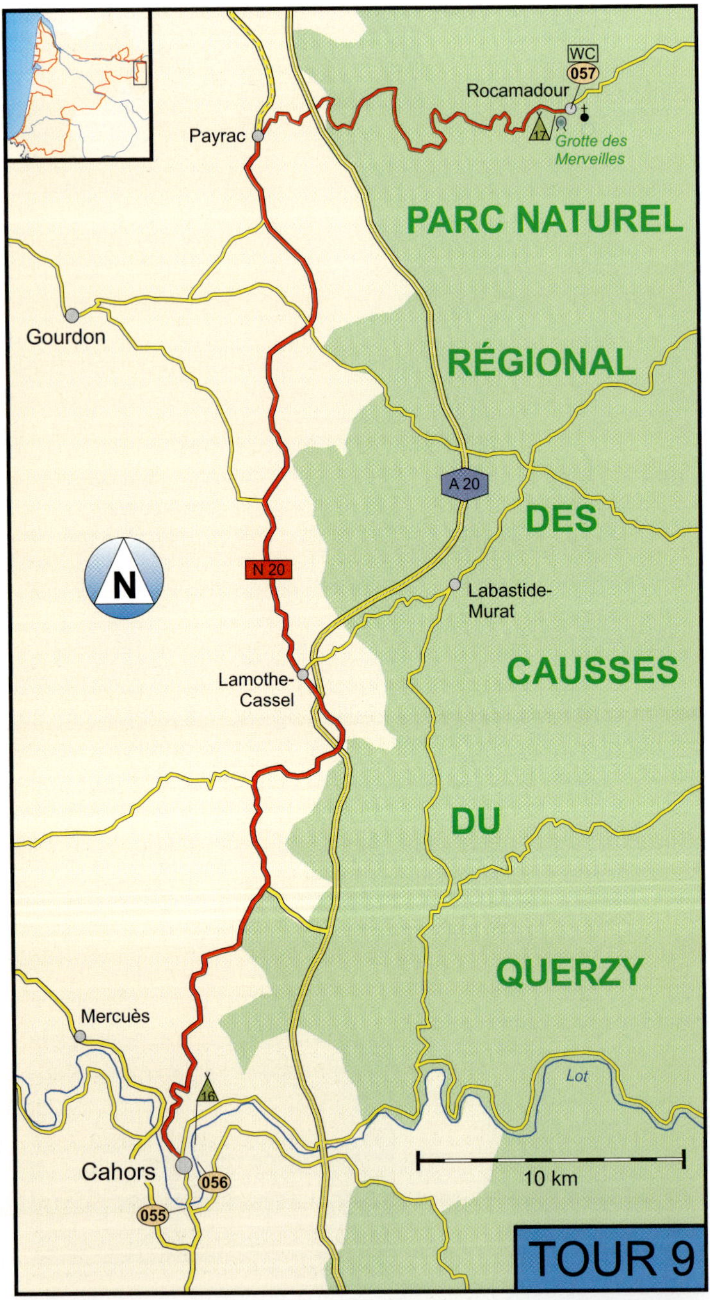

Übernachten:	Cahors, Rocamadour
Besichtigen:	Cahors, Rocamadour
Campingplatz:	Rivière de Cabessut, Les Cigales

Wie in jeder Stadt ist auch in CAHORS unser erstes Problem einen Parkplatz zu finden. Hier gibt es einen offiziellen Womo-Stellplatz. Viel schöner ist es jedoch auf dem zweiten hier genannten Platz. Auch ein Campingplatz ist vorhanden.

(055) WOMO-Stellplatz: Cahors I

GPS: N 44° 26.408' E 1° 26.485' Chemin de la Chartreuse
max. WOMOs: 3 gebührenfrei
Ausstattung / Lage: Ver- und Entsorgung, Mülleimer, Wertstoff-Container / zentrumsnah
Zufahrt: Wenn Sie Cahors erreichen, geht's am ersten Kreisel rechts ab auf die D 820, am nächsten Kreisel links. Wir sind dann auf der Umgehung von Cahors, von der Stadt noch durch den Lot getrennt. Am Südende erreichen Sie einen kleinen Doppelkreisel, noch vor einer großen Brücke. Genau dort finden Sie den unscheinbaren Stellplatz.
Sonstiges: Wenn Sie über die Brücke gehen, sind Sie schon fast im Zentrum

(056) WOMO-Stellplatz: Cahors II

GPS: N 44° 27.282' E 1° 26.617' Rue Ludo-Rollès
max. WOMOs: > 5 gebührenfrei
Ausstattung / Lage: Mülleimer / am Ortsrand
Zufahrt: Von Cahors I einfach am Lot entlang weiterfahren bis ein Schild „P + R" nach links zeigend auftaucht. Dieser Beschilderung folgen wir bis zu dem Platz.
Sonstiges: Von hier aus fährt alle 10 Minuten (kleine Mittagspause) ein kostenloser Shuttle-Bus zum Maison de Tourisme im Zentrum und wieder zurück. Fahrplan hängt an der Haltestelle (Navette) aus. Mo.-Fr. durchgehend, Sa. nur vormittags, So. nie.

(C16) WOMO-Campingplatz-Tipp: Rivière de Cabessut ***

GPS: N 44° 27.688' E 1° 26.442' Rue de la Rivière
Öffnungszeiten: 1.4. - 30.9.
Ausstattung / Lage: Ver- und Entsorgung, schattig, Laden, Spielplatz, Pool / direkt am Fluss gelegen
Zufahrt: Vom Stellplatz Cahors II geradeaus weiterfahren und dabei den Schildern zum Campingplatz folgen.
E-Mail: contact@cabessut.com
Internet: www.cabessut.com (deutsche Textversion)

Der Boulevard Gambetta teilt CAHORS in Nord-Süd-Richtung in zwei Hälften. Sie erreichen ihn, wenn Sie vom ersten Stellplatz über die Brücke gehen. Vom zweiten Stellplatz aus setzt sie die Navette direkt dort ab. Die Altstadt liegt auf der östlichen Seite. Sie besteht aus kleinen und kleinsten Gassen. Eine Wegbeschreibung für eine Besichtigung fällt mir deshalb schwer. Die wichtigsten Sehenswürdigkeiten sind am Boulevard ausgeschildert. Wenn Sie von dort also immer kleine Abstecher machen sind Sie auf der sicheren Seite. Pfadfindernaturen dringen etwa in Höhe der Rue Clemenceau in die Altstadt ein und wursteln sich dann zwischen Boulevard und *Lot* nach Norden durch. Wenn Sie vom Süden her über die Brücke kommen, können Sie schon dort in das Gassengewimmel eintauchen. Hauptrichtung auch hier: Norden!

Typische Gasse in der Altstadt von Cahors

„Hundebrunnen" in Cahors

Letztere Variante haben wir gewählt. Bis wir zur Rue Clemenceau kommen, haben wir bereits viele Eindrücke gesammelt. Einen Vorteil haben die engen Gässchen: Es ist immer schattig. Ein Brunnen mit verschiedenen Hundeköpfen erfreut unsere Kinder und motiviert sie, Papas aberwitzigen Wegen weiter zu folgen. Kleinere Ausrutscher nach rechts („Schaut mal der Fluss, wie schön!") oder links („Wie wär's mit einem Eis?") kann ich locker überspielen. Unser erstes Erfolgserlebnis haben wir, als wir überraschend („Na seht ihr, da ist sie schon.") vor der Cathédrale St-Étienne stehen. Die Kirche betreten wir durch das Nordportal und können dort schon gleich das figurengeschmückte Tympanon bewundern. Aber auch das Innere der Kirche ist sehenswert — und schön kühl. Auf der gegenüberliegenden Seite schließt sich noch ein sehr schöner Kreuzgang an.

Musikalischer Brunnen in der Ilôt Fouillac

Die eigentliche Herausforderung auf der „Pfadfindertour“ liegt allerdings noch vor uns: die Ilôt Fouillac. Es geht weiter nach Norden. Wenn Sie die Rue Château-du-Roi gefunden haben sind Sie auf der richtigen Spur. Haben Sie das Gefängnis entdeckt? Dann sind Sie goldrichtig. Jetzt müssen Sie nur noch die Augen offen halten um das kleine Hinweisschild zu entdecken. Es lohnt sich wirklich durch die düstere Gasse zur Ilôt zu gehen. Hier wird der Rest der Familie wieder für die vielen kleinen Umwege entschädigt.

Der Clou ist ein musikalischer Brunnen. Aus vielen kleinen Düsen sprudeln Wasserfontänen. Durch den Druck auf einen Knopf wird der Strahl unterbrochen, gleichzeitig ist ein Ton zu hören. Mit ein bisschen Übung bringen unsere Kinder recht ordentliche Melodien zustande. Nicht weniger interessant sind auch die Wandmalereien an den Brandmauern der umliegenden Gebäuden.

Sind Sie noch unternehmungslustig? Dann können Sie jetzt den Boulevard Gambetta überqueren und sich nach Westen orientieren. Gehen Sie geradeaus weiter, bis Sie das Ufer des *Lot* erreichen. Die letzte Sehenswürdigkeit, die ich Ihnen in CAHORS noch zeigen will, ist

Pont Valentré

eine Brücke. Mit ihrem Bau wurde Mitte des 13. Jahrhunderts begonnen und sie war als Wehrbau konstruiert worden. Nach über 50 Jahren Bauzeit bekam der Architekt so langsam kalte Füße weil ein Ende des Baus immer noch nicht in Aussicht stand. Da Regressansprüche im Mittelalter anders gehandhabt wurden als in unserer Zeit, fürchtete er um sein Leben und schloss einen Pakt mit dem Teufel. Der Baufortschritt war von da an enorm und je mehr das Ende abzusehen war, bekam der Architekt schon wieder Angst. Diesmal um seine

Schwimmende Mühle auf dem Lot

Seele, die bei einem Deal mit dem Teufel ja grundsätzlich in Gefahr ist. Nachdem nur noch ein Stein zur Fertigstellung der Brücke notwendig war, konnte der Teufel davon überzeugt werden, dass es notwendig sei, für den Mörtel dieses Schlusssteins nicht nur gesiebten Sand zu verwenden, sondern auch noch das Wasser mit einem Sieb herbei zu holen. Der Teufel ist wahrscheinlich noch immer dabei, das Wasser beizubringen, und der Architekt erklärte die Brücke ohne den letzten Stein für vollendet. Er fehlt übrigens immer noch - am mittleren Pfeiler. Wenn Sie über die Pont Valentré gehen, können Sie auf der anderen Seite des *Lot* noch einige schwimmende Mühlen anschauen. Wenn dort allerdings nicht dringend saniert wird, wird das nicht mehr lange möglich sein.

Wir müssen als nächstes in Richtung BRIVE weiterfahren. Wenn Sie das entsprechende Schild nicht sowieso schon gesehen haben: CAHORS verlassen wir nach Norden. Am einfachsten geht das auf der Umgehungsstraße, die wir auch schon bei der Herfahrt benutzt haben. Fahren Sie also so lange am *Lot* zurück, bis die riesigen Schilder nach BRIVE auftauchen.

Wir sind jetzt auf der N 20. Unser nächstes Ziel ist das dreistöckige ROCAMADOUR. Obwohl viele Wege dahin führen, möchte ich Ihnen raten den allzu frühen Wegweisern zu misstrauen. Fahren Sie bis PAYRAC und biegen Sie erst dort nach rechts ab. Das ist eine der breitesten Straßen nach ROCAMADOUR. Wenn Sie dort entlang fahren, können Sie sich vorstellen wie die anderen Wege aussehen.

Im kleinen Ort L'HOSPITALET biegen wir gleich nach rechts ab und fahren auf der höchstgelegenen Straße auf ROCAMADOUR zu. Von der Straße aus können Sie sich schon ein Bild von dem Ort machen, der aussieht als sei er an den Felsen geklebt. Wir fahren an verschiedenen Parkplätzen vorbei bis wir zur Bergstation des Aufzuges kommen. Trotz großen Besucherandrangs haben wir hier immer einen Parkplatz bekommen.

(057) WOMO-Stellplatz: Rocamadour

GPS: N 44° 47.983' E 1° 36.883'
max. WOMOs: > 5

(kein Straßenname)
gebührenfrei

Ausstattung / Lage: Toiletten, Mülleimer, Wertstoff-Container, Telefonzelle, Tische und Bänke, Aufzug / am Ortsrand

Zufahrt: Vom beschriebenen oberen Parkplatz am Aufzug einfach der Beschilderung für Busse folgen. Der Platz liegt gleich „um die Ecke" und ist leicht zu finden.

Natürlich gibt es in einem so berühmten Ort auch mehrere Campingplätze. Stellvertretend für alle sei hier einer genannt.

(C17) WOMO-Campingplatz-Tipp: Les Cigalles ***

GPS: N 44° 48.395' E 1° 37.430' (kein Straßenname)
Öffnungszeiten: Mitte Juni - Anfang September
Ausstattung / Lage: Ver- und Entsorgung, sehr schattig, Laden, Restaurant, Spielplatz, Pool / in der Nähe der Sehenswürdigkeiten
Zufahrt: In L'Hospitalet ausgeschildert.
E-Mail: camping.cigales@wanadoo.fr
Internet: www.camping-cigales.com (deutsche Textversion)

Ich erwähnte bereits, dass ROCAMADOUR terrassenförmig auf drei Ebenen erbaut wurde. Wir beginnen ganz oben wo wir ja schließlich parken und kommen vom Parkplatz aus sowohl zum Beginn eines Kreuzweges als auch zum Eingang des Châteaus. Dieses Schloss ist für ROCAMADOUR von geringerer Bedeutung, weswegen ich mit dem Kreuzweg beginnen möch-

Rocamadour

te, da er uns auch gleich ein Stockwerk tiefer in den Ort bringt. Da wir den Weg abwärts gehen, müssen wir in Kauf nehmen, dass wir die Kreuzwegstationen in der umgekehrten aber bequemeren Reihenfolge vor uns haben. Das ist eines Pilgers natürlich nicht würdig. Wenn Sie aus religiösen Gründen hierher kommen, gehen Sie von der Basilika den Weg aufwärts.

Wir kommen als nächstes in den sakralen Bezirk, bestehend aus der Basilika St-Sauveur, der Kirche St-Amadour, der

Blick auf das „sakrale Rocamadour“

Chapelle Notre Dame, der Abtei, dem Grabmal des Heiligen Amadour und der Chapelle St-Michel. Alle Gebäude stehen auf engstem Raum zusammen. Nach meiner Definition sind wir jetzt im zweiten Stockwerk des Ortes. Die verschiedenen Kapellen und die Basilika sind jederzeit — außerhalb der Gottesdienste — frei zu besichtigen. Das Grab des Heiligen Amadour besteht eigentlich nur aus einer Nische. Die Leiche, die nie verweste, wurde angeblich Mitte des 16. Jahrhunderts von Plünderern verbrannt.

Wer war eigentlich dieser Amadour, auf dessen Ruf ein ganzes Dorf mit überwältigendem Erfolg seine Geschichte aufgebaut hat? Natürlich müssen, mangels historischer Fakten, Legenden den Erklärungsbedarf decken. Er scheint wohl der Zachäus gewesen zu sein, der in den Evangelien erwähnt wird. Mal als Knecht der Jungfrau Maria, mal als Gatte der Heiligen Veronika (die mit dem Schweißtuch). Mit ihr soll er per Segelboot bei SOULAC (wir waren schon dort, Sie erinnern sich?) durch göttlich gelenkte Winde in die *Gironde* getrieben worden sein und sich dann hier als Einsiedler niedergelassen haben. Was mit seiner Ehefrau geschah ist nicht überliefert.

Ganz interessant ist die Kapelle Notre-Dame. Auf dem Altar können Sie die „schwarze Jungfrau" sehen. Natürlich war auch sie für etliche Wunder verantwortlich. Ihr Ruf, durch Pilger in ganz Südwestfrankreich verbreitet, eilt ihr voraus und zieht immer mehr Gläubige an diesen Ort. Dazu kommt die nicht verwesende Leiche Amadours. Einen besseren Werbefeldzug kann man sich im Mittelalter wohl kaum vorstellen. Dazu kommt eine weitere Strategie: Die Ablassjahre. Es werden dann pauschal Sünden vergeben, wenn man bestimmte Wallfahrten unternommen hat. In ROCAMADOUR gibt es diese Vergebung immer dann, wenn Fron-

Die weltliche Seite von Rocamadour

leichnam auf den 24. Juni, den Tag Johannes des Täufers, fällt. Sie können sich das Jahr 2086 schon mal vormerken, dann ist es wieder so weit.

Der hintere Teil der Kapelle ist von den ständig brennenden Kerzen völlig verrußt und kann uns nur deshalb ein wenig Interesse abringen, weil dort noch die Fesseln zu sehen sind, mit denen früher Gefangene hier festgesetzt wurden. Das ist etwas was wir in einer Kirche nicht gerade erwartet hatten.

Auf dieser Ebene gibt es außer den erwähnten Kirchen noch ein Museum und einen Souvenirladen. Eine Vorbereitung auf das, was Sie beim weiteren Besuch noch erwartet. Die Treppen hatte ich ja schon erwähnt. Von hier aus steigen wir über die Treppe „Via Sancta" in den weltlichen Bereich des Ortes hinab.

Es erwartet uns allerlei Souvenirkitsch. Einige Läden bieten allerdings auch recht schönes Kunsthandwerk an. Daher zieht sich unser Aufenthalt länger hin als erwartet. Mittelalterliche Architektur können wir hier - wieder einmal - erleben. Die haben wir auf unseren letzten Touren eigentlich genügend gesehen. Aber wir können uns trotzdem an den in den Felsen eingebetteten Gebäuden erfreuen. Allein der Gedanke alle diese Treppen und Serpentinenwege wieder hoch zu gehen hat etwas Erschreckendes. Deshalb entschließen wir uns, mit den beiden Aufzügen wieder zu unserem Parkplatz zurück zu fahren.

Die Beiden sind ganz einfach zu finden, folgen Sie den Schildern zum „ascenseur". Die Dame an der Kasse rechnet Ihnen auch ganz genau vor, wie viele Stufen Sie erklimmen müssen um ganz nach oben zu kommen bevor sie 2 € pro Person kassiert. Für den zweiten Aufzug sind noch einmal 2,50 € fällig. Ein Preis, der angesichts der Stufen keiner Diskussion bedarf.

Viele Stufen in Rocamadour

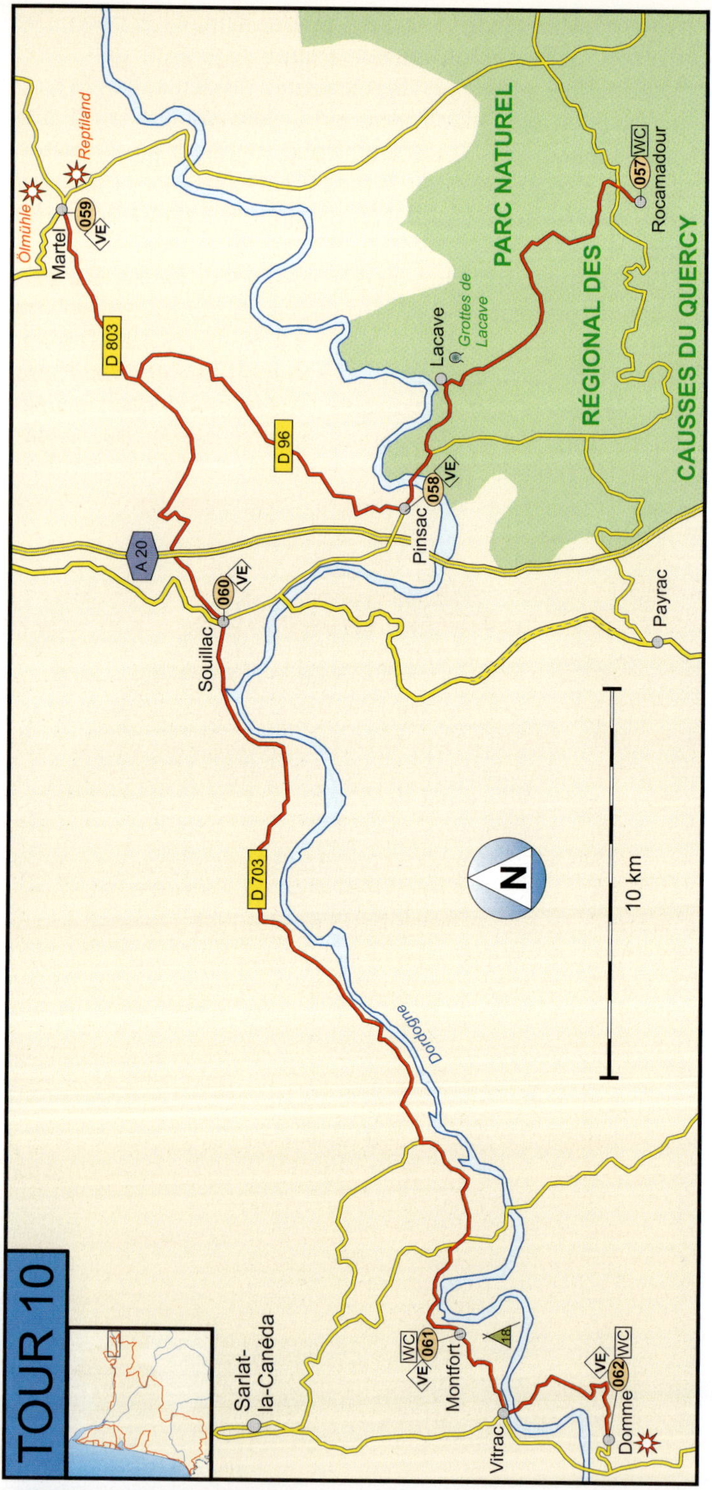
TOUR 10
Martel
059
VE
Ölmühle
Reptiland
D 803
D 96
A 20
060
VE
Souillac
Pinsac
058
VE
Lacave
Grottes de Lacave
Rocamadour
057
WC
PARC NATUREL
RÉGIONAL DES
CAUSSES DU QUERCY
Payrac
D 703
N
10 km
Dordogne
Sarlat-la-Canéda
Montfort
061
WC
VE
18
Vitrac
Domme
062
WC
VE

TOUR 10 (104 km)

Rocamadour — Souillac — Domme

Übernachten:	Rocamadour, Pinsac, Martel, Souillac, Montfort, Domme
Besichtigen:	Grottes de Lacave, Ölmühle und Reptiland in Martel, Domme
Campingplatz:	Soleil Plage
Markt:	Martel (Mi. u. Sa.), Souillac (Fr.)

Wir bleiben den kleinen Straßen auch beim Verlassen von ROCAMADOUR treu. Es bleibt uns auch nichts anderes übrig. Vom oberen Parkplatz aus fahren wir nach L'HOSPITALET zurück, um dort an der zweiten Einmündung in Richtung LACAVE abzubiegen. Dieser Ort ist vor allem durch seine gleichnamige Höhle bekannt. Das ist auch der Grund warum wir dort hin wollen.

Die Straße steigt langsam an, um sich danach ins Tal der *Dordogne* hinabzuschlängeln. Bereits am Ortseingang von LACAVE ist die Grotte ausgeschildert. Sie wäre auch so leicht zu finden. Fahren Sie einfach ins Zentrum und rangieren Sie Ihr Womo auf einen der Parkplätze links der Straße [GPS: N 44° 50.739' E 1° 33.422']. Gegenüber ist der Eingang zur Höhle. Im Gegensatz zur Grotte de Sare ist der Einsatz von Technik hier sehr dezent und beschränkt sich hauptsächlich auf die Beleuchtung.

Die Führung durch die Höhle beginnt mit einer Bahnfahrt. Groteskerweise liegt die Grotte jetzt über uns, so dass wir an

Grotte de Lacave

der Endstation erst einmal nach oben müssen. Das geht entweder mit einem Aufzug oder über eine Treppe. Von dem Saal aus, den wir dann erreichen, ist ein linker und ein rechter Teil der Höhle zu besichtigen.

Öffnungszeiten Höhle:
ab 15. März: 10 - 12 und 14 - 17 Uhr
April - Juni: 9.30 - 12 und 14 - 18 Uhr
Juli: 9.30 - 12.30 und 13.30 - 18 Uhr
1. - 25. August: 9.30 - 18 Uhr
26. August - September: 9.30 - 12 und 14 - 17.30 Uhr
Oktober - Allerheiligen: 10 - 12 und 14 - 17 Uhr

Unser Führer beginnt links. In diesem Trakt gibt es vor allem beeindruckende Stalagmiten und Stalaktiten zu sehen.

Große Säule in Lacave

Mir persönlich gefällt der rechte Teil der Höhle besser. Hier sind mehrere unterirdische Seen und ein Saal, der mit ultraviolettem Licht beleuchtet wird. An den unteren Enden der Stalaktiten bilden sich winzige Wassertropfen in denen sich noch winzigere Lebewesen aufhalten, die auf die Bestrahlung mit UV-Licht reagieren. Auf diese Weise leuchten die Spitzen der Tropfsteine in einem eigenartigen fluoreszierenden Licht auf. Ein besonderer Genuss ist auf dieser Tour der Rückweg. Im sogenannten „Schwarzlichtsaal" wird das Licht etwas verändert, was dazu führt, dass sich die Decke im teilweise nur 10 cm tiefen Wasser spiegelt. Es entsteht die Illusion einer tief unter dem Wasserspiegel liegenden futuristischen Stadt. Die im Zentrum stehende Kathedrale hätte ich allerdings auch ohne Glockenklang vom Tonband erkannt.

Die 7,80 € (Kinder 5,00 €) haben wir jedenfalls nicht bereut. Vom Parkplatz aus fahren wir wieder ein Stückchen zurück bis wir am Ortseingang von LACAVE auf der rechten Seite zur Abzweigung nach PINSAC kommen.

In PINSAC müssten wir eigentlich in der Ortsmitte nach MAYRAC abbiegen. Ich möchte Ihnen allerdings noch eine Übernachtungsmöglichkeit zeigen und Sie bitten mir noch ein kurzes Stück in Richtung SOUILLAC zu folgen.

(058) WOMO-Stellplatz: Pinsac

GPS: N 44° 51.266' E 1° 30.734' (kein Straßenname)
max. WOMOs: 5 gebührenfrei
Ausstattung / Lage: Ver- und Entsorgung, Mülleimer, Telefonzelle / am Ortsrand
Zufahrt: Fast am Ortsende in Richtung Souillac liegt auf der linken Seite der „Salle des Fêtes". Daneben gibt es Stellplätze auf einer Wiese und eine Ver- und Entsorgungsstation vom Typ „Flot Bleu"
Sonstiges: Ver- und Entsorgung 1,50 €

Vor einigen Jahren sah meine Frau morgens auf dem Weg zur Bäckerei auf einer Postkarte eine Nussölmühle. Neugierig wie wir sind, haben wir uns gleich dahin auf den Weg gemacht. Sie hat uns so gut gefallen, dass ich Sie jetzt mitnehme auf einen Umweg nach MARTEL, bevor wir nach SOUILLAC fahren.

Konkret heißt das, dass wir bei der Ausfahrt des Stellplatzes nach rechts abbiegen und dann auf der linken Seite auf das Schild nach MAYRAC achten, dem wir anfangs folgen müssen, bis MARTEL ausgeschildert ist. Der Straßenzustand wird erfreulicherweise beim Erreichen der D 803 ein bisschen besser.

(059) WOMO-Stellplatz: Martel

GPS: N 44° 56.103' E 1° 36.426' Avenue de Nassonge
max. WOMOs: 4 - 5 gebührenfrei
Ausstattung / Lage: Ver- und Entsorgung um die Ecke, Mülleimer, Wertstoff-Container / am Ortsrand
Zufahrt: Die Plätze finden Sie, wenn Sie an der ersten Kreuzung im Ort nach rechts abbiegen direkt auf der rechten Seite längs der Straße. Allerdings ist hier nachts nicht mit viel Verkehr zu rechnen.
Sonstiges: Zum Ver- und Entsorgen fahren Sie, von der Kreuzung kommend, bei nächster Gelegenheit rechts ab in die Rue du 19 Mars. Dort ist die Station gut beschildert [GPS: N 44° 56.090' E 1° 36.392']. Auf dem dortigen Platz herrscht Übernachtungsverbot.

Der Name der Stadt klingt nicht nur zufällig nach Karl Martell. Er war es, der an dieser Stelle eine Kirche errichten ließ. Das Ganze hatte sich vor langer Zeit in der Mitte des 8. Jahrhunderts abgespielt. Um die Kirche entstand ein Dorf, dann eine Stadt, die einen Namen brauchte, und man besann sich auf den Gründer. Das können Sie nun glauben oder nicht. Jedenfalls ist es eine schöne Geschichte.

Ortszentrum von Martel

Es lohnt sich auf jeden Fall den Ort zu besichtigen. Er ist so übersichtlich, dass ich mir eine Beschreibung sparen kann. Herausragende Sehenswürdigkeiten gibt es nicht, es ist allein das mittelalterliche Flair, das die Stadt interessant macht. Es ist allerdings leicht erkennbar, dass wir in einer nussreichen Gegend sind. Es gibt hier Nussgebäck, Nusskuchen und sogar Nussbrot in den Bäckereien zu kaufen.

Die Nussölmühle war ja eigentlich der Anlass MARTEL überhaupt aufzusuchen. Nach dem Spaziergang durch den Ort wissen Sie ja jetzt wo die Kirche St-Maur steht. Wir biegen dort nach rechts in die N 140 ein. Nach einer Rechtskurve biegen wir an der nächsten Abzweigung nach links in die D 803 ab und folgen dann den Schildern zur „Moulin à Huile de Noix“

Ölmühle bei Martel

[GPS: N 44° 56.915' E 1° 38.438']. Es geht zwar etwas kreuz und quer durch die Landschaft, die Mühle ist jedoch gut zu finden. Der Ölmüller (oder wie soll ich ihn nennen?) erklärt den ganzen Prozess der Ölgewinnung einschließlich der dazu nötigen Pressen und Öfen. Im Herbst können Sie sogar bei einem ganzen Arbeitsablauf zuschauen. Da er sehr schnell spricht und viele Fachausdrücke verwendet, unterhalte ich mich nach der offiziellen Führung (die übrigens nach Bedarf stattfindet) mit ihm und lasse mir die nicht verstandenen Passagen nochmals erklären. Er ist dabei sehr hilfsbereit und freut sich über mein Interesse. Anschließend probieren wir noch sein Nussöl und einen leckeren Nusslikör. Selbstverständlich können Sie beides käuflich erwerben. Im selben Gebäude ist auch noch ein Restaurant untergebracht, in dem es nicht nur Nussiges zu essen gibt.

Auf der Suche nach den Schildern zur Ölmühle ist mir ein Hinweisschild zum „Reptiland" aufgefallen. Da es früh am Tag ist, wollen wir uns auch noch Reptilien anschauen. Wir fahren dazu von der Ölmühle aus zurück bis zur Einmündung der Straße in die N 140, der wir dann nach links folgen. Die Schilder zum Reptiland sind unübersehbar [GPS: N 44° 55.974' E 1° 37.086'].

Hauptsächlich Schlangen sind es, die wir hier beobachten können. Da ich bei vielen Zoo- und Tierparkbesuchen in FRANKREICH den Eindruck gewonnen habe, dass die Präsentation der Tiere Vorrang vor der artgerechten Haltung hat, bin ich immer etwas skeptisch beim Betreten von Tiergehegen in unserem Nachbarland. Pancho Gouygou, der Gründer des Reptilariums, propagiert eine Methode der Desensibilisierung indem er die „Besucherzone" und die „Kontaktzone", in die nur Menschen zur Fütterung oder Reinigung eindringen können, konsequent trennt. Die Tiere sollen dadurch lernen, dass Ihnen später von den Besuchern keine Gefahr droht und stressfreier leben. Die Schlangen selbst waren zu keiner Stellungnahme zu überreden.

Öffnungszeiten Reptiland:
Februar - Juni: 10 - 12 und 14 - 18 Uhr Di. - So.
Juli, August: 10 - 18 Uhr täglich
September - 23. Dez.: 10 - 12 und 14 - 18 Uhr Di. - So.

Monsieur Gouygou wirkt auch in anderer Hinsicht desensibilisierend: Wenn Sie an der Kasse zu erkennen geben, dass Sie Angst von Spinnen oder Schlangen haben, wird eine spezielle Führung für Sie organisiert. Die Phobie soll schon nach einem einmaligen Besuch abgebaut werden. Da meine gesamte Familie Reptilien gegenüber sehr aufgeschlossen ist, kann ich hierzu wenig sagen. Gefallen hat es uns auf jeden Fall.

Es wird Zeit weiterzufahren. Wie Sie auf der Karte sehen können, müssen wir ein Stück auf der D 803 zurückfahren. Unser nächstes Ziel heißt SOUILLAC. Am ersten Kreisel biegen wir in der Stadt zum Zentrum ab. Dort suchen wir uns zuerst für die Stadtbesichtigung einen zentrumsnahen Parkplatz. Um ehrlich zu sein: viel zu besichtigen gibt es nicht. Glücklicherweise sorgt ein Trödelmarkt für etwas Abwechslung. Andererseits ist es immer eine Wohltat den Platz hinter dem Lenkrad für ein paar Stunden zu verlassen.

(060) WOMO-Stellplatz: Souillac

GPS: N 44° 53.482' E 1° 28.566' Rue de la Pomme
max. WOMOs: > 5 gebührenfrei
Ausstattung / Lage: Ver- und Entsorgung, Mülleimer / am Ortsrand
Zufahrt: Um zum Übernachtungsplatz zu kommen müssen wir an der Ampel nach dem ersten Kreisel nach rechts weiterfahren in Richtung Sarlat. Kurze Zeit später sehen Sie schon die Hinweisschilder zum Platz nach links weisen. Er ist etwas außerhalb der Stadt gelegen.
Sonstiges: Wasser bzw. Strom kosten 2 €

Da wir heute noch nach DOMME wollen, bleibt es mir allerdings nicht erspart, den Platz wieder einzunehmen. Die Richtung SARLAT, die wir auch zum Übernachtungsplatz einschlagen, ist schon mal richtig. Jetzt fahren wir eigentlich direkt an der *Dordogne* entlang, sehen sie allerdings selten. Ein einziges Mal müssen wir aufpassen! Wenige Kilometer hinter der Abzweigung nach CARLUX biegt unsere Route von der Vorfahrtsstraße nach links ab. Die Schilder zeigen zum „Vallée de la *Dordogne*" und nach LA ROQUE-GAGEAC.

Obwohl sich die *Dordogne* scheu versteckt hält, präsentiert sie sich bei einer ihrer Eskapaden. Am Cingle de Montfort macht sie einen großen Bogen. Ein kleines Hinweisschild und

(061) WOMO-Stellplatz: Montfort

GPS: N 44° 50.133' E 1° 14.916' Place Public
max. WOMOs: > 5 gebührenfrei
Ausstattung / Lage: Ver- und Entsorgung, Toiletten, Mülleimer, Wertstoff-Container, Tische und Bänke, OTSI gegenüber (um Jetons zu kaufen, 2 €) / am Ortsrand
Zufahrt: Am Ende des Ortes links abbiegen und dem Schild „Parkings" folgen. Danach liegt der Platz auf der rechten Seite. Die maximale Dauer ist auf 12 Stunden, begrenzt was nicht ganz verständlich erscheint.

Cingle und Château de Montfort

ein ebenso kleiner Parkplatz machen auf die Sehenswürdigkeit aufmerksam. Halten Sie an und bewundern Sie das Panorama. Ist es nicht herrlich? Als Dreingabe steht malerisch gegenüber das Château de Montfort.

Bald darauf erreichen wir den Ort MONTFORT. Er wäre jedoch nicht weiter erwähnenswert, wenn es hier nicht einen Stellplatz gäbe. Nähere Angaben hierzu stehen auf der vorhergehenden Seite.

Auf unserem weiteren Weg nach DOMME können wir kurz hinter MONTFORT zu einem Campingplatz abbiegen, der sehr schön in einer Biegung der *Dordogne* liegt.

DOMME könnten wir vom nächsten Ort, VITRAC, aus theoretisch auf zwei verschiedenen Wegen erreichen. Für uns Womo-Fahrer kommt nur in Frage, der Beschilderung für Omnibusse

(C18) WOMO-Campingplatz-Tipp: Soleil Plage ****

GPS: N 44° 49.417' E 1° 15.349' (kein Straßenname)
Öffnungszeiten: April - September
Ausstattung / Lage: Ver- und Entsorgung, schattig, Laden, Restaurant, Spielplatz, beheizter Pool / direkt am Fluss gelegen
Zufahrt: Von Montfort aus in Richtung Vitrac weiterfahren. Etwa 1 km hinter Montfort geht die Straße zum Campingplatz ab. Großes Schild.
E-Mail: info@soleilplage.fr
Internet: www.camping-soleilplage.fr (deutsche Textversion)

und Wohnmobile zu folgen. DOMME ist für Wohnmobile gesperrt und daher müssen Sie zum Besuch des Ortes auf den Stellplatz ausweichen.

Von dort aus laufen Sie bequem in einer viertel Stunde in den Ort und brauchen sich nicht um den Verkehr in den viel zu engen Straßen zu kümmern. Zumindest im Sommer fährt auch ein Touristenzug vom Stellplatz aus in regelmäßigen Abständen ins Zentrum.

(062) WOMO-Stellplatz: Domme

GPS: N 44° 48.037' E 1° 13.302' (kein Straßenname)
max. WOMOs: > 5 nachts geringe Gebühr
Ausstattung / Lage: Ver- und Entsorgung, Toiletten, Mülleimer, Wertstoff-Container, Telefonzelle, Tische und Bänke, Stadtplan / außerhalb des Ortes (15 min zum Zentrum)
Zufahrt: Wenn Sie nach Vitrac-Port kommen, fahren Sie nach links und dann gleich noch einmal. Sie sehen hier schon die Schilder für „Omnibusse und Wohnmobile nach Domme". Nach der Überquerung der Dordogne brauchen Sie diesen Wegweisern immer nur zu folgen. Keine Angst vor dem Schild „Höhenbegrenzung 3,20 m nach 4,5 km". Bis dahin sind wir längst auf dem Stellplatz.

Sonstiges: Versuchen Sie ziemlich in der Mitte des Platzes zu stehen. Man hört nachts laut und deutlich 3 Regenabläufe in der Straße klappern, wenn ein Auto drüber fährt.

„Ja, warum lotst er uns eigentlich hier her?", werden Sie sich jetzt fragen. DOMME ist meiner Meinung nach eine der schönsten Bastidenstädte im PÉRIGORD. Ich stehe da mit meiner Meinung nicht allein. Bereits Henry Miller schrieb 1940: „Diesseits von Griechenland kommt nichts dem Paradies so nahe."

Die Stadt wurde Ende des 13. Jahrhunderts gegründet und hatte schon bald darauf ihre Wehrhaftigkeit unter Beweis zu stellen. Während des Hundertjährigen Krieges hatten sich die Franzosen in DOMME verschanzt. 1417 wurde die Stadt von den Engländern eingenommen, die das Schloss als Symbol

Domme

der französischen Herrschaft zerstörten. 20 Jahre später mussten sie wieder abziehen.

1588 stand Domme wieder im Zentrum der Auseinandersetzungen. Diesmal waren es die Religionskriege. Dazu wieder einmal eine kleine Geschichte: Die Katholiken verteidigten die Stadt gegen die Hugenotten, mussten sich jedoch geschlagen geben, als Geoffroi de Vivans, ein berühmter Führer der Protestanten, den Ort einnehmen konnte. Er griff Domme nachts vom Steilhang aus an, womit keiner der Bewohner rechnete. Mitten in der Nacht machte er mit seinen Soldaten einen Heidenlärm im Zentrum, so dass die Konfusion groß war und er in diesem Durcheinander die Stadttore öffnen konnte. Diesmal fiel die Kirche, als Symbol des katholischen Glaubens, der Zerstörungswut zum Opfer. Geoffroi trennte sich allerdings schon 4 Jahre später gegen Zahlung eines Lösegeldes von seiner Eroberung.

Soviel zur Geschichte, lassen Sie uns in die Gegenwart zurückkehren. Sie erreichen den Ort vom Stellplatz aus durch eines der drei Stadttore, und zwar durch die Porte des Tours. Sie hat ihren Namen von den beiden Türmen, die sie links und rechts flankieren. In aller Ruhe können wir durch die Straßen und über die Reste der Stadtmauer schlendern. Sie werden auch leicht die Markthalle finden. Von der Halle aus folgen sie den Hinweisschildern zum „Jardin Public“, davor ist ein Parkplatz. Von hier oben haben Sie einen wunderschönen Blick über die *Dordogne*.

Blick auf die Dordogne von Domme aus

Wenn sie von hier aus nicht durch den Park spazieren wollen, können Sie vom dortigen Parkplatz nach rechts am Steilhang entlanglaufen bis zum Belvédère de la Barre. Auch hier wieder ein sehr schöner Blick auf das *Dordogne*-Tal. Sie kommen dann vom Aussichtspunkt leicht wieder auf direktem Weg zur Markthalle.

Direkt darunter befindet sich die Grotte du Jubilé (Grotte de la Halle), eine Höhle, in der die Bewohner des Städtchens während der Kriege Zuflucht fanden. Sie ist weniger spektakulär als die bereits besuchten Höhlen, hat aber trotzdem ihren Reiz. Im Eintrittspreis ist der Besuch des nebenan liegenden Museums eingeschlossen.

Führungen Grotte:
Täglich 10.15, 11.00, 12.00
14.30, 15.30, 16.30, 17.30 Uhr

Von hier aus lohnt aber auch ein Abstecher in fast jede angrenzende Straße. Nach einer ausgedehnten Besichtigungstour nehmen wir für den Rückweg zum Stellplatz den kleinen Zug. Er muss sich auf den letzten Metern beim Anstieg zum Parkplatz ganz schön anstrengen.

TOUR 11 (71 km)

Domme — Sarlat-la-Canéda — Grotte de Lascaux — Montignac

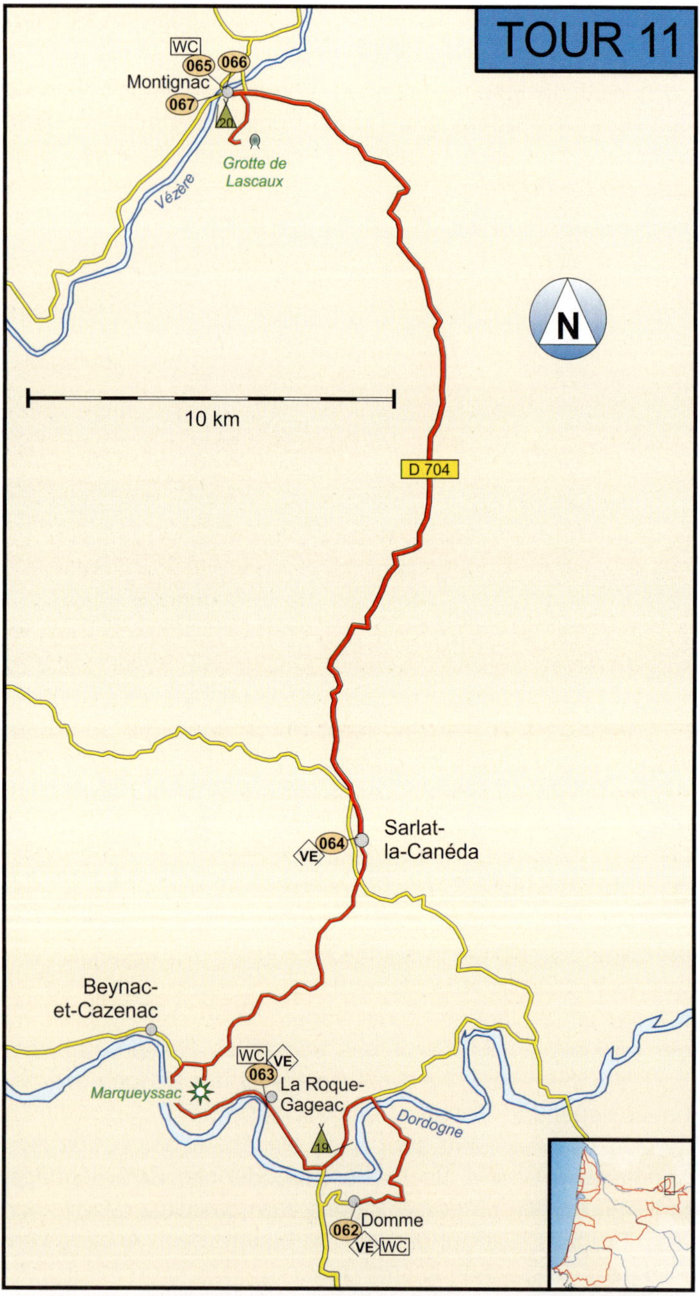

Übernachten:	Domme, La Roque-Gageac, Sarlat-la-Canéda, Montignac
Besichtigen:	Schlosspark von Marqueyssac, Sarlat-la-Canéda, Grotte de Lascaux
Campingplatz:	Beau Rivage, Le Moulin du Bleufond
Markt:	Sarlat-la-Canéda (Sa.), Montignac (Mi. + Sa.)

Von DOMME aus fahren wir das Stück bis zur Überquerung der *Dordogne* wieder zurück. Nach der Brücke biegen wir links ab und folgen den Wegweisern nach LA ROQUE-GAGEAC.

Noch bevor wir den Ort erreichen, können Sie auf der linken Straßenseite einen Campingplatz finden.

(C19) WOMO-Campingplatz-Tipp: Beau Rivage ***

GPS: N 44° 48.961' E 1° 12.865' Lieu-dit Gaillardou
Öffnungszeiten: Anfang April - Ende September
Ausstattung / Lage: Ver- und Entsorgung, sehr schattig, Laden, Restaurant, Spielplatz, Pool / direkt an der Dordogne gelegen
Zufahrt: Von der Straße Vitrac - La Roque-Gageac aus direkt zu erreichen. Ca. 2 km hinter Vitrac auf der linken Straßenseite.
E-Mail: camping.beau.rivage@wanadoo.fr
Internet: www.camping-beau-rivage.com (deutsche Textversion)

Der Ort ist überschaubar klein, eine Besichtigung im Eildurchlauf ist eine Sache von einer viertel Stunde. Sie sollten sich aber mehr Zeit nehmen, weil die Aussicht über die *Dordogne* neben DOMME zu den schönsten gehört die ich kenne. Im Sommer quillt der Ort von Touristen über. Da die Uferstraße längs der *Dordogne* den Stellplatz vom restlichen Ort trennt, ist es teilweise schon abenteuerlich, die Straße zu überqueren. Auch die Durchfahrt ist nicht einfach: Als Womofahrer müssen wir uns zwischen parkenden PKW und dem Gegenverkehr so gut es eben geht hindurch schlängeln. Wenn Sie die engen Gassen, die sich an den Felsen schmiegen, hochgehen, werden Sie sich in einer mediterranen Vegetation wiederfinden. Aber es ist immer wieder der Blick auf den Fluss,

(063) WOMO-Stellplatz: La Roque-Gageac

GPS: N 44° 49.490' E 1° 11.022' (kein Straßenname)
max. WOMOs: > 5 geringe Gebühr
Ausstattung / Lage: Ver- und Entsorgung, Toiletten, Mülleimer, Wertstoff-Container, Telefonzelle, Tische und Bänke, Anlegestelle für Rundfahrtboote / am Ortsrand
Zufahrt: Am Ortseingang erwartet uns auf der linken Seite ein Parkplatz mit Ver- und Entsorgungsstation.

La Roque-Gageac

der uns begeistert. Hoch über sich sehen Sie eine helle Stelle am Felsen. Dort brach 1957 ein Steinkoloss heraus.

Unser weiterer Weg führt uns erst einmal in Richtung BEYNAC, kurz vor dem Ort biegen wir jedoch rechts ab nach SARLAT-LA-CANÉDA. Gleich nach der Abzweigung fahren wir noch einmal einen kleinen Weg nach rechts hinein zum Park von Marqueyssac. Von dieser Abzweigung aus haben wir einen schönen Blick auf das Schloss von Beynac, das malerisch auf einem Felsen liegt.

Château de Beynac

Blick vom Belvédère

Im Park von Marqueyssac [GPS: N 44° 49.525' E 1° 09.877'] verbringen wir den Rest des Vormittags zwischen allerlei Büschen, Bäumen und Kräutern. Insgesamt können wir über Pfade von 6 Kilometern Länge spazieren. Ganz am Ende des Parks haben wir am Belvédère — wieder einmal — einen herrlichen Blick über die *Dordogne*. Aufgelockert wird der Park durch eine Voliere, eine kleine Kapelle, eine Kletterwand und einen Kiosque. Das ist ein aus aufeinandergeschichteten Steinen errichtetes Lagerhäuschen. 2007 kostete der Eintritt 6,80 € für Erwachsene und 3,40 € für Kinder.

Öffnungszeiten Schlosspark:
Januar 14 - 17 Uhr
Februar, März 10 - 18 Uhr
April - Juni 10 - 19 Uhr
Juli, August 9 - 20 Uhr
September 10 - 19 Uhr
Okt. - 11. Nov 10 - 18 Uhr
12. Nov - Dezember 14 - 17 Uhr

„Kiosque“ im Schlosspark von Marqueyssac

Unser Weg führt uns weiter nach SARLAT, schon wieder eine meiner Lieblingsstädte. Ich war sehr erfreut als ich vor einigen Jahren ein Hinweisschild auf einen Stellplatz sah. Mittlerweile wurde er mehrfach umgebaut und ist jetzt mit einem eigenwilligen Zufahrtssystem ausgestattet. Den Platz schmückt eine Einfahrts- und eine Ausfahrtsschranke. Erstere öffnet sich, wenn Sie Ihre Kreditkarte in den Schlitz stecken. Bei der Ausfahrt wiederholen Sie dieses Spielchen an der gegenüberliegenden Schranke. Je nach Parkdauer wird die Stellplatzgebühr Ihrem Kartenkonto belastet. 2 Stunden sind

(064) WOMO-Stellplatz: Sarlat

GPS: N 44° 53.722' E 1° 12.745'
max. WOMOs: > 5

Avenue du Général de Gaulle
geringe Gebühr

Ausstattung / Lage: Ver- und Entsorgung, Mülleimer, Wertstoff-Container / am Ortsrand, aber an einer Durchgangsstraße gelegen

Zufahrt: Zuerst folgen wir den Schildern „Centre Ville“, danach „Brive“. Die Straße führt einen Berg hoch. Wenn sie wieder leicht bergab führt, finden Sie den Platz links.

frei, die Karte dient dann nur zum Öffnen und Schließen der Schranken.

Von hier aus sind es etwa 10 Minuten zu Fuß bis zur Altstadt. Sie überqueren die Straße, auf der Sie zum Stellplatz gefahren sind und folgen dann einer kleinen Straße, die gegenüber der Einfahrt bergab führt bis zur nächst größeren Straße. Dann wenden Sie sich nach rechts und erreichen gleich darauf den Beginn der verkehrsberuhigten Zone. Hier finden Sie schon jede Menge Läden. Der schönste Teil der Stadt liegt jetzt links von Ihnen.

Hier möchte ich noch einfügen, dass SARLAT mitten im PÉRIGORD NOIR liegt. Eine Spezialität ist die Gänseleberpastete. Ganz gleich wie man zu dieser Tierquälerei steht, die Stopfleber ist allgegenwärtig und ein wichtiges Handelsprodukt. Den Gänsen hat man hier sogar ein Denkmal gesetzt. Das werden Sie allerdings nicht als erstes finden, es hat aber so gut auf diese Seite gepasst, dass ich damit beginnen wollte. Finden werden Sie auf jeden Fall die Kathedrale. Direkt gegenüber liegt das Geburtshaus von

Etienne de La Boétie, das auf fast jeder Postkarte abgebildet ist. Deshalb fehlt es natürlich auch hier nicht. Der Herr war ein enger Freund von Michel de Montaigne. Außerdem Jurist,

Maison de La Boétie

Abgeordneter und — wohl zum Ausgleich — Schriftsteller und Philosoph. In letzter Eigenschaft hat er Gedichte und Essays geschrieben sowie Werke griechischer Autoren übersetzt. Und das schon im Alter von 20 Jahren. Er musste sich aber auch beeilen. Er starb mit 33.

Wenn Sie jetzt ganz einfach ziellos weiterschlendern, kommen Sie irgendwann zum Fremdenverkehrsamt. Dort können Sie sich einen Stadtplan besorgen und die weiteren Sehenswürdigkeiten Punkt für Punkt ablaufen. Mir persönlich macht es allerdings mehr Spaß mich mit dem Menschenstrom treiben zu lassen. Wenn's mir zuviel wird, biege ich in ruhigere Straßen ab. Auf diese Weise lerne ich einen Ort ebenfalls kennen — und in diesem Fall auch lieben.

Oberhalb der Kirche finden Sie den Friedhof mit einer interessanten Totenlaterne. Diese Bauwerke sorgen auch heute noch für Rätsel. Auf der ÎLE D'OLÉRON gibt es ein schönes Exemplar, das im oberen Bereich Lichtöffnungen hat. Von innen beleuchtet ist der Name „Laterne“ zu verstehen. Hier jedoch ist die „Lanterne des Morts“ im oberen Bereich völlig geschlossen. Vielleicht wurde sie auch als Toten-Kapelle genutzt.

Totenlaterne

Bevor Sie die Stadt wieder verlassen, möchte ich Ihnen noch etwas ans Herz legen: SARLAT bei Nacht! Beim Schein der Gaslaternen fühlen Sie sich ein paar hundert Jahre zurückversetzt. Im Sommer wird überall etwas geboten: Straßenmusiker, Karikaturisten, Theatertruppen, Clowns, Zauberer,

Pantomimen und Puppenspieler sorgen in einer sehr schönen Kulisse für Kurzweil.

So viel Schönes zieht natürlich auch jede Menge Touristen an. Und wenn so viele Touristen kommen zieht das natürlich die Souvenirverkäufer an. In bestimmten Straßenabschnitten reiht sich Kunsthandwerk an Kunsthandwerk, Kitsch an Kitsch und Spezialität an Spezialität. Glücklicherweise wurden die Geschäfte, Schaufenster und Auslagen an den Stil der Stadt angepasst. Wenn Sie etwas kaufen möchten, können Sie einige Euro sparen, wenn Sie ihre Kauflust noch etwas zügeln bis wir in einen nicht ganz so attraktiven Ort kommen. Den Verkäufern ist in dieser Hinsicht nicht einmal direkt ein Vorwurf zu machen, denn wo so viele Händler angezogen werden, da steigen natürlich auch die Ladenmieten.

Wir wollen allerdings noch einige Jahrhunderte weiter in die Vergangenheit reisen und dazu verlassen wir jetzt SARLAT in Richtung MONTIGNAC, das hier schon ausgeschildert ist. Über die D 704 erreichen wir den Ort nach 26 Kilometern. Weit

(065) WOMO-Stellplatz: Montignac I

GPS: N 45° 04.072' E 1° 09.884' (kein Straßenname)
max. WOMOs: > 5 gebührenfrei
Ausstattung / Lage: Toiletten, Mülleimer, Telefonzelle / zentrumsnah
Zufahrt: Wenn Sie Montignac erreichen, können Sie recht bald nach rechts zu einer Brücke über die Vézère fahren. Von der Brücke aus können Sie den Platz schon auf der linken Seite sehen. Nach der Brücke biegen Sie an der Ampel nach links ab in Richtung Les Eyzies. Achten Sie dann auf ein Parkplatz-Schild auf der linken Seite. Die Einfahrt sieht eng aus, der Platz ist jedoch sehr großzügig angelegt. Sie sind jetzt ganz in der Nähe der Altstadt „Vieux Quartiers".

(066) WOMO-Stellplatz: Montignac II

GPS: N 45° 03.976' E 1° 09.867' Place du Sol
max. WOMOs: 5 gebührenfrei
Ausstattung / Lage: Mülleimer, Bänke / zentrumsnah
Zufahrt: Wir verlassen Montignac I indem wir dem Schild „Sortie" folgen. Bald darauf erreichen wir die Vézère. Dort biegen wir rechts ab und fahren am Kanu-Verleih vorbei bis Parkplatz-Markierungen sichtbar sind.
Sonstiges: Nicht für ganz große Womos geeignet. Sie müssen wenden, um zurück zu fahren.

(067) WOMO-Stellplatz: Montignac III

GPS: N 45° 03.698' E 1° 09.550' Avenue Aristide Briand
max. WOMOs: 5 gebührenfrei
Ausstattung / Lage: Mülleimer, Wertstoff-Container / am Ortsrand
Zufahrt: Zu Beginn wie Montignac I. Sie fahren jedoch am Parkplatz-Schild geradeaus weiter. An einer Kreuzung mit Hinweisschildern verlassen wir die Richtung Les Eyzies und biegen nach links ab. Wir überqueren die Vézère ein zweites Mal. Nach der Brücke geht's dann gleich nach rechts in die Avenue Aristide Briand. Dort fahren Sie bis zum Stadion. Sie stehen hier am Ortsrand neben dem Fluss recht ruhig.

vorher können wir schon die Hinweisschilder zur Höhle von LASCAUX, unserem nächsten Ziel, sehen. MONTIGNAC ist auf den Höhlentourismus bestens eingestellt. Riesige Schilder weisen darauf hin, dass die Eintrittskarten zur Grotte nur im Syndicat d'Initiative zu erhalten sind. Unmöglich das Gebäude zu verfehlen. Eine ringförmige Einbahnstraße lenkt den Verkehr zum Fremdenverkehrsamt. Wenn Sie beim OTSI keinen Parkplatz finden, können Sie eine erneute Runde fahren und hoffen. Die Ringstraße hat einen zweiten Vorteil: Sollten Sie eine Abzweigung bei der Beschreibung der Stellplätze verfehlt haben, können Sie so lange im Kreis herumfahren bis es klappt. Von allen Stellplätzen aus sind Sie in 5 Minuten dort.

Im Fremdenverkehrsamt können Sie sich nun zu einem Besuch der Höhle anmelden und auch noch angeben, in welcher Sprache Sie denn gerne geführt werden wollen. Die netten Damen überreichen Ihnen dann Ihr Ticket und versehen es mit Datum und Uhrzeit. Im Sommer kann es durchaus vorkommen, dass Sie zwei Tage auf eine deutsche Führung warten müssen. Englisch geht meist schneller. Französisch noch schneller. Sie werden also genügend Zeit haben, auch MONTIGNAC eingehend kennenzulernen.

Montignac

Wir hatten das Glück, dass bei unserem Besuch ein großes Dorffest mit Feuerwerk und viel Musik stattfand. Vor vielen Cafés waren Bühnen aufgebaut und das Feuerwerk konnte gut mit größeren Städten mithalten. So war für unsere Unterhaltung bestens gesorgt. Denn selbst mit viel gutem

Willen kennen Sie in MONTIGNAC nach einem halben Tag alle Winkel. Falls Sie jedoch ein paar Tage die Füße hochlegen wollen, gibt es hier auch einen Campingplatz.

(C20) WOMO-Campingplatz-Tipp: Le Moulin du Bleufond ***

GPS: N 45° 03.591' E 1° 09.541' Avenue Aristide Briand
Öffnungszeiten: 1.4. - 15.10.
Ausstattung / Lage: Ver- und Entsorgung, schattig, Laden, Restaurant, Spielplatz, beheizter Pool / am Ortsrand an der Vézère
Zufahrt: Vom Stellplatz Montignac III geradeaus weiterfahren.
E-Mail: le.moulin.du.bleufond@wanadoo.fr
Internet: www.bleufond.com (deutsche Textversion)

Jetzt wollen Sie schließlich auch in die berühmte Höhle. Während Sie in der Schlange am OTSI warten, können Sie sich schon vorab informieren: LASCAUX ist eine der kunsthistorisch wichtigsten Höhlen in FRANKREICH. 1940 entdeckten einige Jugendliche beim Spiel zufällig die Höhle, die bei Archäologen die größte Begeisterung hervorrief. Acht Jahre später war die Höhle für die Öffentlichkeit zugänglich, was ihr allerdings sehr schlecht bekommen ist. 1963 hat man daher die Höhle wieder für den Publikumsverkehr geschlossen. Man entschloss sich zu einem aberwitzigen Projekt: 200 Meter neben LASCAUX wurde eine Faksimile-Grotte errichtet: LASCAUX II.

Öffnungszeiten Höhle:
Anf. Jan. - Anf. Feb. geschlossen
Frühjahr und Sommer: täglich
Herbst und Winter: tgl. außer Montag

Ungezählte Archäologen, Geologen und Künstler waren von nun an damit beschäftigt LASCAUX zu vermessen, zu fotografieren, zu übertragen und neu zu malen. Dabei bedienten sie sich der selben Verfahren, wie sie auch unsere Vorfahren benutzt haben sollen. Die eindrucksvollen Malereien sollten nicht länger den Blicken der Öffentlichkeit vorenthalten bleiben und die Originale trotzdem geschützt werden.

Soviel zur Vorrede. Wir machen uns auf den Weg! Eine Zufahrtsbeschreibung brauchen Sie nicht. Fahren Sie einfach den größten Schildern nach! [GPS: 45° 03.247' E 1° 10.043']

Es ist soweit! Wir dürfen ins Allerheiligste eintreten. Fotografieren ist natürlich streng verboten. Schließlich sollen die Farben aus dem Jahr 1980 n. Chr. nicht leiden. Deshalb sehen Sie hier auch kein Bild. Die ersten beiden Räume sind als Museum eingerichtet und dienen dem Führer zu allgemeinen Erläuterungen. Dann endlich kommen wir in die Nachbildung von LASCAUX. Um ehrlich zu sein: Es ist alles detailgetreu und authentisch nachgemalt — aber eben nachgemalt. Das Gefühl vor Jahrtausenden alten Bildern zu stehen will mich nicht ergreifen.

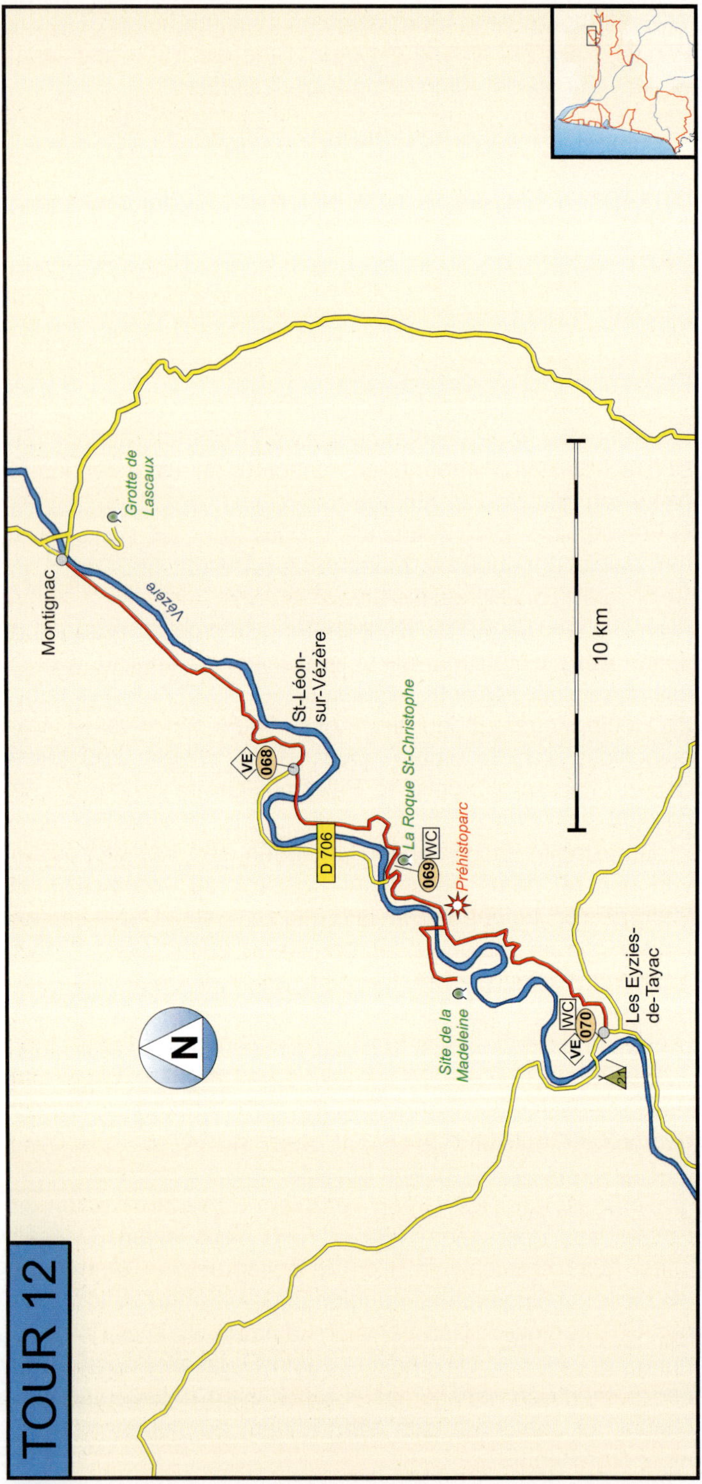
TOUR 12
Montignac
Grotte de Lascaux
Vézère
St-Léon-sur-Vézère
VE
068
D 706
La Roque St-Christophe
WC
069
Préhistoparc
Site de la Madeleine
Les Eyzies-de-Tayac
WC
070
VE
21
N
10 km

TOUR 12 (30 km)

Montignac — St-Léon — La Roque St-Christophe — Préhistoparc — Les Eyzies

Übernachten:	Montignac, St-Léon-sur-Vézère, La Roque St-Christophe, Les Eyzies-de-Tayac
Besichtigen:	La Roque St-Christophe, Préhistoparc, Site de la Madeleine
Campingplatz:	La Rivière
Markt:	Montignac (Mi. u. Sa.), Les Eyzies-de-Tayac (Mo.)

Von LASCAUX II aus fahren wir zurück nach MONTIGNAC und ergeben uns dort wieder den Einbahnstraßen. Wir überqueren wieder einmal die *Vézère* und verlassen den Ort in Richtung LES EYZIES.

Wenn die Schilder nach ST-LÉON auftauchen, müssen wir die D 706, die wir bis jetzt befahren haben, verlassen und in den Ort hineinfahren.

(068) WOMO-Stellplatz: St-Léon

GPS: N 45° 00.749' E 1° 05.426' (kein Straßenname)
max. WOMOs: 2 - 3 gebührenfrei
Ausstattung / Lage: Ver- und Entsorgung, Mülleimer / am Ortsrand
Zufahrt: Zuerst von der Umgehungsstraße aus in den Ort hineinfahren, dann im Ort rechts abbiegen. Achten Sie dabei auf das Schild zum Campingplatz. Der Stellplatz liegt etwa 100 - 200 m nach der Abzweigung auf der rechten Seite.

Wir fahren geradeaus durch ST-LÉON durch. Falls Sie vom Stellplatz kommen, fahren Sie die paar Hundert Meter bis zur Abzweigung zurück und biegen dann rechts ab. Wir überqueren wieder einmal die *Vézère*. Ab jetzt kommen die Sehenswürdigkeiten Schlag auf Schlag. Da wäre zuerst einmal der ROQUE ST-CHRISTOPHE zu nennen, den die UNESCO gar zum Weltkulturerbe erklärt hat. Den gewaltigen Felsen erreichen wir, indem wir der Straße einfach folgen. Die Beschilderung ist

(069) WOMO-Stellplatz: La Roque St-Christophe

GPS: N 44° 59.255' E 1° 04.223' (kein Straßenname)
max. WOMOs: > 5
gebührenfrei
Ausstattung / Lage: Toiletten, Mülleimer, Tische und Bänke / direkt am Roque St-Christophe
Zufahrt: Im oberen Bereich des Parkplatzes am Roque St-Christophe.

unübersehbar. Wenn wir nach der Überquerung eines kleinen Bächleins den Parkplatz erreichen, müssen wir links abbiegen um zum Stellplatz zu kommen.

Am Kassenhäuschen können Sie eine Kurzbeschreibung der Felsenanlage in deutscher Sprache erhalten oder ein umfassenderes Werk käuflich erwerben. Für Kinder gibt es gar ein „pädagogisches Heft“ für 2 €, ebenfalls in deutscher Sprache. Der Eintritt beträgt 7 €, Kinder kosten 4 €.

Öffnungszeiten Felsen:
täglich geöffnet
Feb., März, Okt. - Mitte Nov.: 10 - 18 Uhr
12.11. - 31. 1.: 14 - 17 Uhr
April - Juni, Sept.: 10 - 18.30 Uhr
Juli, Aug.: 10 - 20 Uhr

Gleich darauf kommen wir zum wächterbewehrten Eingangstor. Danach tauchen wir in ein Ensemble ein, das seit mehr als 70 000 Jahren besiedelt war. Neandertaler waren die ersten Bewohner der Höhlen, die vor 40 000 Jahren vom Cro-Magnon, unserem eigentlichen Vorfahren, abgelöst wurden. Die Neandertaler starben aus, der Cro-Magnon hat sich zum heutigen Menschen weiterentwickelt. Durch die Jahrtausende hinweg haben hier immer Menschen gelebt, gejagt, gesammelt und gearbeitet. Bis zum Ende des 16. Jahrhunderts in den Religionskriegen die Stätte zerstört wurde.

Wir kommen zuerst in einen Bereich, der im Mittelalter als Festung ausgebaut war. Bei den häufigen kriegerischen Auseinandersetzungen war dies auch nötig. Normannen, Engländer und schließlich die jeweils andere Konfession versuchte den Felsen einzunehmen. Sehr schön sind noch die eckigen Vertiefungen im Boden und an den Wänden zu sehen, in denen Holzbalken verankert waren, die als Gerüst für ein Dach und Wände dienten. Die Felswand bildet dabei die Rück-

Gesamtansicht des Roque St-Christophe

Eingangspforte am Roque St-Christophe

front. Verschiedenen Räumen kann man sogar eine Funktion zuordnen. So gibt es hier ein Schlachthaus und eine Räucherkammer.

Durch einen Tunnel kommen wir in den Hauptteil des Massivs. Wenn nicht allzu viele Menschen unterwegs sind ist allein schon das Ausmaß beeindruckend. Ganz zu schweigen von dem Blick über das Tal der *Vézère*, der sich von hier oben bietet. In diesem Teil der Anlage finden wir mit viel Fantasie

Feuerstelle

die Überreste einer Kirche und Grabstätten. Wenn Sie uns bis

Nachbildung eines mittelalterlichen Krans

an die Absperrung vor dem menschengetriebenen Kran folgen können Sie hier anhand einer Zeichnung ein ausgeklügeltes Frühwarnsystem kennenlernen. Wenn in LE BUGUE, 17 Kilometer von hier entfernt, ein feindliches Schiff auf der *Vézère* gesichtet wurde stieß ein Wächter dort in sein Horn und setzte damit eine Kette von Bläsern in Gang, die jeweils in Hörweite voneinander postiert waren. Nach drei Minuten kam das Signal in ROQUE ST-CHRISTOPHE an und man konnte mit den notwendigen Verteidigungsmaßnahmen beginnen.

Ab hier geht es jetzt wieder durch den Tunnel zurück. An einer großen Steintreppe vorbei erreichen wir schließlich die

Aus dem Fels gehauene Treppe

Der Kampf mit dem Bären

Wohnung der Archäologen. In Vitrinen sind verschiedene Fundstücke ausgestellt. Kurz vor dem Ausgang ist noch eine Kampfszene zu sehen. Ein Bär ist in eine Behausung eingedrungen und wird vom tapferen Hausherrn getötet.

Am Kassenhäuschen vorbeigehend erreichen wir schließlich wieder unser Womo. Eigentlich lohnt es kaum richtig Platz zu nehmen, nach wenigen Kilometern erwartet uns schon die nächste Sehenswürdigkeit. Wir fahren vom oberen Parkplatz aus diesmal geradeaus entlang des Baches weiter. Durch ein enges Felsentor kommen wir wieder zur bekannten D 706. Wir biegen links ab und achten — ebenfalls auf der linken Seite — auf den Parkplatz am Préhistoparc [GPS: N 44° 58.685' E 1° 03.221']. Hier wurden Szenen aus dem Leben der Steinzeitmenschen nachgebildet und die sind für kleine und große Kinder gleichermaßen interessant.

Öffnungszeiten Préhistoparc:
täglich geöffnet
Februar, März: 10 - 17.30 Uhr
April - Juni: 10 - 18.30 Uhr
Juli, August: 10 - 19 Uhr
September: 10 - 18.30 Uhr
Oktober - November: 10 - 17.30 Uhr

Die Figuren wurden mit wissenschaftlicher Unterstützung nach Knochenfunden modelliert. Auch die Lebensumstände und die Tierwelt sind belegt. So könnte es also früher tatsächlich zugegangen sein.

Das Wichtigste war damals natürlich, die Nahrung zu besorgen. Daher verbrachten die Männer einen Großteil des Tages mit Jagen und Fischen. Da die Tiere gefährlich und die Bewaffnung der Männer spärlich war, jagte man wohl im

Mammutjagd im Préhistoparc

Team. Große Tiere, wie Mammuts, wurden mittels Fallgruben erlegt. An jagdbarem Wild gab es damals noch das Rhinozeros, das Ren und den Megaceros, ein Grasfresser, mit enormen Ausmaßen und einem weit ausladenden Geweih. Aber auch verschiedene Bärenarten waren hier heimisch. Neben ihrem Fleisch war ihr Fell begehrt. Es schützte im Winter vor der Kälte. Bei der Zerlegung der Beute musste die ganze Familie mit anpacken. Für die Sippe war damit das Überleben für viele weitere Tage gesichert. Aber nicht nur die Männer sorgten dafür, dass etwas Essbares auf den Tisch kam. Die Frauen und Kinder sammelten Früchte und Wurzeln.

In dieser Zeit entwickelte sich die erste Kultur. Die Menschen begannen Bilder in die Felsen zu ritzen oder mit in der Natur vorkommenden Farben zu malen. Auch Skulpturen wur-

Im Préhistoparc: Heimkehr von der Jagd

Beerensammlerin mit Nachwuchs

den aus Knochen oder Stoßzähnen herausgearbeitet. Diese künstlerische Betätigung wird im Préhistoparc mit einigen Szenen gewürdigt.

Natürlich gab es zu der Zeit auch Konflikte untereinander. Kriege waren wohl selten, da es keinen Besitz gab. Funde bestätigen, dass die meisten Skelette keine schwereren Verletzungen aufweisen. Jagdunfälle waren wohl an der Tagesordnung. Aber es gab wohl Streitereien untereinander, die einer Schlichtung bedurften. Zu jener Zeit bildete sich schon

Gerichtsverhandlung

eine Rechtssprechung heraus. Erfahrene Stammesälteste hielten Gericht, wenn ein Streit nicht „außergerichtlich geregelt" werden konnte.

Einen Schnelldurchlauf über die Lebensumstände des Menschen, beginnend mit dem Neandertaler über den Cro-Magnon bis zum Homo Sapiens, haben wir jetzt hinter uns. Wir wollen weiterfahren und dabei in der Zeitschiene bleiben, die wir seit Beginn dieser Tour eingeschlagen haben. LES EYZIES ist das Zentrum der Vorgeschichte im Bereich der *Dordogne*.

Wenn Sie mit uns vom Parkplatz aus in Richtung LES EYZIES weiterfahren, können Sie kurz nach dem PRÉHISTOPARC nach rechts die *Vézère* überqueren und zur SITE DE LA MADELEINE fahren. Hierbei handelt es sich wie beim ROQUE ST-CHRISTOPHE um ein Höhlendorf. Hier sind allerdings in der Regel weniger Besucher und es wird etwas mehr Wert auf die archäologische Arbeit als auf touristischen Schnickschnack gelegt. Wie penibel man hier ist, merken Sie schon am Parkplatz. Einem Schild können Sie entnehmen, dass es noch 152 Meter zum Eingang sind.

Öffnungszeiten Madeleine:
im Sommer täglich außer Dienstag

Im Vergleich zum ROQUE ST-CHRISTOPHE ist diese Ausgrabungsstätte unscheinbar. Welche Bedeutung ihr jedoch zukommt, ist allein schon daran zu erkennen, dass eine kulturgeschichtliche Epoche der Menschheit, das Magdalénien, nach ihr benannt wurde.

Schließlich kommen wir nach LES EYZIES und damit zum Ende dieses Kapitels. Einen Stellplatz und einen Campingplatz in dieser Ortschaft finden Sie auf der nächsten Seite in unserer Tour 13.

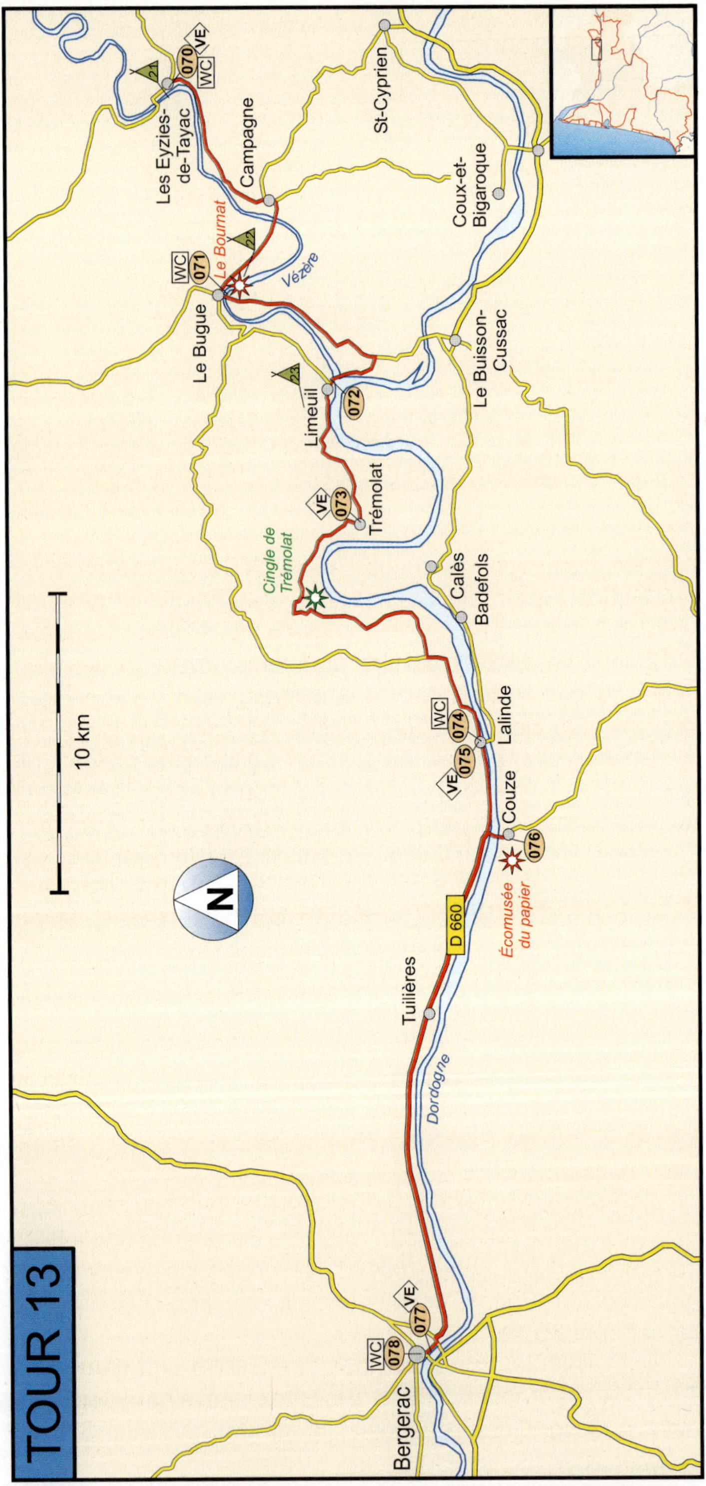
TOUR 13
Les Eyzies-de-Tayac
070
WC
VE
21
Campagne
St-Cyprien
Coux-et-Bigaroque
Le Bournat
WC
071
22
Vézère
Le Bugue
Le Buisson-Cussac
23
Limeuil
072
VE
073
Trémolat
Cingle de Trémolat
Calès
Badefols
10 km
WC
074
075
VE
Lalinde
Couze
076
N
D 660
Écomusée du papier
Tuilières
Dordogne
VE
077
WC
078
Bergerac

TOUR 13 (75 km)

Les Eyzies — Le Bugue — Trémolat — Couze — Bergerac

Übernachten:	Les Eyzies-de-Tayac, Le Bugue, Limeuil, Trémolat, Lalinde, Couze, Bergerac
Besichtigen:	Museumsdorf Le Bournat, Aquarium du Périgord Noir, Cingle de Trémolat, Écomusée du Papier
Campingplatz:	La Rivière, Les 3 Caupain, La Ferme de Poutiroux
Markt:	Les Eyzies-de-Tayac (Mo.), Le Bugue (Di. u. Sa.), Limeuil (So.), Lalinde (Do. u. Sa.), St-Capraise-de-Lalinde (So.), Bergerac (Mi. u. Sa.)

Wie versprochen, erfahren Sie zuerst einmal, wo Sie in LES EYZIES stehen können. Daran schließt sich ein Hinweis auf einen Campingplatz an, den Sie gerne aufsuchen dürfen, wenn Sie länger bleiben wollen.

(070) WOMO-Stellplatz: Les Eyzies-de-Tayac

GPS: N 44° 56.338' E 1° 00.533' — Promenade de la Vézère
max. WOMOs: > 20 — geringe Gebühr
Ausstattung / Lage: Ver- und Entsorgung, Toiletten, Mulleimer, Wertstoff-Container, Tische und Bänke / am Ortsrand
Zufahrt: Im Ort nach links zum „Parking Vézère" abbiegen. Am Fluss rechts abbiegen, unter einer Brücke durch fahren, dann nochmals rechts. Die Ver- und Entsorgungsstelle ist dann gleich auf der rechten Seite, die Stellplätze sind im hinteren Bereich des Parkplatzes.

Sonstiges: An Markttagen schwierige Zu- und Abfahrt, da Marktbuden längs der Zufahrtsstraße aufgestellt sind.

(C22) WOMO-Campingplatz-Tipp: La Rivière ***

GPS: N 44° 56.235' E 1° 00.355' — Route du Sorcier
Öffnungszeiten: Anfang April - Ende Oktober
Ausstattung / Lage: Ver- und Entsorgung, sehr schattig, Laden, Restaurant, Spielplatz, Pool / direkt am Fluss gelegen
Zufahrt: Im Ort nicht nach links zum Stellplatz abbiegen, sondern geradeaus weiterfahren. Dann eine Bahnlinie und danach die Vézère überqueren. Nach der Brücke nach links abbiegen und noch ein Stück geradeaus weiterfahren bis zum Campingplatz.
E-Mail: la-riviere@wanadoo.fr
Internet: www.lariviereleseyzies.com

Jede Menge Höhlen und archäologische Fundstätten finden Sie in Les Eyzies auf engstem Raum. Eine besondere Empfehlung möchte ich Ihnen nicht geben. Suchen Sie sich aus, was Sie interessiert. Lediglich auf das Musée National de la Préhistoire möchte ich Sie aufmerksam machen. Hier ist eine umfangreiche Sammlung von prähistorischen Funden zu bestaunen. Das Museum ist in der Nähe des riesigen Cro-Magnons, der über die Stadt wacht, zu finden.

Als nächstes richten wir uns nach den Schildern in Richtung Le Bugue. Lange bevor wir den Ort erreichen sehen wir die großen Hinweisschilder zum Museumsdorf „Le Bournat" und zum „Aquarium du Périgord Noir". Die Abzweigung in Le Bugue nach links ist kaum zu übersehen. Beide Sehenswürdigkeiten sind nur einen Steinwurf voneinander entfernt und so teilen sie sich den selben Parkplatz. Zuvor können Sie jedoch noch zu einem Campingplatz nach links abbiegen.

(C22) WOMO-Campingplatz-Tipp: Les 3 Caupain ***

GPS: N 44° 54.554' E 0° 55.893' Le Port
Öffnungszeiten: Anfang April - Ende Oktober
Ausstattung / Lage: Ver- und Entsorgung, schattig, Laden, Restaurant, Spielplatz, Pool / direkt am Fluss
Zufahrt: Von der Straße Les Eyzies - Le Bugue noch vor Le Bugue, der Beschilderung zum Campingplatz folgend, links abbiegen. Dann in einem Zickzack-Kurs weiter bis zum Platz. Immer gut ausgeschildert.
E-Mail: info@camping-bugue.com
Internet: www.camping-des-trois-caupain.com (deutsche Textversion)

Ins Museum oder Aquarium gehen wir normalerweise, wenn das Wetter schlecht ist. In diesem Fall war das jedoch ein Fehler, den wir bei unserem zweiten Besuch im Sommer 2004 gemacht haben. Aus unerfindlichen Gründen hatten andere Menschen die gleiche Idee. Der Parkplatz, obwohl sehr groß, war hoffnungslos zugeparkt [GPS: N 44° 54.817' E 0° 55.850']. Es bedurfte mehrerer umständlicher Rangiermanöver um überhaupt irgendwo stehen zu können. Verhalten Sie sich also antizyklisch. Bei schönem Wetter können Sie besonders im Museumsdorf sehr schöne Stunden verbringen. Ich möchte Ihnen jedoch beide Einrichtungen ans Herz legen.

Das größte private Aquarium Frankreichs ist auf jeden Fall einen Besuch wert. In den riesigen Becken tummeln sich die Fische unter freiem Himmel. Die Besucher sind es, die in einer Art künstlichem Tunnel in die Unterwasserwelt eintauchen. Der Eintrittspreis von 8,90 € (Kinder 6,20 €) lohnt sich auf jeden Fall.

Öffnungszeiten Aquarium:
Feb., März 13 - 17 Uhr, So. 10 - 18 Uhr
April, Mai 10 - 18 Uhr
Juni 10 - 19 Uhr
Juli, August 9 - 19 Uhr
September 10 - 18 Uhr
Okt., Nov. 13 - 17 Uhr, So. 10 - 18 Uhr

Öffnungszeiten Museumsdorf:
Mitte Februar - April 10 - 17 Uhr
Mai - September 10 - 19 Uhr
Oktober - Mitte November 10 - 17 Uhr

Mir persönlich gefällt allerdings das Museumsdorf besser. Deshalb werden Sie viel mehr darüber lesen. Besonders unsere Kinder haben hier ihre Freude. Die Bewohner sind nämlich nicht alle so statisch wie hier auf den Bildern. Es gibt auch Menschen aus Fleisch und Blut, die alte Handwerkskunst ausüben. Ein alter Franzose ist damit beschäftigt, an 2 Meter langen Drähten auf beiden Seiten eine Öse zu drehen. Da mir der Sinn dieser Arbeit nicht einleuchtet, beginnt er zu erklären.

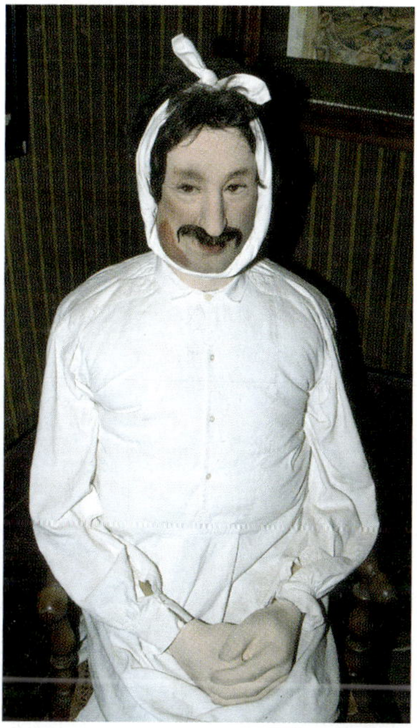

Beim Zahnbrecher

Klassenzimmer um 1900

Wäscherin in Le Bournat

Mein Französischlehrer hätte seine Aussprache höchstens mit mangelhaft bewertet. Auch von seinem Wortschatz sind mir nur wenige Begriffe geläufig. Erst als er nach einigen Sätzen in mein verständnisloses Gesicht blickt und ich ihm überdies sage, dass ich Deutscher bin, gibt er sich Mühe. Als ich jedoch immer noch bei vielen Wörtern um eine Erklärung bitte, legt er das Werkzeug zur Seite und wir gehen gemeinsam zur Scheune. Hier zeigt er mir, dass er die Drähte fertigt, mit denen die Strohballen zusammengebunden sind. Und weil ihm das Erzählen weit mehr Spaß macht als das Ösenbiegen gehen wir gleich weiter zur dampfmaschinengetriebenen Dreschmaschine, die er mir in allen Einzelheiten erklärt. Anschließend übergibt er uns in die Obhut des Hufschmieds mit der Bitte uns Deutschen doch zu erklären, wie früher die Kühe beschlagen wurden. Er war aber so nett, dass ich ihm diese Spitze nicht übel genommen habe.

Wir verbringen hier einen ganzen Nachmittag. So viel gibt es zu sehen. Als Belohnung für unsere Kinder gibt es im zweiten Teil des Dorfes noch einen kleinen Vergnügungspark mit alten Jahrmarktsattraktionen. Deren Benutzung ist kostenlos. Auf jeden Fall haben wir die 8,90 € (Juli, August 12,90 €) Eintritt nicht bereut.

Wenn Sie wollen, können Sie sich einer Führung in deutscher Sprache anvertrauen. Dabei werden Sie allerdings in etwas mehr als einer Stunde durch das Dorf durchgeschleust, was sehr schade ist. Wenn Sie auf eigene Faust besichtigen wollen erhalten Sie an der Kasse leihweise mehrere DIN A 4 Blätter mit deutschen Erläuterungen.

Wir verlassen den Parkplatz und biegen dann nach links ab, damit wir ins Zentrum von LE BUGUE kommen. In dem Ort habe ich nämlich einen Stellplatz für Sie.

(071) WOMO-Stellplatz: Le Bugue

GPS: N 44° 54.983' E 0° 55.630' (kein Straßenname)
max. WOMOs: > 5 gebührenfrei

Ausstattung / Lage: Toiletten, Mülleimer, Wertstoff-Container, Telefonzelle in der Nähe, Stadtplan in der Nähe / am Ortsrand
Zufahrt: Im Zentrum von Le Bugue biegen Sie nach links ab und fahren über die Brücke. Anschließend folgen Sie dem **zweiten** Parkplatz-Schild nach links. Nicht ganz einfach zu sehen. Von der Brücke aus sind das höchstens 100 Meter.

Von LE BUGUE aus haben Sie jetzt mehrere Möglichkeiten. Sie können der Grotte de Bara-Bahau oder dem Gouffre de Proumeyssac einen Besuch abstatten. Beide Höhlen sind durchaus sehenswert. Ich möchte jedoch hier keinen Höhlenführer schreiben und Sie wissen selbst ob Sie die beiden Grotten noch in Ihr Reiseprogramm aufnehmen wollen oder nicht. Sie können aber auch gleich mit uns weiterfahren.

Wir folgen der Beschilderung nach LIMEUIL und TRÉMOLAT. Vom Stellplatz her kommend, fahren Sie nach links, wenn Sie von der kleinen Straße aus die Hauptstraße erreichen. In LIMEUIL fließen die *Vézère* und die *Dordogne* zusammen. In den Ort können Sie nicht hineinfahren. Lediglich im oberen Bereich sind einige Straßen für den Verkehr freigegeben. Ich möchte Ihnen allerdings nicht raten mit dem Womo dort hin zu fahren. Es ist alles etwas eng geraten und es macht keine Freude dort zu rangieren. Lassen Sie uns das mittelalterliche Städtchen also zu Fuß erkunden. Ein Stellplatz liegt außerhalb des Ortes, ein Campingplatz noch weiter außerhalb.

(072) WOMO-Stellplatz: Limeuil

GPS: N 44° 53.041' E 0° 53.455' (kein Straßenname)
max. WOMOs: 5
gebührenfrei
Ausstattung / Lage: Mülleimer / am Ortsrand
Zufahrt: Der Platz ist noch vor dem Ort gelegen. Wenn Sie die Brücke über Dordogne und Vézère überquert haben, fahren Sie an der nächsten Einmündung nach rechts und dann gleich wieder rechts auf den Parkplatz.

(C23) WOMO-Campingplatz-Tipp: Ferme de Poutiroux **

GPS: N 44° 53.583' E 0° 52.767' (kein Straßenname)
Öffnungszeiten: Anfang April - Anfang Dezember
Ausstattung / Lage: Ver- und Entsorgung, sehr schattig, Laden, Spielplatz, Pool / ganz weit außerhalb
Zufahrt: Von Limeuil aus der Richtung nach Trémolat folgen. Die Straße macht hinter Limeuil eine scharfe Linkskurve. Kurz danach rechts in eine schmale Straße einbiegen. Ab hier dann immer dem Hinweisschild zum Campingplatz folgen. Es geht noch um viele Ecken.
E-Mail: infos@poutiroux.com
Internet: www.poutiroux.com

Zusammenfluss von Vézère und Dordogne

Eines der Stadttore von Limeuil

Es ist sehr steil hier, aber der Aufstieg lohnt sich. Viel Kunstgewerbe gibt es hier zu besichtigen, teilweise sind die Ateliers zugänglich. Glasbläser, Töpfer, Goldschmiede, die übliche Palette wird hier aufgeboten. Besonders hat uns jedoch ein Kunstschmied beeindruckt, dem wir über die breite Schulter schauen durften.

Es macht auch viel Spaß, unten am Zusammenfluss von *Dordogne* und *Vézère* spazieren zu gehen oder den Kanufahrern zuzusehen, die Ihre Boote hier zu Wasser lassen.

Ab jetzt richten wir uns nach den Schildern zum „Cingle de Trémolat“. Das Wort Cingle kennen Sie ja bereits vom „Cingle de Montfort“. Es handelt sich also wieder um eine Schleife im Lauf der *Dordogne*. Wir kommen als nächstes in den Ort Trémolat. Natürlich sollte ich erwähnen, dass Sie hier auf einem Stellplatz übernachten können.

(073) WOMO-Stellplatz: Trémolat

GPS: N 44° 52.430' E 0° 49.850'
Rue Aube de Bracquemont
max. WOMOs: 5
gebührenfrei
Ausstattung / Lage: Ver- und Entsorgung, Mülleimer, Wertstoff-Container / zentrumsnah
Zufahrt: Nach der Ortseinfahrt und nach der Tankstelle nach links auf den Parkplatz fahren.

Von hier aus behalten wir die Richtung zum Cingle de Trémolat bei. Wir verlassen den Ort nach Norden. Am höchsten Punkt der engen Straße finden wir rechts einen kleinen Parkplatz [GPS: N 44° 53.293 E 0° 48.815']. Wir überqueren die Straße und haben eine sehr schöne Aussicht auf die mittlerweile mit der *Vézère* vereinigte *Dordogne*. Bis Lalinde schlängelt sich die Straße mal mehr, mal weniger an der *Dordogne* entlang. Sie wird dabei immer breiter, immer besser. Dort können Sie zwischen zwei Stellplätzen wählen.

(074) WOMO-Stellplatz: Lalinde I

GPS: N 44° 50.245' E 0 44.358'
max. WOMOs: 2 - 3
Boulevard de Stalingrad
gebührenfrei
Ausstattung / Lage: Toiletten, Mülleimer, Telefonzelle, Bänke / zentrumsnah
Zufahrt: Bei der Einfahrt in die Stadt müssen Sie einer Ring-Einbahnstraße nach rechts folgen. Die Straße macht bald eine Biegung nach links. Wenn Sie zentrumsnah stehen wollen, können Sie sich hier einen Platz suchen.

(075) WOMO-Stellplatz: Lalinde II

GPS: N 44° 50.357' E 0 44.439'
max. WOMOs: 3 - 4
Avenue Général Leclerc
gebührenfrei
Ausstattung / Lage: Ver- und Entsorgung, Mülleimer / am Ortsrand
Zufahrt: Wer's gern etwas einsamer hat fährt noch ein paar Meter weiter und folgt dem Schild zu den Parkings. Überqueren Sie den Kanal und biegen Sie dann rechts ab, fahren Sie an der Gendarmerie vorbei, bis Sie zum Bahnhof kommen. Dort finden Sie die Ver- und Entsorgungsstation und Plätze zum Übernachten.

Auf unserem weiteren Weg nach BERGERAC kommen wir durch PORT-DE-COUZE. Wenn Sie hier nach links über die Brücke fahren, kommen Sie nach COUZE, einem Zentrum der Papierherstellung. Dort besichtigen wir eine alte Papiermühle und ein Papiermuseum. Aber zuerst sollte ich Ihnen verraten wo Sie parken und übernachten können.

(076) WOMO-Stellplatz: Couze

GPS: N 44° 49.621' E 0° 42.250'
max. WOMOs: 3 - 4
Ausstattung / Lage: Mülleimer, Wertstoff-Container, Telefonzelle / zentrumsnah
Zufahrt: Wenn Sie in den Ort hineinfahren, überqueren Sie zuerst die Dordogne. Fahren Sie dann immer in Richtung Campingplatz weiter. In der Nähe der Ortsmitte geht's rechts ab, dann gleich wieder nach links.

Allée l'Éntendoir
gebührenfrei

Von diesem Platz aus können Sie unsere beiden besuchten Sehenswürdigkeiten leicht zu Fuß erreichen. Zur Papiermühle Larroque gehen Sie wieder zurück zur Hauptstraße und dann mit uns nach rechts. Nach wenigen Metern sind Sie schon angekommen. Diese Mühle hatte ich vor vielen Jahren einmal besucht, konnte mich aber nur noch schemenhaft an die Anlagen erinnern. Also stattete ich ihr einen erneuten Besuch ab. Und ich wurde überrascht!

Eine ältere Dame und ein Kind waren im Verkaufsraum anwesend. Es seien gerade Betriebsferien, wurde mir gesagt.

Papiermühle Larroque in Couze

Nur wenige Mitarbeiter seien anwesend. Aber für einen deutschen Journalisten würde man gerne eine Führung organisieren. „Ici votre guide!" Nach diesen Worten trat selbstbewusst das etwas 8 Jahre alte Mädchen hinter dem Tresen hervor, das uns gerade als unsere Führerin vorgestellt wurde. Es war ein sehr bemerkenswerter Besuch. Nicht nur, dass das Mädchen bestens in der Papierherstellung bewandert war, sie konnte auch Zwischenfragen kompetent beantworten und genoss das Ansehen der Hand voll Arbeiter, die während der Ferien hier noch dies und jenes zu erledigen hatten.

Öffnungszeiten Papiermühle:
Montag - Freitag 9 - 12 und 14 - 17 Uhr
außer Feiertagen und Betriebsferien

Die Papiermühle arbeitet fast autark. Um Papier zu schöpfen bedarf es nicht nur eines Rohstoffes und Wasser. Nein, es müssen auch Formen gebaut werden, die schließlich das Maß der erzeugten Bogen bestimmen. In Schmuckpapieren sind manchmal Blütenteile von Pflanzen mit verarbeitet.

Deshalb hat dieser Betrieb nicht nur die für die Papierherstellung nötigen Maschinen, Tröge und Zerhacker, sondern auch noch eine eigene Schreinerei, die die Schöpfformen herstellt. Deshalb ist sogar ein eigener Garten angelegt, in dem die Pflanzen wachsen, deren Blüten zur Papierherstellung verwendet werden. Die Führung hätte ein Erwachsener nicht besser machen können. Wir waren auf jeden Fall beeindruckt.

Wenn man den Überlieferungen trauen darf, wird in dieser Gegend seit dem 14. Jahrhundert Papier hergestellt. Dreizehn Mühlen hatten sich nach und nach im Ort angesiedelt. Kein Wunder, dass wir hier ein Papiermuseum finden. Die *Couze* liefert ein klares Wasser, das zur Papiererzeugung unbedingt nötig ist. Was noch alles benötigt wird um ein gutes Papier herzustellen, lernen wir im „Écomusée du Papier".

Wir haben den Fehler gemacht von unserem Parkplatz aus zum Museum fahren zu wollen. Eine größere Fahrtstrecke im Rückwärtsgang ist mir noch lebhaft in Erinnerung. Tun Sie das also bitte nicht! Sie können die Hinweisschilder vom Stellplatz aus sehen. Es geht einen kleinen Hügel hinauf und dann nach rechts. Wenn Sie jetzt diesen Weg zum Museum laufen, werden Sie merken, warum Sie nicht mit dem Womo hier her fahren sollten. Es wird stellenweise sehr eng. Wenn Sie die paar hundert Meter zu Fuß scheuen, können Sie mit einem kleinen(!) Wohnmobil auf einem Parkplatz auf der Rückseite des Museums parken. Auch hier bitte nicht den beschilderten Weg nehmen, der nur für PKW geeignet ist. Fahren Sie vom Stellplatz wieder zurück zum Ortseingang von COUZE. Noch bevor Sie die Dordogne überqueren, achten Sie auf der linken

Seite auf die D 37 (Route des Varennes). Es ist nach 2 Sackgassen die 3. Straße. Hier fahren Sie auch nur ein kleines Stück hinein und parken dann noch vor der Brücke auf der linken Seite [GPS: N 44° 49.799' E 0° 42.156'].

Die Führung dauert etwa eine Stunde. Sie werden dabei mit den wichtigsten Stationen der Papierherstellung vertraut gemacht. Immer wieder werden einzelne Arbeitsschritte vorgeführt. Insgesamt haben wir den Besuch sehr genossen. Bis zum Beginn der Führung

Öffnungszeiten Museum:
Samstags und sonntags geschlossen
April - Juni: 14 - 18.30 Uhr
Juli, August: 10 - 19 Uhr
September: 14 - 18.30 Uhr

Schöpfungsakt

können Sie sich im Empfangsraum die verschiedenen Papiere, die hier hergestellt wurden anschauen. Besonders interessant sind die unterschiedlichen Wasserzeichen. Wie die ins Papier kommen, wird Ihnen während des Rundgangs noch erklärt. Da zu Beginn der Papierproduktion Holland ein wichtiger Handelspartner war, finden sich hier die Wappen von Amsterdam in den ausgestellten Stücken. Auch die französische Regierung war ein großer Auftraggeber. Die Fabrik besitzt daher sogar die Rechte um Hoheitszeichen der Republik unter Ludwig XIV. als Wasserzeichen (frz. „filigrane") zu verwenden.

Der Rundgang beginnt im Garten, der wohl zwingend zur Papierfabrikation dazugehört. Zellulosefasern sind ein Grundbestandteil des Papiers. Man erhält sie, indem alte Stofffetzen zerkleinert und mit Wasser versetzt werden. Jetzt setzt die Funktion der Mühle ein: In mehreren Stampftrögen wird die Brühe mit dem Gewebe mithilfe eines Hammerwerks zermanscht. Die unangenehm riechende Flüssigkeit muss gären, damit von den Stoffresten nichts mehr übrig bleibt. Mittlerweile hilft die Chemie nach. Früher musste man einfach die Zeit für sich arbeiten lassen.

Aber jetzt kommt das wirklich Entscheidende. Der Matsch kommt in einen Bottich. Mit einem Sieb werden die kleinen Partikel aus dem Wasser geschöpft. Dieses Sieb ist für das Wasserzeichen verantwortlich. In das Geflecht aus Messingdrähten wird mit Fäden aus Silberdraht ein Muster, ein Wappen oder die Signatur der Fabrik eingewebt, die sich später dann auf dem fertigen Papierbogen wiederfindet.

Nach dem Abtropfen kommt das jetzt fast fertige Papier auf eine Filzunterlage. Darauf wird nochmals Filz gelegt und

Im Papiermuseum von Couze

das nächste Stück Papier darüber gelegt. Der Vorgang wiederholt sich mehrmals bis ein Stapel von einem halben Meter Höhe entsteht. Dieser Stapel kommt unter eine Presse wobei etwa die Hälfte des Wassers herausgedrückt wird. Beim letzten Schritt wird das Papier auf Trockenböden aufgehängt. Je nach Wetter und Luftfeuchtigkeit werden die senkrechten Klappläden vor den Fenstern der Mühle mehr oder weniger geöffnet. An diesen Läden sind die Papiermühlen auch von außen leicht zu erkennen.

Unsere Führung endet dort, wo sie begonnen hat, und wir können die Exponate jetzt mit weitaus mehr Sachverstand als zu Beginn unseres Besuches beurteilen. Scheuen Sie sich nicht, sich an der Kasse vor der Führung als Deutscher zu outen. Es gibt für Sie dann ein recht informatives Papier (was sonst!) in dem die Führung in deutscher Sprache zusammengefasst ist.

Um unsere Tour zu vervollständigen, sollten Sie uns jetzt wieder zurück über die *Dordogne* folgen. Wir fahren danach in Richtung BERGERAC, die wir ja auch vor unserem Abstecher nach COUZE eingeschlagen hatten. Wir bleiben auf der D 660 bis wir BERGERAC erreichen. Zur Stadt erzähle ich Ihnen im nächsten Kapitel mehr. Damit Sie aber schon mal einen Stellplatz finden, kommen hier zwei Vorschläge.

(077) WOMO-Stellplatz: Bergerac I

GPS: N 44° 50.765' E 0° 29.244' Rue Albert Garrigat
max. WOMOs: > 5 gebührenfrei

Ausstattung / Lage: Ver- und Entsorgung, Mülleimer, Tische und Bänke / am Zentrumsrand
Zufahrt: Bei der Einfahrt in den Ort am 1. Kreisel in Richtung „Vieux Bergerac" abbiegen. Sie sind jetzt in der Rue Albert Garrigat. Nach etwa 50 m biegen Sie nach links auf den offiziellen Stellplatz ab.

(078) WOMO-Stellplatz: Bergerac II

GPS: N 44° 50.995' E 0° 29.242' Place du Foirail
max. WOMOs: > 5 gebührenfrei
Ausstattung / Lage: Toiletten, Mülleimer, Wertstoff-Container / zentrumsnah
Zufahrt: Fahren Sie vom ersten Stellplatz aus an der Dordogne entlang weiter. Am nächsten Kreisel (dort, wo Sie links über die Brücke fahren könnten) biegen Sie rechts ab. Danach geht's ein Stück geradeaus und an der nächstmöglichen Straße wieder nach rechts. Dann noch ein Stück geradeaus zum „Parking Foirail". Wenn die Stadt ihr Einbahnstraßensystem nicht wieder umdreht, stimmt die Beschreibung. Von hier aus sind Sie schnell in der Altstadt.
Sonstiges: Platz ist häufig für Veranstaltungen gesperrt.

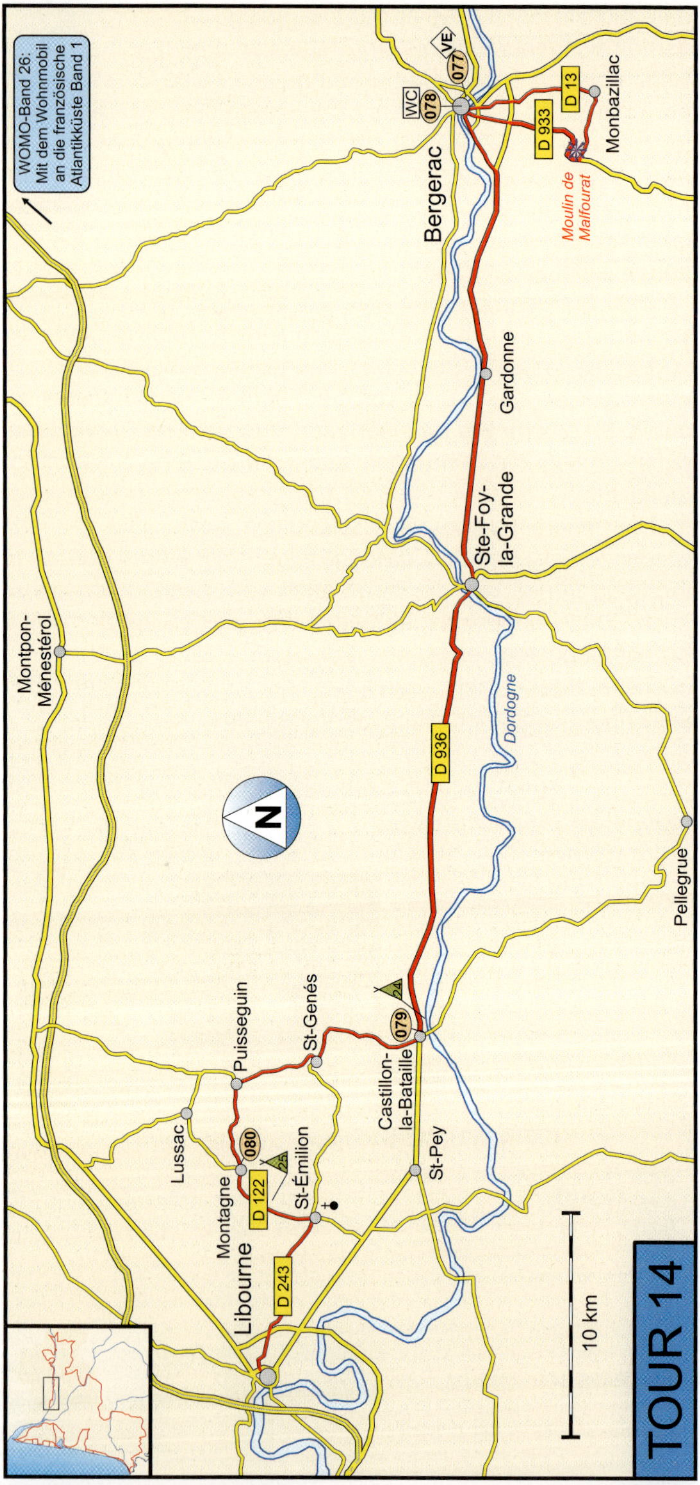
WOMO-Band 26:
Mit dem Wohnmobil
an die französische
Atlantikküste Band 1
Bergerac
WC
078
077
VE
D 933
D 13
Monbazillac
Moulin de
Malfourat
Gardonne
Ste-Foy-
la-Grande
Montpon-
Ménestérol
Dordogne
D 936
N
Pellegrue
Puisseguin
St-Genès
24
079
Castillon-
la-Bataille
Lussac
080
25
Montagne
D 122
St-Émilion
St-Pey
Libourne
D 243
10 km
TOUR 14

TOUR 14 (72 km)

Bergerac — St-Émilion — Libourne

Übernachten:	Bergerac, Castillon-la-Bataille, Montagne
Besichtigen:	Bergerac, Moulin de Malfourat, St-Émilion
Campingplatz:	La Bataille, Domaine de la Barbanne
Markt:	Bergerac (Mi. u. Sa., Flohmarkt am 1. So. im Monat in den Sommermonaten), Gardonne (So. u. Mi.), Ste-Foy-la-Grande (Sa.), St-Émilion (So.)

Fällt Ihnen, wenn Sie BERGERAC hören, auch als erstes die große Nase von Gérard Depardieu ein? Der von ihm in dem gleichnamigen Film verkörperte Cyrano de Bergerac hat allerdings überhaupt nichts mit der Stadt zu tun. Trotzdem hat man ihm (Cyrano, nicht Depardieu) hier ein Denkmal gesetzt. Unlogisch? Auf den zweiten Blick gar nicht, schließlich geht es noch mehr Menschen so wie Ihnen und mir. Auf diese Weise kommt die Stadt zu Publicity und dafür revanchiert sie sich mit einer Statue.

Blick auf die Dordogne

Cyrano in Bergerac

Wir kommen über die D 660 in die Stadt und haben jetzt zwei Möglichkeiten zu parken oder zu übernachten. Beide Plätze stehen am Ende der letzten Tour. Der offizielle Stellplatz Bergeracs liegt etwas ungünstig und ist auch wenig attraktiv. An Schönheit kann ihn mein zweiter Vorschlag auch nicht übertreffen, er liegt allerdings näher an der Altstadt. Er ist nicht mehr als ein großer Parkplatz. Eine freundliche Stadtverwaltung hat Schilder aufgestellt wonach Kühlgut-Transporter ihre Aggregate nachts nicht laufen lassen dürfen. Der Platz ist eben und nachts herrscht wenig Verkehr auf den angrenzenden Straßen. Für einen Stellplatz mitten in der Stadt ist er recht passabel. Die Beschreibung des Weges zur Altstadt erfolgt von „Bergerac II“. Vom ersten Stellplatz aus müssen Sie dem

Lauf der *Dordogne* bis zum bereits erwähnten Kreisel zu Fuß folgen. Dort noch ein Stück geradeaus weiter gehen und danach rechts in die Gassen der Altstadt eintauchen.

Von Platz II aus kommen wir in 10 Minuten in die Altstadt. An einer Seite tangiert die Rue Junien Rabier den Parking Foirail. Die gehen wir nach links bis wir eine breitere Straße erreichen, die Rue Neuve d'Argenson. Nach deren Überquerung biegen wir schräg links gegenüber in eine der kleinen Sträßchen zur Altstadt ein. Wie ich es bei vielen anderen Städten schon empfohlen habe, möchte ich Ihnen auch hier raten zuerst einmal ohne Ziel durch die Gassen zu schlen-

Durchblick auf die Markthalle von Bergerac

Bergerac - Brücke über die Dordogne

dern. Sie brauchen dann nicht ständig einen Reiseführer mit sich herumzuschleppen und ich kann mir eine unendliche Folge von Links-Rechts-Anweisungen sparen.

Das Zentrum liegt zwischen der *Dordogne*, der gerade überquerten Rue Neuve d'Argenson und der Kirche St-Jacques. Die Umgebung dieser Kirche hat uns gut gefallen, ebenso die Gegend um die Markthalle. Beide Gebäude werden Sie finden, die Altstadt ist übersichtlich. Den Cyrano finden Sie allerdings nicht in der Rue Cyrano, sondern am Place de la Mirpe. Eher in Richtung Dordogne gelegen. Das wichtigste sehenswerte Gebäude ist das „Musée du Tabac“, das auch in diesem Viertel liegt. Für Raucher ein „Muss“. Im Inneren dürfen Sie diesem Laster allerdings nicht frönen. Dafür sehen Sie jede Menge Raucherutensilien und lernen dazu noch etwas über die Geschichte des Tabaks, beziehungsweise des Tabakanbaus.

Da wir gerade bei den Lastern sind: Sind Sie Weintrinker? Dann kennen Sie sicher MONBAZILLAC. Der kleine Ort liegt wenige Kilometer südlich von BERGERAC. Es gibt eine Anekdote, wonach im Mittelalter Pilger aus BERGERAC in ROM beim Papst vorstellig wurden. Seiner Heiligkeit sagte der Ortsnamen anfangs nichts und er konnte ihn geografisch erst einordnen, als man ihm erklärte, dass BERGERAC in der Nähe von MONBAZILLAC läge. Tja, mit dem Wein war der Klerus schon immer in enger Freundschaft verbunden. Wenn Sie wollen können Sie noch einen kleinen Abstecher mit mir dorthin machen. Es ist eine recht schöne Strecke durch die Weinberge, die mir allerdings für sehr große Womos nicht geeignet erscheint. Wir kommen dabei auch noch an der Moulin de

Moulin de Malfourat

Malfourat vorbei. Es fehlen ihr zwar die Flügel, aber das macht nichts, denn von der Terrasse des Restaurants aus hat man einen herrlichen Blick auf BERGERAC und die Weinberge von MONBAZILLAC.

Wir verlassen BERGERAC für diesen Abstecher über die mittlerweile ja schon bekannte Brücke über die *Dordogne* und fahren mehr oder weniger geradeaus in Richtung MARMANDE. Wenn Sie auf der D 933 sind, haben Sie den richtigen Weg gefunden. Die Moulin de Malfourat ist gut beschildert. Von der Mühle ist kaum noch etwas zu sehen. Die Aussicht ist jedoch, wie bereits erwähnt, bemerkenswert.

Direkt an der Mühle geht die Straße nach MONBAZILLAC ab. Dort können Sie die berühmten Tropfen vor Ort probieren — und natürlich auch kaufen. Über die D 13 kommen wir wieder auf direktem Weg zurück nach BERGERAC.

Gleich ob Sie dem kurzen Abstecher gefolgt sind oder nicht, unsere weitere Richtung ist jetzt BORDEAUX. Auf fast schnurgerader Straße kommen wir nach CASTILLON-LA-BATAILLE. Abgesehen davon, dass Sie hier übernachten können,

(079) WOMO-Stellplatz: Castillon-la-Bataille

GPS: N 44° 51.122' W 0° 02.515' — Quai Camille Pelletan
max. WOMOs: 3 - 4 — gebührenfrei
Ausstattung / Lage: Mülleimer / zentrumsnah
Zufahrt: Im Ort biegen wir nach links von der D 936 ab in Richtung „Centre Ville". Wir umfahren anschließend einen Parkplatz und biegen vor einer Brücke über die Dordogne nach links ab. Auf der Uferstraße, die Sie anschließend erreichen können Sie längs des Flusses übernachten.

(C24) WOMO-Campingplatz-Tipp: La Pelouse **

GPS: N 44° 51.187' W 0° 02.144' Chemin de Halage
Öffnungszeiten: 1.5. - 15.10.
Ausstattung / Lage: Ver- und Entsorgung, sehr schattig, Laden, Restaurant, Spielplatz / direkt am Fluss
Zufahrt: Vom Stellplatz aus immer der Uferstraße weiter nach Osten folgen. Der Platz liegt zwischen der Uferstraße und der Dordogne.

müssen Sie hier mit uns auch die Richtung ändern. Wir wollen nach St-Émilion. Otto PKW-Fahrer fährt geradeaus weiter, kommt von Süden in den Ort und durchquert das Städtchen, wenn die südlichen Parkplätze belegt sind. Und das sind sie fast immer! Wir Womo-Fahrer tun uns dabei zumindest schwer, für einige Mobile ist eine Ortsdurchfahrt ganz unmöglich. Ich möchte Sie deshalb von Norden an den Ort heranführen.

Orientieren Sie sich daher in Castillon nach rechts und folgen Sie den Wegweisern nach Montagne oder St-Genès-de-Castillon. Wenn Sie vom Stellplatz kommen, überqueren Sie einfach die D 936 und fahren geradeaus weiter. Direkt vor St-Genès richten wir uns weiterhin nach den Schildern nach Montagne. In dem kleinen Weiler Puisseguin biegen wir links ab. Kurz vor Montagne finden Sie den letzten Übernachtungsplatz für diese Reise.

(080) WOMO-Stellplatz: Montagne

GPS: N 44° 55.783' W 0° 07.651' (kein Straßenname)
max. WOMOs: 3 - 4 gebührenfrei
Ausstattung / Lage: Mülleimer, Wertstoff-Container, Telefonzelle / am Ortsrand
Zufahrt: Am Ortseingang von Montagne dem Parkplatz-Schild folgen.

Im Ort biegen Sie links ab nach St-Émilion. Die Straßenführung ist etwas verwirrend, aber wenn Sie langsam fahren bleiben Ihnen die Schilder nicht verborgen. Die Straße schlängelt sich durch die Weinberge. Noch bevor Sie St-Émilion erreichen, können Sie, wenn Sie längere Zeit hier verweilen wollen, auf einen Campingplatz fahren.

(C25) WOMO-Campingplatz-Tipp: Domaine de la Barbanne ***

GPS: N 44° 54.943' W 0° 08.545' Route de Montagne
Öffnungszeiten: Anfang April - Ende September
Ausstattung / Lage: Ver- und Entsorgung, sehr schattig, Laden, Restaurant, Spielplatz, beheizter Pool, kostenloser Shuttle-Bus nach St-Émilion, Internet-Zugang / abseits gelegen, ca. 3 km bis St-Émilion
Zufahrt: Achten Sie auf der Straße zwischen Montagne und St-Émilion auf Parkplätze links der Straße, die mit 2-m-Stangen abgesperrt sind. Bald danach geht die Straße zum Campingplatz links ab.
E-Mail: barbanne@wanadoo.fr
Internet: www.camping-saint-emilion.com (deutsche Textversion)

St-Émilion empfängt uns außerhalb der Mauern mit einem Kreisel. Kurz vorher, der Kreisel ist schon in Sicht, weist uns rechts ein Schild zum „Parking Salle polyvalent“ [GPS: N 44° 53.857’ W 0° 09.415’]. Er besteht aus vier Bereichen: An einer Längsseite sind Parkplätze für Reisebusse, deutlich beschriftet. Obwohl Sie dort gut parken könnten, lassen Sie bitte den Busfahrern ihren Platz. Die sind noch gestresster von den beengten Verhältnissen als Sie und brauchen mit ihren Riesenfahrzeugen den Platz dringend. Außerdem können sie - mit Recht - ziemlich fies werden wenn jemand ihren Parkplatz blockiert. Ein PKW war Stoßstange an Stoßstange von zwei Bussen eingekeilt worden. Keine Chance wegzufahren! Die beiden beteiligten Busfahrer standen rauchend daneben und ließen sich von dem PKW-Fahrer beschimpfen. Er konnte erst weg, als einer der Busse seine Fahrgäste eingeladen hatte und weiterfuhr. Neben der Busspur sind PKW-Parkplätze. Auf einigen davon ist auch Platz für mittelgroße Womos. Der dritte Bereich ist über eine Rampe zu erreichen und definitiv für Wohnmobile gesperrt. Wie das aber in Frankreich üblich ist, hält sich niemand an ein Verbot, das keinen erkennbaren Sinn macht, denn dort wäre ausreichend Platz. Schließlich wurden hinter dem Salle polyvalente noch Parkbuchten eingerichtet. Dort sollten Sie mit Ihrem Womo Platz finden.

Noch brauchen Sie nicht zu verzweifeln, wenn hier alles zugeparkt ist. Fahren Sie weiter bis zum Kreisel und biegen Sie links ab. Dann kommen Sie sofort auf einen Parkplatz „longue durée“, mit einigermaßen akzeptablen Gebühren. (1 Std. 50 ct, es folgt ein Sprung auf 2 € für 2 Stunden und dann pro weiterer Stunde 50 ct). Alle anderen Parkplatzhinweise können - oder sollten - Sie getrost ignorieren. Und kommen Sie bitte nicht auf die Idee, mit dem Womo in die Stadt hinein zu fahren. Es wird nicht nur sehr, sehr eng. Die Parksituation wird keinesfalls besser.

Genug der Vorrede. Sie möchten jetzt sicherlich die Stadt kennenlernen. Die größte Sehenswürdigkeit in St-Émilion ist die Église monolithe, die größte unterirdische Felsenkirche Europas. Wegen eines Besuchs wenden Sie sich ans Office de Tourisme in der Nähe des Kirchturms. Der wiederum ist unübersehbar. Daneben ist übrigens eine Aussichtsplattform, von der aus Sie die Stadt gut überschauen können. Direkt unter Ihnen ist jetzt die Kirche. Von außen sehen Sie nur das Portal der Kirche vom Place du Marché aus. Das bleibt geschlossen, bei der Führung wird ein Seiteneingang benutzt. Die Kirche entstand, indem vom 8. bis zum 10. Jahrhundert schon bereits vorhandene Höhlen vergrößert und miteinander verbunden wurden.

Der Turm der Église Monolithe

Ein schöner Platz um eine Besichtigungspause einzulegen ist der Place du Marché direkt gegenüber der Fassade der Monolithkirche. Zufällig haben dort auch Restaurants ihre Tische und Stühle ins Freie gestellt.

St-Émilion lebt von seinem internationalen Ruf als Weinbauort. Es gibt Unmengen von Weinhandlungen. Da es überall einen guten Rebensaft zu kaufen gibt, müssen sich die Weinhändler etwas einfallen lassen, damit das Geschäft läuft. Hier ist es die Sprachenvielfalt mit der man Kunden locken

Die Felsenkirche in St-Émilion

will. „Anglish spoken“, „Mann spricht Deutch“ ist da zu lesen. Teilweise hilft man sich mit dem Anbringen der entsprechenden Nationalflaggen im Eingangsbereich. Vielleicht weil die japanischen Schriftzeichen doch nicht so geläufig sind? Teilweise werden Sie auch auf der Straße durch süße Verführungen animiert, einen Laden zu besuchen. Es handelt sich dabei um Makronen, eine weitere Spezialität des Ortes, die Ihnen hier angeboten werden.

Eine der unzähligen Weinhandlungen in St-Émilion

Wie sehr der Wein den Ort bestimmt, haben wir allerspätestens dann gemerkt als wir dem Cloître des Cordeliers einen Besuch abstatten wollten. Wir konnten durch ein Tor die Reste eines Kreuzganges erkennen der uns interessierte. Dass es sich um ein Kloster handelt, war eindeutig auf einer Tafel am Gebäude angeschrieben. Wir betraten also mit ehrfürchtigsten Minen den Komplex. Etwas irritiert waren wir, als in einem Vorraum gerade Sekt in Kartons verpackt wurde. Ein Stück des Kreuzganges ist noch erhalten, aber hinter den Säulen standen eindeutig Tische und Stühle die weit mehr dem weltli-

Kreuzgang des Cloître des Cordeliers

chen als dem geistlichen Bereich zuzuordnen waren. Sie können sich auch hier einer Führung anvertrauen, um weiter in die unterirdischen Höhlen vorzudringen. Die werden mittlerweile als Lagerstätte für Schaumweine verwendet.

Fazit: St-Émilion ist ein sehr charmanter Ort, der leider von zu vielen Touristen besucht wird. Wir gehören übrigens auch dazu. Vor 1300 Jahren war das wohl noch anders. Damals kam der bretonische Bäcker Émilion hier her, der oft sein Brot an die Armen verschenkte. So viel Wohltätigkeit war wohl seinem Herzog nicht recht und er musste fliehen. Er suchte die Einsamkeit und fand sie - Sie werden es schon erraten haben - genau an diesem Ort. Er grub sich eine Höhle und lebte fortan als Eremit. Aber es gab wohl schon zu dieser Zeit ein gut funktionierendes Informationssystem. Nach kurzer Zeit waren die Taten des Bäckers auch hier bekannt geworden. Es kamen mehr und mehr Pilger an diesen Ort und so wurde Émilion der Namensgeber des Städtchens. So erzählt es jedenfalls die Legende.

In die reale Welt zurückgekehrt, verlassen wir St-Émilion an dem schon mehrmals erwähnten Kreisel in Richtung Libourne. Wenn Sie vom „Parking salle polyvalente" kommen, ist das die erste Abzweigung nach rechts.

In Libourne endet dieses Buch. Deshalb möchte ich an dieser Stelle den Reiseteil meines Buches abschließen. Auf den folgenden Seiten erwarten Sie noch Tipps und Tricks im „Allgemeinen Teil", sowie nützliche Termine und eine ausführliche Packliste im „Service-Teil".

Weinberge in der Nähe von St-Emilion

Adressen

Eine Anschrift brauchen Sie bereits, bevor Sie Ihre Reise überhaupt angetreten haben. Vom Französischen Fremdenverkehrsamt, dem „Maison de la France“ erhalten Sie viel nützliches (allerdings auch unnötiges) Informationsmaterial. Sie können ja sortieren.

Französisches Verkehrsbüro
Zeppelinallee 37
60325 Frankfurt/Main
Tel. 0900 1 57 00 25
Fax: 0900 1 59 90 61
www.franceguide.com
info.de@franceguide.com

in Österreich:

Maison de la France Österreich
Lugeck 1-2 / Stg. 1 / Top 7
A-1010 Wien
Telefon : 0900 / 25 00 15
Fax : 01 / 503 28 72
www.franceguide.com
info.at@franceguide.com

und in der Schweiz:

Maison de la France Schweiz
Rennweg 42 - Postfach 3376
8021 Zürich
Telefon : 044 217 46 00
Fax : 044 217 46 17
info.ch@franceguide.com

Maison de la France Suisse
c/o SNCF-RailEurope
Rue de Lausanne 11
1201 Genève
info.ch@franceguide.com

Wenn Sie an der Atlantikküste größere Probleme haben, wie zum Beispiel einen Unfall, Diebstahl oder auch den Verlust der Dokumente, helfen Ihnen die diplomatischen Vertretungen gern und unbürokratisch weiter. Deutsche, österreichische und schweizerische Konsulate gibt es in Bordeaux.

Deutsches Generalkonsulat
377, Boulevard du Président Wilson
33200 Bordeaux-Caudéran
Tel. 05.56.17.12.22
Fax 05.56.42.32.65
info@bordeaux.diplo.de

Österreichisches Honorarkonsulat
86, Cours Balguerie-Stuttenberg
33300 Bordeaux
Tel. 05.56.00.00.70
Fax 05.57.87.60.30
consulatautriche.bordeaux@fr.oleane.com

Schweizerisches Generalkonsulat
14, Cours Xavier Arnozan
33080 Bordeaux
Tel. 05.56.52.18.65
Fax 05.56.44.08.65
bor.vertretung@eda.admin.ch

Ärztliche Hilfe

Ein Thema, an das man nicht gerne denkt. Trotzdem kann es vorkommen, dass Sie oder ein Familienmitglied im Urlaub erkranken oder ein Unfall ärztliche Hilfe erfordert.

Als Versicherter in einer gesetzlichen Krankenversicherung haben Sie Ihre Europäische Krankenversicherungskarte. Trotzdem wird Ihnen der Arzt eine Rechnung ausstellen. Außerdem füllt er noch einen Behandlungsvordruck aus (feuille de soins). Mit der bezahlten Rechnung, Ihrer Versicherungskarte und dem Vordruck gehen Sie zur zuständigen „Caisse Primaire d'Assurance Maladie - CPAM". Die Sprechstundenhilfe weiß, wo Sie die finden. Dort erhalten Sie Ihr Geld zurück. Nach französischem Recht müssen Sie einen Teil selbst bezahlen.

Als Privatversicherter erhalten Sie - ebenso wie in Deutschland - eine ausführliche Arztrechnung, die Sie bei Ihrer Versicherung einreichen.

Tipps:

» *Beim ADAC können Sie, ebenso wie bei den lokalen Fremdenverkehrsämtern (Office de Tourisme oder Syndicat d'Initiative), eine Liste deutschsprechender Ärzte in Ihrem Urlaubsgebiet anfordern. Wenn Sie der Französischen Sprache nicht mächtig sind, können Sie sich mit den Medizinern oft auch in Englisch verständigen.*

» *Den ADAC-Arzt in München erreichen Sie unter der Telefonnummer 89 22 22 22. Die Vorwahl von Frankreich aus ist 00 49.*

» *Überlegen Sie sich, ob Sie überhaupt einen Arzt brauchen. Auch die Apotheker können Ihnen in vielen Fällen weiterhelfen. Sie sprechen oft auch Englisch. Der Weg in eine „Pharmacie" ist nach einem Arztbesuch sowieso meist nötig.*

Autohilfsdienste

Ich wünsche Ihnen zwar, dass Sie sich in Ihrem Urlaub nicht über eine Panne ärgern müssen, aber passieren kann ja bekanntlich immer etwas. Sie können das Risiko mindern, wenn Sie vor Ihrer Reise das Auto noch einmal zur Inspektion in die Werkstatt fahren. Nehmen Sie bei dieser Gelegenheit auch gleich die neueste Ausgabe des internationalen Kundendienstverzeichnisses Ihrer Automarke mit.

Und wenn Sie jetzt wirklich irgendwo stehen und das Auto keinen Mucks mehr von sich gibt?

Tipps:

» *Auf den Französischen Autobahnen werden die Pannendienste ebenso gerufen wie bei uns, nämlich über die Notrufsäulen. Ansonsten können Sie sich an die „Police Secours" wenden, die Sie an jeder Telefonzelle über die Notrufnummer 17 erreichen.*

» *Holen Sie sich vor der Abreise bei Ihrem Automobilclub oder bei Ihrer Versicherung einen (Auslands-) Schutzbrief. Damit werden nicht nur die Kosten für Pannenhilfe bis zu einer gewissen Grenze übernommen, sondern er bietet auch andere Leistungen, wie zum Beispiel Krankenrücktransport, Verzollung bei Totalschaden, Ersatzteilversand und ähnliches. Vom ADAC weiß ich, dass für Fahrzeuge, die bestimmte Maße überschreiten eine kostenlose Zusatzpolice abgeschlossen werden muss. Dabei werden bestimmte Kosten, die aufgrund einer Sonderbehandlung wegen der übergroßen Maße anfallen können, begrenzt oder ausgeschlossen. Erkundigen Sie sich danach!*

Bademöglichkeiten

In dem hier beschriebenen Teil der Atlantikküste finden Sie sowohl herrliche Sandstrände als auch Felsenküste und sumpfige Gebiete vor.

Tipps:

» *Achten Sie auf jeden Fall auf die Signalflaggen der Strandaufsicht!*

Rot: Baden verboten
Gelb: Baden gefährlich
Grün: Baden erlaubt

» *Informieren Sie sich auf den Hinweistafeln über die Strömungen bei einsetzender Ebbe oder Flut. Der Atlantik hat in bestimmten Bereichen gefährliche Unterströmungen.*

Beleuchtung

Hiermit sind nicht die Scheinwerfer Ihres Fahrzeuges gemeint, obwohl die natürlich auch funktionstüchtig sein müssen, sondern alles andere, was noch mit Licht zu tun hat.

Sie haben im Wohnbereich Ihres Fahrzeuges natürlich fest installierte Leuchten, trotzdem sollten Sie zusätzlich eine Taschenlampe mitnehmen. Wenn Sie bei Dunkelheit eine Sicherung auswechseln müssen oder außen am Fahrzeug etwas nachschauen wollen, tut sie gute Dienste.

Tipps:

» *Wenn Sie 12-Volt-Birnen mit dem Sockel BA 15s (das ist dieser Bajonettsockel) in Ihrem Wohnbereich vorfinden, können Sie diese gegen Halogenbirnen austauschen. Der Vorteil liegt in einer höheren Lichtausbeute bei geringerer Stromaufnahme.*

» *Wenn Sie das „kalte“ Licht nicht stört, können Sie auch auf transistorgesteuerte Leuchtstoffröhren umrüsten. Selbst bei Verwendung der sogenannten Warmtonröhren können sie das gemütlichere Licht einer Glühbirne nicht ersetzen. Im „Arbeitsbereich“, wo es vor allem auf Helligkeit ankommt, haben sie jedoch Vorteile.*

» *Das Optimum im Vergleich des Energieverbrauchs zur Leuchtkraft sind jedoch die LED-Leuchten. Fragen Sie Ihren Zubehörhändler nach Austauchmöglichkeiten.*

Campingplätze

In fast jedem Küstenort und in vielen Orten im Landesinnern finden Sie Campingplätze in allen Kategorien. Das kann sowohl ein gemeindeeigener „Camping municipal“ als auch ein privater Platz sein. Die Adressen und Ausstattungen entnehmen Sie bitte den einschlägigen Campingführern. Ein paar Plätze, die besonders für Wohnmobile geeignet sind, sind bei den Tourenbeschreibungen angegeben.

Einreiseformalitäten

Sie benötigen einen Reisepass oder den Personalausweis, Ihren Führerschein und den Fahrzeugschein. Obwohl keine Kontrollen an der Grenze durchgeführt werden, sollten Sie diese Papiere bei sich haben.

Tipps:

» *Die Grüne Versicherungskarte ist zwar nicht vorgeschrieben, Sie sollten sie jedoch mitnehmen. Wenn Sie mit der Polizei zu tun haben, etwa nach einem Unfall, wird der Beamte erfahrungsgemäß zuerst nach der „carte d'assurance verte“ fragen.*

» *Machen Sie von den wichtigen Seiten aller Dokumente Fotokopien und bewahren Sie diese getrennt von den Originalen auf. Falls Ihnen Papiere abhandenkommen, haben Sie damit wenigstens einen Notbehelf.*

Fahrzeug

Das Auto spielt bei Ihrem Urlaub eine der Hauptrollen. Schließlich wollen Sie nicht nur, wie viele andere Touristen, damit in Ihr Urlaubsgebiet fahren, sondern auch noch darin wohnen. Deshalb ist es doppelt wichtig, dass Sie sich auf Ihr rollendes Heim verlassen können.

Tipps:

» *Bringen Sie Ihr Womo vor der Fahrt noch einmal zur Inspektion.*

» *Die Zweitbatterie fristet irgendwo in einem Stauraum ein einsames Dasein. Vergessen Sie nicht, auch dort den Füllstand zu überprüfen.*

» *Besorgen Sie sich Reservebirnen, Ersatzsicherungen, einen Keilriemen und — wenn Sie keinen Selbstzünder fahren — Zündkerzen. Natürlich können Sie das alles auch in Frankreich kaufen. Aber was machen Sie Sonntagsmorgens an einem einsamen Strand mit gerissenem Keilriemen?*

» *Denken Sie an einen Reservekanister und ein bis zwei Liter Motoröl.*

» *Ihr Auto hat nicht nur vier oder sechs Reifen, sondern fünf oder sieben. Ein Ersatzreifen ist völlig nutzlos, wenn er nicht einsatzbereit ist. Daher sollten Sie auch dort den Luftdruck kontrollieren.*

Filmen / Fotografieren

Die Eindrücke, die Sie in Ihrem Urlaub sammeln, sind zu wertvoll, um sie nach einigen Wochen wieder zu vergessen. Machen Sie deshalb so oft es geht Fotos oder Videos.

Tipps:

» *Sowohl Ihr Blitzgerät als auch Ihre Kamera benötigen Batterien. Haben Sie an eine Reserve gedacht? Wenn Sie mit der Video-Kamera unterwegs sind, sollten Sie sich ein Ladegerät zulegen, das Sie an die Autobatterie anschließen können.*

» *In Küstennähe bringt der Wind winzige Tropfen von Salzwasser mit und weht sie unverschämterweise auf Ihr Objektiv. Reinigen Sie die Linse mit einem angefeuchteten weichen Läppchen.*

» *Ein neutraler Filter (Skylight) schadet nicht, und ist gleichzeitig ein Schutz für Ihr wertvolles Objektiv.*

Freies Camping

Als Wohnmobilneuling oder -mieter werden sie von verschiedenen Veröffentlichungen in Zeitschriften oder von Tabellen der Automobilclubs mehr oder weniger verunsichert Ihre Reise antreten. In

diesem Land ist eine Übernachtung außerhalb eines Campingplatzes gestattet, in jenem Land gerade noch toleriert, dort kommt nur ein Campingplatzaufenthalt in Frage, hier muss man lediglich den Grundstückseigentümer fragen. Frankreich hat jedoch ein dichtes Netz an Stellplätzen. Gründe für die Verbannung auf Stellplätze oder Campingplätze sind vielfältiger Art:

- Die ständig wachsenden Zulassungszahlen der Womos machen die Präsenz der Fahrzeuge mittlerweile unübersehbar. Wo vor Jahren noch einsam ein Wohnmobil am Strand stand, werden mittlerweile Wagenburgen gebaut und rufen — verständlicherweise — den Unmut der Anwohner hervor. (Lesen Sie hierzu auch das Kapitel „Stellplätze")
- Es darf auch nicht verschwiegen werden, dass das Verhalten der Wohnmobilfahrer mit dazu beigetragen hat, dass Verbote erlassen wurden. Eine sich ständig vergrößernde Pfütze unter einem Fahrzeug, wird auch von einem wohlwollenden Nachbarn naserümpfend kritisiert werden. — Und das mit Recht.

In Frankreich werden eine oder mehrere Übernachtungen im Womo außerhalb von Campingplätzen — nach unserer Erfahrung — fast immer toleriert. Jedenfalls dort, wo keine Stellplätze ausgewiesen sind. Und das ist in der Regel das Hinterland. Hierbei ist jedoch etwas anzumerken: In der Hauptsaison werden Sie mit Sicherheit Schwierigkeiten heraufbeschwören, wenn Sie an einem überfüllten Strandparkplatz Ihr Vorzelt oder Sonnensegel aufbauen und tagelang, am Klapptisch sitzend, Parkplätze blockieren, während Mütter und Väter samt Kindern und mittelschwerem Gepäck mit hängender Zunge von weit her an Ihnen vorbeiziehen. Es gehört also schon etwas Fingerspitzengefühl dazu, einen Standplatz zu suchen und zu finden. Wenn Sie längere Zeit mit aufgebautem Vorzelt und mit Tisch und Stühlen im Freien an einem Ort bleiben wollen (man nennt das amtlich „campingähnliches Leben") empfiehlt sich auf jeden Fall der Campingplatz.

Fremdenverkehrsbüros

Obwohl diese Einrichtungen ein bisschen nach „Pauschalreisen" klingen, möchte ich ihnen doch ein eigenes Stichwort widmen. Bereits Monate vor Ihrer Tour können Sie sich von den Französischen Verkehrsbüros in Ihrem Heimatland Unterlagen zuschicken lassen. Neben einer Menge Werbematerial erhalten Sie auch Hinweise auf aktuelle lokale Veranstaltungen, die Ihnen kein Reiseführer liefern kann. In jedem größeren Ort finden Sie auch ein „Office de Tourisme" oder ein „Syndicat d'Initiative", wo man Sie gern über lokale Ereignisse informiert. Sie werden in diesem Büchlein und auch in Frankereich OTSI abgekürzt. Oft sind diese Behörden im Bürgermeisteramt (Mairie) untergebracht.

Für nähere Angaben über die südliche Atlantikküste steht Ihnen folgende Institution zur Verfügung:

Comité Régional de Tourisme d'Aquitaine
Cité Mondiale
33074 Bordeaux Cedex
Tel. 05.56.01.70.00

Fax 05.56.01.70.07
www.tourisme-aquitaine.fr (deutsche Textversion)
tourisme@tourisme-aquitaine.fr

Auch die einzelnen Départements haben eigene Touristenbüros: Für das Département Gironde, das am Anfang unserer Touren steht, wenden Sie sich an:

Comité Départemental de Tourisme de la Gironde
21, Cours de l'Intendance
33000 Bordeaux
Tel. 05.56.52.61.40
Fax 05.56.81.09.99
www.tourisme-gironde.fr
tourisme@gironde.com

Als nächstes kommen wir in das Département Landes. Hierzu erhalten Sie Auskunft bei:

Comité Départemental de Tourisme des Landes
4, Rue A. Briand
40012 Mont de Marsan Cédex
Tel. 05.58.06.89.89
Fax 05.58.06.90.90
www.tourismelandes.com (deutsche Textversion)
contact@cdt40.com

Südlich daran schließt sich das Département Pyrénées-Atlantiques an. Hierfür ist zuständig:

Comité Départemental du Tourisme Béarn et Pays-Basque
4, Allée des Platanes
64100 Bayonne
Tel. 05.59.46.52.52
Fax 05.59.46.52.46
www.tourisme64.com
infos@tourisme64.com

Unser Weg führt uns dann ins weiter im Landesinneren liegende Département Lot-et-Garonne. Informationen gibt's beim:

Comité Départemental de Tourisme du Lot-et-Garonne
271, Rue de Péchabout
47005 Agen Cédex
Tel. 05.53.66.14.14
Fax 05.53.66.08.01
www.lot-et-garonne.fr
cdt47@wanadoo.fr

Jetzt sind wir wieder auf dem Weg nach Norden und kommen ins Département Lot. Auskünfte erhalten Sie bei:

Comité Départemental du Tourisme du Lot
107, Quai Cavaignac

46001 Cahors Cédex 9
Tel. 05.65.35.07.09
Fax 05.65.23.92.76
www.tourisme-lot.com
info@tourisme-lot.com

Zum Schluss kommen wir noch in das Département Dordogne. Die zuständige Adresse:

Comité Départemental de Tourisme de la Dordogne
25, rue Wilson
24002 Périgueux Cédex
Tel. 05.53.35.50.24
Fax 05.53.09.51.41
www.dordogne-perigord-tourisme.fr (deutsche Textversion)
dordogne.perigord.tourisme@wanadoo.fr

Gas

Das ist die wichtigste — und zugleich preiswerteste — Energiequelle des Wohnbereichs Ihres Fahrzeuges. In den meisten Fällen werden Sie mit einer grauen 5-kg oder 11-kg-Flasche unterwegs sein. Eine weitere große Gruppe nennt einen eingebauten Gastank ihr Eigen, während die Wenigsten eine blaue „camping-gaz“-Flasche an Bord haben. Die zuletzt genannten haben keine Schwierigkeiten ihre leeren Flaschen zu tauschen. Das müssen Sie allerdings teuer bezahlen. Festinstallierte Gastanks sind in Frankreich relativ einfach — und vor allem preiswert — zu füllen. Das Netz der Gastankstellen ist wesentlich dichter als in Deutschland. Achten Sie auf die Bezeichnung „G.L.P.“ auf den Preisschildern der Tankstellen. Am schwierigsten ist es, die grauen Flaschen füllen zu lassen.

Tipps:

» *Bei Tankstellen, die Gasflaschen vertreiben, können Sie sich über deren Lieferanten erkundigen, dort wieder nach dem Vorlieferanten fragen usw. Sie landen dann schließlich bei einer Füllstation, die Ihnen gern Ihre Flasche füllt. Voraussetzung hierfür ist ein Adapter, der meist bei den Füllstationen vorratig ist. Wenn Sie ganz auf Nummer Sicher gehen wollen, können Sie den Adapter auch im Zubehörhandel erwerben.*

» *Eine andere Möglichkeit besteht darin, sich an einer Tankstelle eine französische Flasche zu leihen, die Sie später an einer anderen Tankstelle der gleichen Marke zurückgeben können. Auch hierbei brauchen Sie einen Adapter (auch im Zubehörhandel erhältlich), damit Ihr Regler auf die fremde Flasche passt.*

Geschichte

Ich will Sie hier keineswegs mit historischen Details und einer endlosen Reihe von Herrschern langweilen, aber da Sie in Ihrem Urlaub auf Schritt und Tritt mit der Geschichte konfrontiert werden, möchte ich Ihnen wenigstens die wichtigsten Fakten aufschreiben.

Die hier beschriebene Landschaft hat, außer dass sie heute zu Frankreich gehört, wenig historischen Zusammenhang. Deshalb möchte ich mit Siebenmeilenstiefeln die gemeinsame Geschichte durchwandern und zwischendurch auch noch auf lokale Themen zu sprechen kommen.

Die Steinzeit

Der Neandertaler und der Cro-Magnon besiedeln das Tal der Vézère. Unsere Vorfahren wohnen größtenteils in den sogenannten Abris, das sind Felsüberhänge, die vor Regen und Schnee schützen. Der Cro-Magnon entwickelt seine Fähigkeiten und hinterlässt in vielen Höhlen Felszeichnungen. Der Neandertaler stirbt allerdings aus.

Die Römer

Um 50 v. Chr. unternimmt Cäsar seine Gallien-Feldzüge. Die kriegerische Seite der Eroberung hat er in einem Jahrzehnt geschafft. Kaiser Augustus jedoch ist es, der auch die römische Kultur hierher bringt.

Das Christentum

Im dritten Jahrhundert kommen die ersten Christen nach Westfrankreich. Sie haben einen sehr schweren Stand und müssen unter zahlreichen Verfolgungen leiden. Erst im Jahr 313 dürfen Sie ihre Religion frei ausüben. Am Ende des vierten Jahrhunderts wird das Christentum gar zur Staatsreligion erhoben. Auf welche Weise sich die Christen untereinander das Leben schwer machen, lesen Sie weiter unten bei dem Stichwort “Religionskriege”.

Das Mittelalter

Im Jahre 732 kann Karl Martell, der Großvater Karls des Großen, durch den Sieg über die von Süden immer weiter vordringenden Mauren ein wenig Ruhe in das Durcheinander der verschiedenen Völkerscharen, die mittlerweile eingewandert sind, bringen. Karl der Große drängt schließlich die Mauren bis nach Barcelona zurück. Die Normannen bringen noch ein wenig Ungemach, bis sie sich schließlich in der heutigen Normandie niederlassen.

Eleonore von Aquitanien

Eine schillernde Persönlichkeit bestimmt ab 1137 das Schicksal Westfrankreichs. Sie heiratet, noch jung an Jahren, den späteren König Ludwig VII., wobei sie fast das ganze in diesem Buch beschriebene Gebiet mit in die Ehe bringt. Die lebenslustige Eleonore und der eher zurückhaltende Ludwig passen wohl nicht so ganz zusammen, weshalb sie sich 1152 scheiden lassen. Bei Königs geht das natürlich etwas aufwändiger über die Bühne. Es ist dazu ein Konzil, nämlich das von Beaugency, nötig.

Nur wenige Monate später verheiratet sich Eleonore erneut. Diesmal ist Heinrich Plantagenet der Glückliche. Er ist Herrscher über den nördlichen Teil Westfrankreichs. Zusammen mit Eleonores Einflussgebiet erstreckt sich so ein Reich vom Ärmelkanal bis zu den Pyrenäen. Zwei Jahre später erbt Heinrich noch das Königreich England. Dieser so entstandene gewaltige Machtkomplex ist in den folgenden Jahrhunderten immer wieder für kriegerische Auseinandersetzungen zwischen England und Frankreich gut.

Eleonore und Heinrich haben vier Kinder: Gottfried, Heinrich,

Richard Löwenherz und Johann. Bis auf den Jüngsten sterben alle vor ihr. Eleonore hat sich inzwischen auch von ihrem zweiten Mann getrennt und hält in Poitiers Hof. Sie stirbt 1204 und damit beginnt auch der Zerfall des aufgeblühten Westen Frankreichs.

Die Jakobspilger

Santiago! Unter diesem Begriff steht im Mittelalter die Pilgerreise zum Grab des Apostels Jakob. Das Ziel der Reise ist die Stadt Santiago de Compostela.

Obwohl sicher ist, dass Jakobus nie in Spanien war, ist die Kirche gar zu gern bereit, die Knochen, die ein Hirte gefunden hatte, als Gebeine Jakobs anzuerkennen. So ein Wallfahrtsort belebt schließlich den Tourismus und lenkt von weltlichen Problemen ab.

Vier große Routen gab es damals um, aus dem Norden kommend, die Pyrenäen zu überqueren. Da waren die Via Tolosana (von Toulouse), die Via Podiensis (von Le Puy), die Via Lemovicensis (von Limoges) und die Via Turonensis (von Tours). Sie sehen, der Pilgerstrom war gut organisiert und in rechte Bahnen geleitet. Das war auch nötig, denn zeitweise waren eine halbe Million Pilger pro Jahr unterwegs. In Puente la Reina führten schließlich alle vier Straßen zusammen weiter nach Galicien.

Die Pilger waren uniformiert: Breitkrempiger Hut mit Jakobsmuschel war Pflicht, allein schon um sich als Jakobspilger zu legitimieren. Die Muschel hatte zudem den Vorteil, dass sie als Trinkgefäß zu benutzen war. Dazu gehörte ein Wanderstab. Bestimmte Riten galt es auch während der beschwerlichen Wanderung einzuhalten: Waschen, rasieren und Haare schneiden war verboten. Sie können sich vorstellen, wie die Pilgerschar in SANTIAGO angekommen ist.

Der Hundertjährige Krieg

Der lange schwelende Konflikt zwischen England und Frankreich bricht aus, als sowohl der Franzose Philipp VI als auch der Engländer Eduard III Anspruch auf den französischen Thron erheben, die beide mit dem Erblasser Karl IV verwandt sind. Zu Beginn ziehen die Engländer von Sieg zu Sieg und Frankreich muss schließlich um seine Existenz bangen. England erhält die Souveränität über Südwestfrankreich.

Unter Du Guesclin können die Franzosen wieder etwas Land gut machen, nach dessen Tod sind die Engländer wieder auf dem Vormarsch. Erst als das Bauernmädchen Johanna die göttliche Mission in sich spürt, Orléans zu befreien, wächst wieder ein Widerstandswille im Volk. 1453 findet endlich die letzte Schlacht statt, die die Engländer aus Frankreich vertreibt.

Die Religionskriege

Während die Franzosen noch mit dem Wiederaufbau beschäftigt sind, reist ein gewisser Johann Calvin nach Angoulême, wo seine Lehre eine große Anhängerschaft findet. Auch im Poitou findet der Glaube viele Sympathisanten. La Rochelle wird zu einer Hochburg der Protestanten. In der Mitte des 16. Jahrhunderts brechen die Konflikte zwischen den Konfessionen offen aus. Es kommt zum Bürgerkrieg mit blutrünstigen Übergriffen auf beiden Seiten, die 1572 in der Bartholomäusnacht gipfeln, in der 15000 Hugenotten ermordet werden.

Erst das Edikt von Nantes bereitet 1598 dem Spuk ein Ende. Hierin wird den Hugenotten die freie Religionsausübung und neben der Stadt La Rochelle noch hundert weitere sichere Orte zugesichert.

Getränke

Wenn ich an französische Getränke denke, fallen mir (neben dem Wein) sofort die 1,5-Liter-Plastikflaschen mit Quell- oder Mineralwasser ein. Meist als Sechserpack mit Folie verschweißt, löschen sie nicht nur den großen Durst, sondern verursachen auch eine gehörige Portion Müll. Als umweltbewusster Mensch und Frau oder Herr über stets zu wenig Stauraum kommt das natürlich nicht Ihren Wünschen entgegen.

Tipps:

» *Wir haben in Frankreich bisher stets Wasser einwandfreier Qualität erhalten; egal, ob wir an Wasserhähnen oder Brunnen gezapft haben. Einen geschmacklichen Unterschied zum Wasser in den Plastikflaschen konnte ich nur selten feststellen.*

» *Da speziell in der Gegend um Bordeaux sehr gute Weine wachsen, können Sie Ihren Urlaub nutzen, um sich abends beim Essen durch die vielen Sorten durchzuarbeiten.*

» *Wenn Sie ein leidenschaftlicher Biertrinker sind, sollten Sie sich das französische Bière nicht antun. Es gibt jedoch auch sehr viele belgische Biere. Deutsches Bier ist zwar hier und dort zu horrenden Preisen erhältlich, aber vielleicht sollten Sie doch mal einen der unzähligen Französischen Weine probieren...*

» *Alkoholfreie Getränke sind in der Regel stärker gesüßt als die entsprechenden Marken für den deutschen Markt. Alkoholfreies Bier ist in jedem Supermarkt zu haben. Ich habe sogar schon alkoholfreie Varianten von Likören und Pastis gesehen.*

Haustiere

Waldi und Muschi dürfen natürlich auch mit nach Frankreich. Ihre Vierbeiner müssen allerdings vorher beim Tierarzt vorstellig werden. Sie brauchen für Ihren grenzüberschreitenden Liebling, einen internationalen Haustierpass, einen eingepflanzten Chip oder eine Tätowierung.

An vielen Stränden herrscht Hundeverbot, was von den Franzosen jedoch häufig ignoriert wird.

Als verantwortungsbewusster Hundehalter wissen Sie ja sowieso, wo Ihr Liebling seine Geschäfte erledigen kann ohne dass sie stören. In vielen Städten sind auch Spender mit Tüten aufgestellt, falls doch mal etwas daneben geht.

Kartenmaterial

Für die Anreise und zur Groborientierung leistet eine Übersichtskarte von Frankreich im Maßstab 1:1 Mio (z.B. Michelin Nr. 721) gute Dienste. Zur Erkundung der Atlantikküste sind jedoch die Michelin-Karten im Maßstab 1:200 000 oder 1:300 000 unentbehrlich. Die Michelin-Karte 524 deckt fast das ganze hier beschriebene Gebiet ab. Diese Karten sind beim WOMO-Verlag erhältlich. Wenn Sie häufig in Frankreich unterwegs sind, können Sie sich gleich den "Michelin Atlas Routier France" für etwa 18 € in Buchhandlungen, Zeitschriftenläden oder großen Supermärkten kaufen.

Kinder

Für Kinder ist ein Urlaub mit dem Wohnmobil ideal. Die Umgebung ist vertraut, Mama und Papa sind stets in der Nähe und es ist genügend Platz im Auto, um die Lieblingsspielsachen unterzubringen. Während der Fahrt, können die Kleinen malen, puzzeln — oder auch schlafen. Ganz wie es beliebt. Wenn die Kinder mal „müssen" (immer ganz dringend!), brauchen Mami oder Papi nicht erst lange nach einer Toilette zu suchen. Das Klo ist in den meisten Fällen an Bord und kann auch mitten in der Stadt bei einem kurzen Halt am Straßenrand benutzt werden.

Natürlich verläuft ein Urlaub mit Kindern anders als ohne. Das fängt schon bei der Anreise an: Nehmen Sie sich keine zu großen Etappen vor.

Tipps:

» *Sorgen Sie für ausreichendes Beschäftigungsmaterial für die Fahrt. Je nach Alter Ihrer Kinder sind das Schmusetiere, Malutensilien, Cassetten, Spiele, Puzzles oder Bücher.*

» *Vergessen Sie nicht die Sandspielsachen! Denn so viel Sand werden sie in nächster Zeit nicht mehr zur Verfügung haben.*

» *Denken Sie an die empfindliche Haut Ihrer Lieben. Sonnenhut und T-Shirt dürfen nicht fehlen. Wichtig ist auch, dass die Kleinen nach jedem Aufenthalt im Wasser erneut mit Sonnencreme eingerieben werden.*

» *Suchen Sie vor dem Urlaub noch einmal Ihren Kinderarzt auf und sagen Sie ihm, wo Sie wie lange hinfahren. Er stellt Ihnen dann gern eine Liste mit Medikamenten für den Notfall zusammen.*

» *Sind Ihre Lieblinge noch klein dürfen Sie auf keinen Fall eine Rückentrage oder einen Buggy vergessen.*

» *Lesen Sie unter dem Stichwort „Packliste", was Sie sonst noch brauchen.*

Kleidung

Da die hier besprochene Atlantikküste schon ein Stück weiter südlich liegt als Ihr Wohnort, dürfen Sie sich etwas leichter kleiden als zu Hause. Da der Wind jedoch wesentlich stärker blasen kann, packen Sie außerhalb der Saison noch einen oder zwei Pullover mehr ein. Ansonsten haben Sie im Sommer fast eine Sonnengarantie. Aber wir wollen ja auch ein Stück in die Pyrenäen fahren. Da kann es unter Umständen schon mal etwas ungemütlich werden und es regnet auch öfter als an der Küste.

Kühlschrank

In den meisten Womos sind Dometic/Electrolux-Absorberkühlschränke eingebaut. Da die Geräte ohne bewegliche Teile auskommen, stellt sich so gut wie kein Verschleiß ein. Die Geräte können wahlweise mit 12 Volt, 230 Volt oder Gas betrieben werden, wobei der Betrieb über die Batterie möglichst nur während der Fahrt gewählt werden sollte. In der Regel ist durch ein Trennrelais ein 12-Volt-Betrieb im Stand ausgeschlossen.

Tipps:

» *Die sogenannten lageunabhängigen Geräte vertragen eine Neigung von 15 %. Sie werden Ihr Fahrzeug jedoch sicher nicht in dieser Schräglage parken, denn dann wird's für Sie auch ungemütlich.*

» *Bei Gasbetrieb brennt ein kleines Flämmchen auf der Kühlschrankrückseite. Zur Überwachung der Flamme haben sich die Electrolux-Techniker ein kleines Fensterchen in der hintersten Kühlschrankecke einfallen lassen. Abgesehen davon, dass die Flamme nur bei Dunkelheit gut sichtbar ist, muss vorher auch noch das untere Kühlschrankfach umgeräumt werden, damit die Sicht auf das Fenster nicht durch die Butter und den Käse versperrt wird. Nachdem Sie ein paar Mal, auf dem Boden liegend, vergeblich die Flamme gesucht haben, werden Sie, wie wir, auch dazu übergehen, von außen am Kiemenblech zu horchen, ob Sie das Zischen der Flamme noch hören. Glücklicherweise haben die meisten Kühlschränke mittlerweile eine elektrische Zündung, die beim Verlöschen der Flamme sofort automatisch nachzündet. Unverständlicherweise werden von einigen Herstellern in neuen Wohnmobilen, auch bei der gehobenen Preisklasse, immer noch Kühlschränke mit Piezo-Zündung eingebaut. Diese Geräte können umgerüstet werden. Den Umbau führt zum Beispiel die Firma ALBA Reisemolbilzubehör in Weilerbach (Tel. 06374/3831) in einem halben Tag durch.*

» *Ideal sind natürlich die AES-Systeme. Hierbei wählt sich der Kühlschrank die geeignete Energievariante selbst aus. Während der Fahrt schaltet er auf 12-Volt-Betrieb. Wenn der Motor steht, zündet er automatisch die Gasflamme, die er natürlich auch überwacht. Wenn von außen 230 Volt eingespeist werden, schaltet er die Gaszufuhr wieder ab und kühlt über Netzspannung.*

» *Jetzt verrate ich Ihnen noch, was Sie machen können, um die bestmögliche Kühlleistung zu erreichen.*
Ganz wichtig ist eine gute Belüftung des Aggregates. Haben Sie <u>zwei</u> ausreichend große Kiemenlüfter (für Zu- und Abluft) in der Außenwand montiert? Ideal ist das Dometic/Electrolux Be- und Entlüftungssystem. Auch wenn's Werbung ist: Die Größe

ist optimal und Servicearbeiten lassen sich wesentlich leichter erledigen. Hilfreich ist auch immer ein Ventilator hinten am Gerät, der über einen Thermostaten gesteuert wird. Er bläst die heiße Luft durch das obere Gitter nach außen, so dass das Aggregat seine Wärme besser abgeben kann.

Auch der beste Kühlschrank kann nicht gut kühlen, wenn er gleichzeitig der direkten Sonneneinstrahlung ausgesetzt ist. Stellen Sie sich möglichst so, dass die „Kühlschrankseite" Ihres Womos nach Norden zeigt.

Lebensmittel

Drei Tage sind wir in der Regel unterwegs, bis wir in BORDEAUX ankommen und ich muss gestehen, dass wir auch zu denen gehören, die am Wochenende losfahren. Wir müssen also von zu Hause soviel Verpflegung mitnehmen, dass wir bis Montag nicht verhungern. Natürlich ist das übertrieben, denn es gibt ja noch die Restaurants. Aber das ist ein anderes Kapitel (→ Restaurants).

Tipps:

» *Kommen Sie ja nicht auf die Idee, etwas das mit Fisch zu tun hat, mit nach FRANKREICH zu nehmen! Die Auslagen in den französischen Fischgeschäften (sogar die Fischtheken in Supermärkten) sind ein Augenschmaus und strotzen vor Frische.*

» *Das Angebot an Fleisch ist in etwa mit unserem zu vergleichen. Lamm- und Hammelfleisch wird allerdings wesentlich häufiger angeboten, als in Deutschland.*

» *Mit den französischen Würsten konnte ich mich bisher nicht anfreunden und unterlasse daher jede Stellungnahme. Lassen Sie sich überraschen!*

» *Beim Käse ist es genau umgekehrt: Ich habe noch keinen gefunden, der mir nicht schmeckt. Schwelgen Sie in der riesigen Auswahl und probieren Sie sich langsam durch. Am Ende Ihres Urlaubs haben Sie bestimmt einige Lieblingssorten. Merken Sie sich die Namen für den nächsten Urlaub. Sie kommen doch wieder!?*

» *Baguettes gehören mittlerweile zum Standard in deutschen Bäckereien. Daraus dürfen Sie jedoch nicht den Umkehrschluss herleiten, in FRANKREICH könnten Sie in jeder Bäckerei dunkles Brot erhalten.*

Literatur

Ein Buch, das Sie bei Ihrem Womo-Urlaub an der Atlantikküste brauchen, haben Sie bereits vor sich liegen. Natürlich kann ich nicht auf alle Interessengebiete eingehen und möchte Ihnen im Folgenden noch zu einigen Büchern raten, die wir auf unseren Reisen immer wieder gern mitnehmen.

Ein „Muss" für alle Kunstfreunde, die sich näher mit den Kirchen, den Museen und sonstigen kulturhistorischen Sehenswürdigkeiten auseinandersetzen wollen:

Thorsten Droste — Périgord und Atlantikküste, DuMont Kunstreiseführer, DuMont Buchverlag, Köln

Kurz und übersichtlich, aber mit einer großen Informationsfülle kommt folgendes Büchlein daher:

Ralph Braun und Thorsten Droste — Bordeaux, Atlantikküste, Périgord, dtv, München

Die grünen Michelin-Reiseführer sind in FRANKREICH sehr beliebt, und wenn Sie einmal in einem geblättert haben, wissen Sie auch warum. Für mich waren Sie bei der Zusammenstellung dieses Reiseführers eine unersetzliche Hilfe. Folgende Titel, die unsere Touren abdecken, sind in deutscher Sprache erhältlich. Sie sind auch direkt über den Womo-Verlag zu beziehen.

Michelin — Atlantikküste, Michelin Reifenwerke, Karlsruhe

Michelin — Auvergne - Périgord, Michelin Reifenwerke, Karlsruhe

Ein sehr informatives Buch, das auf meiner persönlichen Bestenliste im oberen Bereich steht:

Marcus X. Schmid — Südwestfrankreich, Michael Müller Verlag, Erlangen

Ein wunderbares Buch:

Karlhans Frank / Dieter Kreutzkamp — Straßen in die Einsamkeit, Südwest-Frankreich, Frederking & Thaler, München

Die folgenden Bücher zeichnen sich hauptsächlich durch schöne Bilder aus. Sie sind in FRANKREICH in vielen Buchhandlungen und Souvenirläden erhältlich:

Jean-Jacques Fénié — Das Kennenlernen der Landes, Éditions Sud-Ouest, Bordeaux

Antoine Lebègue — Bekanntschaft mit den Pyrenäen, Éditions Sud-Ouest, Bordeaux

Georges Pialloux — Bekanntschaft mit dem Baskenland, Éditions Sud-Ouest, Bordeaux

Damit Sie auch alles verstehen:

Langenscheidts Universal-Sprachführer Französisch, Langenscheidt, Berlin und München

Medikamente

Arzneimittel, die Sie regelmäßig einnehmen müssen, brauchen Sie natürlich auch im Urlaub. Lassen Sie sich von Ihrem Arzt die nötige Menge verschreiben. Die folgenden Tipps verstehen Sie bitte nur als Anregung, Sie sollen schließlich keine komplette Apotheke mit sich führen.

Tipps:

» *Ihr „Arztkoffer“, den sie sowieso an Bord haben, ist der Erste-Hilfe-Koffer. Gehen Sie damit zu einer Apotheke und lassen Sie den Inhalt überprüfen. Verschiedene Teile sind nur begrenzt haltbar. Nebenbei wird eventuell verbrauchtes Material wieder aufgefüllt.*

» *Am häufigsten reagieren die Verdauungsorgane auf die geänderten Ess- und Lebensgewohnheiten im Urlaub. Gegen Durchfall helfen, ganz unproblematisch, Kohletabletten. Was Sie bei Verstopfung brauchen, kann Ihnen Ihr Apotheker sagen, wenn Sie sowieso schon mal dort sind.*

» *Wenn Sie mit Kindern unterwegs sind lesen Sie im Kapitel*

„Kinder“ nach, was Sie brauchen.

» *Denken Sie auch daran, dass jemand reisekrank werden könnte. Nicht jedem PKW-Mitfahrer bekommt das Fahrgefühl im Wohnmobil.*

» *Zum Schluss noch 3 Mittel, die Sie immer dabeihaben sollten:*
1. Zedan oder ein ähnliches Mittel auf Zedernöl-Basis gegen Mückenstiche
2. Einen Insektenstift „zur Beseitigung des Juckreizes nach Insektenstichen“, wenn 1. versagt hat.
3. Sonnenöl

Navigation mit GPS

Das GPS (Globales Information-System) ist ein vom US-Verteidigungsministerium entwickeltes Satellitensystem zur weltweiten Standortbestimmung. Bereits ab 100 € bekommt man ein handykleines Gerät mit dem man auch bei Nacht und Nebel jederzeit feststellen kann, wo man sich befindet - und wie man zu einem Platz findet, von dem man die Koordinaten hat.

Da GPS ein militärisch genutztes System ist und nicht nur von uns harmlosen Touristen genutzt wird, sondern auch von der Achse des Bösen, werden hin und wieder auch die Koordinaten verfälscht, wenn die Amis mal wieder auf dem Kriegspfad sind. Die Militärs wissen das und korrigieren entsprechend. Tour- und Terroristen (bzw. die Raketen, die wir auf Schritt und Tritt dabei haben) werden dann halt in die Irre geführt. In Europa meldet sich jetzt GALILEO zu Wort, ein verbessertes und rein ziviles Navigation-System. Bis 2011 soll's in Betrieb gehen - wenn Galileo nicht widerruft.

In diesem Reiseführer sind für alle Übernachtungsplätze und ausgewählten Campingplätze, sowie Stellplätze für die Anreise die Koordinaten angegeben (nach „WSG 84 Data“. Warum das englische Wort „data“ mit „Datum“ übersetzt wurde, bleibt Geheimnis des Übersetzers. „Kartendatum WSG 84“ meint dasselbe. In Frankreich heißt's „Format“). Besitzer von GPS-Geräten geben sinnvollerweise die Koordinaten vor dem Urlaub in das Gerät ein. Wer es noch bequemer haben möchte, erwirbt beim WOMO-Verlag die „GPS-CD zum Buch“ - und die GPS-Daten werden automatisch vom Computer auf das GPS-Gerät überspielt.

Bei manchen Navigationsgeräten kann man keine Koordinaten eingeben! Deshalb habe ich, wo möglich, auch Straßennamen angegeben. Sie dürfen sich diesbezüglich gern vor dem Kauf vom Verlag beraten lassen.

Packliste

Eine Kopiervorlage der Packliste zum Abhaken finden Sie auf Seite 232.

Radfahren

Die französische Atlantikküste ist ausgesprochen radfahrerfreundlich. Sowohl nördlich als auch südlich des Beckens von Arcachon gibt es ein gut ausgebautes Radwegenetz. Etwas schwieriger

ist die Situation weiter im Landesinnern. In den Pyrenäen werden Sie zwar auch Radfahrer sehen, die sind aber nicht zur Erholung hier, sondern haben eher sportliche Ambitionen.

Sie können auf jeden Fall unbesorgt Ihre Drahtesel mit auf die Reise nehmen. Bei einer Geschwindigkeit von 20 km/h können Sie nämlich viel mehr entdecken, als wenn Sie mit dem Womo durch die Landschaft fahren.

Tipps:

» *Falls Ihr Womo nicht mit einem Fahrradträger ausgerüstet ist, achten Sie bei einem Kauf vor allem auf die Abstandshalter, die dafür sorgen, dass die Räder im oberen Bereich auseinander gehalten werden. Da ich selbst in der Zubehörbranche tätig bin, wurde ich schon mit den aberwitzigsten Konstruktionen konfrontiert. Jedes Rad sollte am Grundträger befestigt sein. Ein Abstandshalter von Fahrrad zu Fahrrad bringt außer einer Menge Scheuerstellen recht wenig.*

» *Wenn Sie bereits einen Heckträger montiert haben und Sie sich ebenfalls über die unzureichenden oberen Befestigungen ärgern, möchte ich Ihnen empfehlen, auf die Abstandshalter der im Handel befindlichen Alu-Träger-Systeme auszuweichen. Da die Alu-Rohre jedoch wesentlich dicker sind als die üblichen kunststoffbeschichteten Stahlrohre, müssen Sie einen kleinen Trick anwenden: Besorgen Sie sich im Baumarkt Isolation für Heizungsrohre. Dazu messen Sie den Durchmesser Ihres Grundträgers und kaufen die Isolation in der entsprechenden Stärke. Auf das so ummantelte Rohr können Sie dann Ihren Abstandshalter anschrauben. Das hat sogar noch den Vorteil, dass Scheuerstellen weitgehend vermieden werden.*

Reisezeit / Klima

Die beste Reisezeit ist im Sommer, da hat der Atlantik genau die richtige Badetemperatur und die Sonne scheint unablässig vom Himmel. “Nein!”, rufen mir jetzt alle Gegner überfüllter Strände zu, “nur die Vor- oder Nachsaison kann für einen Urlaub an der Atlantikküste in Frage kommen.” Natürlich hat wieder jeder recht. Der hier beschriebene Abschnitt der französischen Atlantikküste ist ein beliebtes Urlaubsgebiet für die Franzosen und die Engländer. Entsprechend stark sind die Strände frequentiert. Wenn Sie es so einrichten können, dass Sie nicht gerade zur Hauptreisezeit im Juli und August in Urlaub fahren müssen, sind Sie natürlich gut dran. Dann finden Sie nämlich nicht nur ein mildes Klima, sondern auch noch menschenleere Strände vor; speziell Ende August und im September.

Wenn Sie aufs Baden nicht so viel Wert legen, sondern lieber auf Besichtigungstour gehen, dann kann ich Ihnen das ganze Jahr empfehlen. Es ist in allen Jahreszeiten wesentlich milder als bei uns. Wir konnten uns Ende Oktober noch nachmittags am Strand von der Sonne verwöhnen lassen. Abendliche Spaziergänge mit offener Jacke waren sowohl im Frühjahr als auch im Spätherbst möglich. Außerhalb der Saison müssen sie allerdings damit leben, dass die Öffnungszeiten der Sehenswürdigkeiten eingeschränkt sind.

Restaurants

Frankreich und Restaurants gehören untrennbar zusammen. Wenn Sie schon so lange am Meer entlangfahren, wäre es eine Schande, wenn Sie nicht alle diese Köstlichkeiten, die der Atlantik bereithält, auch probieren würden. Eine Unzahl von frischen Fischen und sonstigem Meeresgetier wartet nur darauf, von Ihnen verspeist zu werden. Die Austern aus dem Becken von Arcachon genießen Weltruhm. Die Miesmuscheln dürfen sie ebenfalls nicht auslassen.

Im Périgord werden Sie mit Gänsen und Trüffeln konfrontiert. Während ich, wie bereits erwähnt, der Gänseleberpastete recht skeptisch gegenüberstehe, möchte ich Ihnen die Trüffel auf jeden Fall schmackhaft machen. Sie müssen Sie einfach probieren!

Im Baskenland begegnen wir wieder dem Meer. Fischgerichte haben einen hohen Stellenwert. Die baskische Fischsuppe Ttoro sollten Sie auf jeden Fall einmal probieren. Scharf gewürzt wird hier allemal, kosten Sie einmal eine Piperade, ein baskisches Omelette.

Jetzt möchte ich Ihnen noch ein paar verschiedene französische Gaststätten vorstellen:

Eine **Brasserie** ist am ehesten mit unseren Gasthäusern zu vergleichen. Preiswerte und einfache Gerichte werden schnell und preisgünstig serviert.

Die **Cafés** entsprechen unseren Kneipen. Man trifft sich dort, um etwas zu trinken oder um sich zu unterhalten.

In einer **Crêperie** können Sie eine Vielzahl der französischen Pfannkuchen durchprobieren.

Es bleibt das **Restaurant**, das auch bei uns Restaurant heißt. Der "Michelin" vergibt nach sehr strengen Kriterien einen bis drei Sterne.

Wenn Sie schließlich ein Restaurant gefunden haben, müssen Sie auch die Speisekarte lesen können. Die wichtigsten Ausdrücke habe ich hier für Sie zusammengestellt:

Fische

Anchois .... Sardelle
Anguille .... Aal
Cabillaud .... Kabeljau
Carpe .... Karpfen
Congre .... Meeraal
Dorade .... Brassen
Equille .... Sandaal
Hareng .... Hering
Lieu noir .... Seelachs
Lotte de mer .... Seeteufel
Loup de mer .... Seebarsch
Maquereau .... Makrele
Merlan .... Wittling, Merlan
Merlu .... Seehecht
Plie .... Scholle
Raie .... Rochen
Saumon .... Lachs
Sole .... Seezunge
Thon .... Thunfisch
Truite .... Forelle
Turbot .... Steinbutt

Sonstige Meerestiere

Araignée .... Seespinne
Bouquet .... Seekrebs
Coque .... Herzmuschel
Coquille St-Jacques .... Jakobsmuschel
Crabe .... Krabbe
Crevette .... Garnelen
Écrevisse .... Flusskrebs
Grenouille .... Frosch

Homard .... Hummer
Huîtres .... Austern
Langouste .... Languste
Moules .... Miesmuscheln
Poulpe .... Krake
Praire .... Venusmuschel
Seiche .... Tintenfisch
Tourteau .... Taschenkrebs

Fleisch

Agneau .... Lamm
Bifteck .... Beefsteak
Boeuf .... Rind
Cervelle .... Hirn
Côtelette .... Kotelett
Escalope .... Schnitzel
Foie .... Leber
Langue .... Zunge
Lapin .... Kaninchen
Lièvre .... Hase
Mouton .... Hammel
Porc .... Schwein
Sanglier .... Wildschwein
Saucisses .... Würstchen
Veau .... Kalb

Geflügel

Canard .... Ente
Dinde .... Pute
Faisan .... Fasan
Oie .... Gans
Poule .... Huhn

Getränke

Cidre .... Apfelwein
Bière .... Bier
Panaché .... alkoholfreies Bier mit Limonade
Eau minérale .... Mineralwasser
Vin .... Wein
- blanc .... Weißwein
- de table .... Tischwein
- du pays .... Landwein
- rouge .... Rotwein

Sprache

Zuerst die gute Nachricht: Mit ein paar Brocken Französisch werden Sie in Ihrem Urlaub nicht verhungern. Auf englische oder gar deutsche Sprachkenntnisse können Sie jedoch nur in ausgesprochenen Touristenorten hoffen. Wenn Sie Bruchstücke Ihres Schulfranzösisch in Ihren heutigen Alltag hinüberretten konnten, gebrauchen Sie es! Ihr Gesprächspartner wird bemüht sein, sich Ihnen verständlich zu machen. Mein Tipp: Kaufen Sie sich einen kleinen Sprachführer (ein Wörterbuch nützt wenig!) wenn Sie von der Landessprache absolut keine Ahnung haben.

Die schlechte Nachricht: Auch wenn Sie gut Französisch sprechen, können Sie sich zwar verständlich machen, ob Sie jedoch die Einheimischen verstehen sei dahingestellt.

Im Baskenland wird es vollends chaotisch. Sie begegnen dort einem Idiom, das nicht einmal der indogermanischen Sprachfamilie angehört, also mit den meisten europäischen Sprachen absolut nichts gemeinsam hat. Aber keine Angst: So sehr es zu wünschen bleibt, dass diese Sprache nicht ausstirbt, so sicher ist es auch, dass jeder Baske entweder Spanisch oder Französisch spricht.

Die wichtigsten französischen Redewendungen habe ich Ihnen hier zusammengestellt:

Ja/Nein .... Oui/Non
Guten Tag .... Bonjour
Guten Abend .... Bonsoir
Auf Wiedersehen .... Au revoir
Bitte .... S'il vous plaît
Danke .... Merci
Verzeihung .... Pardon
Sprechen Sie...
Deutsch? .... Parlez-vous allemand?
Englisch? .... Parlez-vous anglais?
Was kostet das? .... Ça fait combien?
Können Sie das aufschreiben? .... Voudriez-vous l'écrire?

Da die Franzosen sehr höfliche Leute sind, sollten Sie jedem dieser Ausdrücke entweder „Monsieur“ oder „Madame“ folgen lassen.

Stellplätze

Bevor ich Reiseführer für Wohnmobilisten schrieb, habe ich mir lange überlegt, ob ich überhaupt schöne Stellplätze veröffentlichen soll oder nicht. Da bisher mehrere Bücher von mir erschienen sind, wissen Sie, wie ich mich entschieden habe. Ich möchte Sie an dieser Stelle jedoch noch einmal bitten weiterzufahren, wenn bereits zwei Wohnmobile auf einem nicht offiziellen Platz stehen. Ich habe bei meinen Stellplatztipps bei den Tourenbeschreibungen eine „WOMO-Anzahl“ angegeben. Sie wurde von mir willkürlich festgelegt und beruht auf meiner jahrzehntelangen Erfahrung . Sie gibt nicht an, wie viele Womos auf einen Platz passen, sondern wie viele Womos er „verkraftet“. Halten Sie sich bitte daran. Ansonsten kann es sehr schnell zu Verboten kommen, die uns alle treffen! Es gibt unzählige Übernachtungsplätze. Schlimmstenfalls stehen Sie eben eine Nacht nicht ganz so idyllisch, wie Sie sich das vorgestellt hatten, haben dafür aber die Gewissheit auch in einigen Jahren noch an der Atlantikküste frei stehen zu können. In diesem Zusammenhang verweise ich auf Parkplätze oder Marktplätze in den Dörfern oder möchte Sie auf die allgegenwärtigen LKW-Parkplätze an den Ortsrändern hinweisen. Sie können von dort aus einen wunderschönen Abend in den Gasthäusern der betreffenden Gemeinde verbringen und werden kaum das Auge des Gesetzes auf sich aufmerksam machen.

In Orten, in denen in der Vergangenheit viele Wohnmobile stehen konnten und auch standen, haben sich die örtlichen Behörden des Problems angenommen. Glücklicherweise nicht dadurch, dass Sie lediglich Parkplätze mit Stangen absperrten, sondern durch die Schaffung von offiziellen Stellplätzen mit Ver- und Entsorgungseinrichtungen. Dabei haben manche Gemeinden ein glückliches Händchen gezeigt und sehr schöne Plätze geschaffen. Andere haben einen überflüssigen Parkplatz am Ortsrand in katastrophaler Lage „umfunktioniert".

Tatsache ist nun, dass Sie in Orten mit Stellplatz keine Chance haben, einsam und abseits eines beschilderten Übernachtungsplatzes zu stehen. Sie brauchen dann schon sehr viel Glück um von der Gendarmerie, höflich aber bestimmt, nicht auf den gemeindeeigenen Platz oder auf einen Campingplatz verwiesen zu werden. Fast alle Orte, die unmittelbar an der Atlantikküste liegen fallen unter diese Regelung.

Tipps:

- *Das Schild „camping interdit" besagt nur, dass hier kein campingähnliches Leben geduldet wird. Hier wird also die Markise nicht ausgefahren und Campingtische und -stühle bleiben in ihrem Stauraum. Gegen ein Wohnmobil, dass von außen so aussieht als würde es parken, wird - nach meinen Erfahrungen - nichts eingewendet. Respektieren Sie das Verbot.*
- *Die Verwaltungen und die Polizei sind auch in Frankreich Ihre Freunde und Helfer. Fragen Sie, wo Sie eine oder zwei Nächte im Womo verbringen können. Meist werden Sie auf sehr schöne Plätze verwiesen.*
- *Wenn sie mehr als 2 oder 3 Tage an einem Ort bleiben wollen, empfehle ich Ihnen, auf einen Campingplatz auszuweichen. Viele französische Orte verfügen über einen „Camping municipal", einen gemeindeeigenen Campingplatz, auf dem Sie für wenig Geld, unterkommen können. Weitere Campingplätze entnehmen Sie den aktuellen Campingführern. Einige wohnmobilfreundliche Campingplätze finden Sie auch weiter vorne im Reiseteil.*

- *Als „alter Hase“ wissen Sie, wo Sie stehen können, und wo nicht. Ich kann Ihnen versichern, dass Sie in Südwestfrankreich — besonders außerhalb der Saison — viele Stellplätze finden werden, die Sie nicht enttäuschen.*
- *Es gibt natürlich regionale Unterschiede. In ausgesprochenen Touristengebieten — und das sind fast alle Orte am Meer — ist es natürlich schwerer einen Standplatz zu finden als im Landesinneren. Glücklicherweise geht die Entwicklung dahin, dass man uns Wohnmobilisten nicht mehr rigoros aussperrt, sondern im Gegenteil versucht, offizielle Plätze zu schaffen, auf denen wir 24 oder 48 Stunden bleiben können. Die wachsende Zahl von Ver- und Entsorgungsstationen gibt Anlass zur Hoffnung. Allerdings bewegen sich die Benutzungsgebühren im Verhältnis zum Angebot bei einigen Plätzen schon in unverschämten Bereichen.*
- *Einen ganz einfachen Ratschlag möchte ich Ihnen nicht vorenthalten: Falls Sie innerhalb eines Ortes nächtigen, schlüpfen Sie ganz kurz in die Rolle eines Anwohners: Würden Sie (als Anwohner) sich über Sie (als Womo-Fahrer) ärgern? Falls ja, stehen Sie offensichtlich falsch hier. Ich selbst versuche immer so zu stehen, dass ich möglichst keine „Nachbarn“ habe.*

Telefonieren

Was soll dieses Kapitel? Jeder hat sein Handy dabei und braucht sich um die jeweiligen nationalen Telefoneigenheiten nicht zu kümmern. Das ist zwar richtig aber teuer. Für Notfälle gibt es nichts Besseres. Wenn Sie Ihre Mobilbox eingeschaltet lassen und die auch noch abhören, gibt es nichts Teureres. Es gibt allerdings auch nichts Preiswerteres als eine SMS zu den Lieben daheim zu schicken, nette Grüße zu übermitteln und nachzufragen ob noch alles in Ordnung sei. Wenn Sie daraufhin ein längeres Telefonat zu führen haben, empfehle ich die fast in Vergessenheit geratenen Telefonzellen.

In Frankreich können Sie von jeder Telefonzelle aus nach Deutschland telefonieren. Wählen Sie dazu die 00 49 gefolgt von der Vorwahl (ohne die führende 0) und der Rufnummer. Die benötigte „Télécarte“ können Sie auf der Post und in Tabakläden in verschiedenen Preiskategorien kaufen.

Tipps:

» *Beim Handy auf jeden Fall die Rufumleitung zur Mailbox ausschalten. Wenn Sie einen Anruf auf der Mailbox abhören fallen zweimal die Gebühren für einen empfangenen Anruf aus dem Ausland, sowie zweimal die Gebühren für einen Auslandsanruf an. Die Rufnummern im Telefonbuch sollten Sie von Anfang an im Format „+49 ...“ speichern.*

» *Die französischen Telefonzellen haben eine Rufnummer, können also auch von Deutschland aus angewählt werden. In einer Ecke der Zelle finden Sie einen Aufkleber mit der Aufschrift „Ici le ...“ gefolgt von einer 10-stelligen Nummer. Im Notfall können Sie auf diese Weise ohne Handy und mit fast leerer Telefonkar-*

te ein Auslandsgespräch führen. In einem kurzen Anruf geben Sie Ihrem Gesprächspartner die Nummer der Zelle an und warten auf den Rückruf. Ihr Gegenüber braucht dann lediglich von Deutschland aus 0033 und anschließend die 10-stellige Nummer ohne die führende 0 zu wählen, und schon klingelt das Telefon in Ihrer Zelle.

Toilette (bordeigene)

Ein großer Teil der Womos verfügt über einen Waschraum mit Toilette oder eine Toilette, die in einem Sitzkasten untergebracht ist. Die am häufigsten verwendete Variante ist die sogenannte Cassette. Dabei ist der Sitz im Fahrzeuginneren fest installiert, der Fäkalientank kann jedoch von außen entnommen und zur Entleerungsstelle gebracht werden. Es gibt auch noch viele tragbare Toiletten, bestehend aus Oberteil mit Frischwasser und einem zum Entleeren abtrennbaren Unterteil für die Fäkalien. Die fest eingebaute Toilette mit separatem Fäkalientank unter dem Fahrzeug ist von der Bequemlichkeit zwar überlegen, in der Entsorgung jedoch problematischer. Allen Varianten gemeinsam ist die Tatsache, dass auf irgendeine Weise die Geruchsbildung und Gärprozesse unterbunden werden müssen.

Bis vor einigen Jahren wurde hierzu die chemische Keule Formaldehyd eingesetzt. Bald hat man jedoch gemerkt, dass Formaldehyd außer den Bakterien im Fäkalientank auch den Bakterien in kleinen und mittleren Kläranlagen den Garaus machte, was dort absolut unerwünscht ist. Berichte über die Krebsgefahr von Formaldehyd taten ein Übriges, um die Hersteller der Toilettenchemikalien zum Umdenken zu zwingen. Mittlerweile gibt es Flüssigkeiten, die auf eine völlig andere Weise arbeiten und zugleich biologisch unbedenklicher sind. Ihr Fachhändler berät Sie hierbei gern. Für fest eingebaute Fäkalientanks gibt es inzwischen auch ein Mittel, das nicht — wie alle anderen — nach dem Fassungsvermögen des Tanks dosiert wird, sondern als „Impfung" in immer gleicher Dosierung in den Tank gegeben wird, ganz gleich wie groß er auch sei.

Eine weitere Möglichkeit der Geruchsvermeidung ist eine Belüftung der Toilette nach außen. Zwei Systeme sind gebräuchlich. Bei der preiswerten No-Kem Toilettenentlüftung setzt man allein auf das Überdruckprinzip um die Gase durch einen Aktivkohlefilter nach außen zu leiten. Bei der etwas teureren SOG-Entlüftung ist ein zusätzlicher Ventilator eingebaut.

Wenn Sie nur wenige Tage unterwegs sind und es nicht sehr heiß ist, können Sie einmal ausprobieren, ob die Geschichte ganz ohne Chemie funktioniert. Misstrauen Sie aber „Geheimtipps" wie zum Beispiel Essigsäure. Sie greift die Dichtungen an.

Toiletten (öffentliche)

Öffentliche Toiletten finden Sie in fast allen Orten im Zentrum, meist in der Nähe des Marktplatzes. Theoretisch könnten Sie dort auch Ihre Wasserkanister auffüllen, da in diesen Toiletten jedoch oft katastrophale Zustände herrschen, werde ich auf diese Möglichkeit nur dann hinweisen, wenn sich der Wasserhahn außerhalb des Gebäudes befindet.

Wenn's dringend ist, können Sie dort Ihr Klo entleeren. Bei mir ist das allerdings die letzte Wahl. Lieber nehme ich ein paar Kilometer Umweg zu einer Entsorgungsstation in Kauf. Im Gegensatz zu meinem geschätzten Kollegen Gréus, der die Toilettenmethode empfiehlt, habe ich bisher nur wenige peinlich saubere Toiletten in Frankreich gefunden.

Verkehr

Die französischen Autobahnen und Nationalstraßen sind alle in einem guten Zustand. Auch die meisten hier beschriebenen Straßen sind für alle Wohnmobile befahrbar. Ganz wenige Abstecher führen über sehr enge Straßen. Ich weise allerdings im Text deutlich darauf hin, wenn eine Wegstrecke für größere Mobile nicht geeignet ist. Auch, wenn für bestimmte Straßen Einschränkungen für die Fahrzeughöhe oder das Gesamtgewicht bestehen, die für Womo-Fahrer relevant sind, habe ich darauf hingewiesen.

Tipp:

» *Die Innenstädte der größeren Orte sind oft für Fahrzeuge über 3,5 t gesperrt. Für Städte, die Sie lediglich durchfahren wollen, ist das für Sie von Vorteil. Es existiert dann nämlich eine gut ausgebaute Umgehung für den Schwerverkehr (Itinéraire Poids Lourds), die Ihnen ein mühsames Zurechtfinden und den Stop-and-go-Verkehr in der fremden Stadt erspart. Problematisch wird es dann, wenn Sie die betreffende Stadt besuchen wollen. In diesem Fall ist es wohl meist besser, wenn Sie sich am Cityrand einen Parkplatz suchen und die Stadt zu Fuß besuchen, als dass Sie sich mit Ihrem Gefährt durch die engen Straßen quälen.*

Verkehrszeichen

Die Verkehrszeichen sind natürlich mit unseren identisch. Die Zusätze habe ich hier erklärt:

Accès interdit .... Einfahrt verboten
Camping-car .... Womo
Carrefour .... Große Kreuzung
Cédez le passage .... Vorfahrt gewähren
Chantier .... Baustelle
Déviation .... Umleitung
Interdit .... hat immer etwas mit einem Verbot zu tun
Feux .... Ampel
Hauteur limitée .... Höhenbeschränkung
Passage à niveau .... Bahnübergang
Ralentissez! .... Langsam fahren!
Rappel .... Erinnerungshinweis
Sens unique .... Einbahnstraße
Stationnement interdit .... Halteverbot
Vehicules lents serrez à droite .... Langsame Fahrzeuge rechts fahren!

Vent latéral .... Seitenwind
Vitesse controlée .... Geschwindigkeit wird überwacht
Vous n'avez pas la priorité .... Sie haben keine Vorfahrt

Wanderungen

Zum Wandern möchte ich Sie direkt an der Küste nicht animieren. Es ist im Sommer viel zu heiß und die Landschaft ist nicht gerade abwechslungsreich. Natürlich können Sie durch die ausgedehnten Pinienwälder wandern, wenn Sie vom Strandtrubel genug haben. Aber warum sollte ich dazu eine Anleitung geben?

Anders sieht die Sache in den Pyrenäen aus. Hier können Sie an fast jeder Ecke die Wanderschuhe anziehen. Es sind sehr viele Rundwege markiert, die Sie nicht enttäuschen werden. Ein paar Vorschläge finden Sie bei den entsprechenden Touren.

Das nächste Wanderparadies erreichen Sie an der Dordogne. Auch dort finden Sie viele markierte Wege.

Wasserversorgung

In Ihrem Womo verfügen Sie vermutlich über eine Frischwasserreserve von 20 bis 150 Litern. Kleinere Wassermengen werden oft in Kanistern aufbewahrt, was die Befüllung natürlich erleichtert. Ab 50 Litern kommen fest installierte Tanks zum Einsatz. Bei jedem Tankstop bietet sich grundsätzlich die Möglichkeit das Trinkwasser aufzufüllen. Gegen ein kleines Trinkgeld wird Ihnen jeder Tankwart erlauben Ihren Wassertank aufzufüllen. (Wobei das Trinkgeld der entnommenen Wassermenge entsprechen sollte.) Kanister können an jedem Wasserhahn gefüllt werden. Ein Schlauch zum Befüllen der eingebauten Tanks ist jedoch meist nicht vorhanden. Daher empfiehlt sich die Mitnahme eines Schlauches mit einem Gardena-Anschluss oder etwas Ähnlichem. Zu diesem Steckanschluss können Sie sich die passenden Adapter für die unterschiedlichen Hahnstärken zulegen, die dann auf den Wasserhahn geschraubt werden. Mit 3/8, 1/2 und 3/4 Zoll sollten Sie überall zurecht kommen. Weitere Tipps finden Sie im „Allgemeinen Wohnmobil-Handbuch", das als Band 5 dieser Reihe erhältlich ist.

Wenn Sie Bedenken bezüglich der Wasserqualität haben, oder Ihren Wassertank nicht innerhalb von 2 - 3 Tagen leeren können, empfehle ich Ihnen, das Wasser mit einem Mittel auf Silberionen-Basis zu behandeln. (Z. B. Micropur oder Certisil Argento.) Hierbei wird Ihr Trinkwasser einerseits entkeimt, andererseits haltbar gemacht. Nach 2 bis 3 Stunden Einwirkungszeit ist damit behandeltes Wasser keimfrei und 6 Monate haltbar. Eine Veralgung müssen Sie jetzt nicht mehr befürchten. Die Tatsache, dass ich ausgerechnet ein Mittel auf Silberionen-Basis empfehle, hängt damit zusammen, dass es gegenüber den anderen auf dem Markt befindlichen Mitteln Vorzüge aufzuweisen hat:

- Es ist geruchs- und geschmacklos.
- Es ist 10 Jahre haltbar.
- Es wirkt durch Silberionen und ist daher frei von Chlor und Jod.

Die Entkeimungstabletten erhalten Sie bei Ihrem Fachhändler in der richtigen Dosierung für Ihren Wassertank.

Wein

Seit fast 2000 Jahren wird im Bordelais Wein angebaut. Erst im letzten Jahrhundert wurde aus dem Weinbau eine Wissenschaft. Man begann der Lagerung und der Reifung zunehmend Beachtung zu schenken. Auch die Klassifizierung datiert in diese Zeit. Alle Bordeaux-Weine gehören zur Klasse der „Appellation Contrôlée". Hiermit wird ein bestimmtes Anbaugebiet sowie eine Mindestqualität bescheinigt.

Das milde und trockene atlantische Klima in Verbindung mit der günstigen mineralogischen Zusammensetzung des Bodens prädestiniert diese Region für den Weinanbau. Wir haben es hier mit dem größten zusammenhängenden Weinbaugebiet der Welt für Qualitätsweine zu tun. Auf einer Anbaufläche von 105000 ha werden jährlich knapp 4 Millionen Hektoliter Wein erzeugt. Davon sind etwa ein Viertel Weißweine, der Rest Rotweine. Im Norden überwiegen die roten Sorten, im Süden die weißen, was mit der Niederschlagsmenge zusammenhängt. Eine hohe Feuchtigkeit können Weißweine eher verkraften als rote Sorten.

Kleines Weinwörterbuch

Vin	Wein
Vin blanc	Weißwein
Vin chaud	Glühwein
Vin cuit	Sirupartig eingekochter Traubenmost
Vin de côtes	Wein von Hügellagen
Vin de coule	Wein aus der ersten Pressung
Vin de couvée	Wein aus der ersten Pressung
Vin de garde	Ausgeglichener, harmonischer Wein
Vin de goutte	Wein aus der letzten Pressung
Vin de liqueur	Süßwein, dessen Gärung gestoppt wurde
Vin de messe	Messwein
Vin de pays	Landwein
Vin de paysan	Hauswein
Vin de plaine	Wein aus Flachlandanbau
Vin de presse	Tresterwein
Vin doux	Traubensaft vor der Gärung
Vin doux	Süßwein
Vin jaune	Alkoholreicher Jurawein des Château Chalon
Vin liquoreux	Süßer Weißwein
Vin mousseux	Moussierender Wein, auch Schaumwein
Vin nature	voll vergorener, ungesüßter Wein
Vin non-mousseux	nicht schäumender Wein
Vin ordinaire	Billiger Konsumwein; oft mit algerischen und/oder italienischen Weinen verschnitten
Vin rosé	Roséwein; blassroter Wein aus roten oder blauen Beeren, deren Schalen nicht mitvergoren werden; auch Verschnitt weißer und blauer (roter) Beeren, die mit den Schalen zusammen vergären
Vin rouge	Rotwein

Service-Teil

Auf den folgenden Seiten finden Sie Hinweise, die Ihnen als Wohnmobilfahrer die Planung der Tour erleichtern soll.

Die Feste, Umzüge und sonstigen lokalen Veranstaltungen sind hier nur aufgeführt, wenn sie überregionale Bedeutung haben. Wenn Sie sich dem Trubel aussetzen wollen, ist Ihnen die folgende Übersicht sicherlich dienlich. Ansonsten betrachten Sie sie als Warnung vor chaotischen Verkehrsverhältnissen.

Feste entlang der Route

An der gesamten Atlantikküste

Es gibt kaum ein Dorf, das nicht sein lokales Fest feiert. Meist wird es zu Ehren des Ortsheiligen ausgerichtet, beginnt mit einer Messe und nimmt im Lauf des Tages zunehmend weltlichere Formen an. Solche Veranstaltungen können Sie in der Regel nur den ausgehängten Plakaten oder einer Lokalzeitung entnehmen. Auch die Verkehrsämter können Ihnen da Tipps geben.

Tour 1
Médoc: Portes ouvertes dans les Châteaux du Médoc am 1. Aprilwochenende

Tour 3
Bordeaux: Antiquitätenmarkt im Februar
Bordeaux: Volksfest an der Place des Quinconces im März
Bordeaux: Andalusisches Festival im März
Bordeaux: Mai Musical im Mai
Bordeaux: Fête du Vin Nouveau Mitte Oktober

Tour 4
Arcachon: Fest des Meeres am 15. August
Biscarrosse: Austernfest am 2. Samstag im April
Sabres: Maibaumfeier am 1. Mai
Mimizan: Fêtes de la Mer am 1. Mai

Tour 5
Bayonne: Schinkenmarkt in der ersten Junihälfte
Bayonne: Jazzfestival Mitte Juli
Bayonne: Fêtes de Bayonne Anfang August
Anglet: Internationales Festival der Karikatur in der 1. Augusthälfte

Biarritz: Anitquitätensalon im April
Biarritz: Internationales Folklorefest in der ersten Julihälfte
Biarritz: Weltmeisterschaft im Surfen im August
Biarritz: Feennacht am 15. August
Biarritz: Fest des Meeres am 3. Sonntag im August
St-Jean-de-Luz: Johannesfest Ende Juni
St-Jean-de-Luz: Thunfischfest im Juli

Tour 6
Sare: Schmugglerrennen am vorletzten Sonntag im August
Espelette: Pferdemarkt Ende Januar
Espelette: Pimentfest am letzten Sonntag im Oktober
Itxassou: Kirschenfest in Juni
Oloron-Ste-Marie: Folklorefestival der Pyrenäen in der 1. Augustwoche (in geraden Jahren)
Pau: Formel 3000 Grand Prix an Pfingsten
Pau: Theater-, Tanz- und Musikfestival im Juni/Juli

Tour 7
Mont-de-Marsan: Flamenco-Festival Mitte Juli
Labastide d'Armagnac: Kostümfest Ende August/Anfang September
Condom: Folklorefestival am 2. Sonntag im Mai

Tour 14
Castillon-la-Bataille: Open-Air Schlacht in historischen Gewändern Mitte Juli bis Anfang August
St-Émilion: Frühlingsfest der Bruderschaft der Winzer am 3. Sonntag im Juni
St-Émilion: Weinfest Mitte September

Feiertage

Neujahr
Ostermontag
1. Mai
8. Mai
Christi Himmelfahrt
Pfingstmontag
14. Juli
15. August
1. November
11. November
Erster Weihnachtstag

Packliste

Dokumente und Wertsachen
- O Reisepässe
- O Kinderausweise
- O Führerscheine
- O Kfz-Schein
- O Schutzbrief
- O Grüne Versicherungskarte
- O Krankenscheine
- O Impfausweis
- O Impfpass Haustier
- O Bargeld
- O EC-Karten
- O Kreditkarten

Kleidung
- O Unterhemden
- O Unterhosen
- O Strümpfe
- O Strumpfhosen
- O Schlafanzüge
- O Hemden/Blusen
- O T-Shirts
- O Pullis
- O Hosen
- O Röcke
- O Kleider
- O Jacken
- O Mützen
- O Hausschuhe
- O Sandalen
- O Schuhe
- O Wanderschuhe
- O Badesachen
- O Sonnenhüte
- O Regenbekleidung

Bad
- O Handtücher
- O Waschlappen
- O Seife
- O Duschgel
- O Shampoo
- O Haarbürste/Kamm
- O Zahnbürsten
- O Zahnbecher
- O Zahnpasta
- O Rasierzeug
- O Creme
- O Sonnenmilch
- O Maniküretui
- O Schminkutensilien
- O Deodorant
- O Fettstift
- O Papiertaschentücher
- O Tampons

Toilette
- O Spezialpapier
- O Toilettenchemie

Kinder
- O Kindersitze
- O Fahrradsitze
- O Spielsachen
- O Spiele
- O Schmusetiere
- O Kinderbücher
- O Malsachen

Küche
- O Spüllappen
- O Spülmittel
- O Geschirrtücher
- O Küchenrollen
- O Flaschenöffner
- O Korkenzieher
- O Dosenöffner
- O Schere
- O Streichholz
- O Töpfe
- O Pfannen
- O Tassen / Gläser
- O Teller
- O Besteck
- O Sieb
- O Kochlöffel
- O Schneebesen
- O Suppenlöffel

- O Soßenlöffel
- O Tee-/Kaffeefilter
- O Tee-/Kaffeekanne
- O Gewürze
- O Salz
- O Zucker
- O Zwiebeln
- O Knoblauch
- O Tee
- O Kaffee
- O Milch
- O Kakao
- O Getränke
- O Fertiggerichte
- O Nudeln
- O Püree
- O Reis
- O Würstchen
- O Suppen
- O Eier
- O Marmelade
- O Butter, Margarine
- O Joghurt
- O Müsli

Haushalt

- O Nähzeug
- O Sicherheitsnadeln
- O Waschmittel
- O Wäscheleine
- O Wäscheklammern
- O Klebeband
- O Müllbeutel
- O Schmutzwäschetüte

Unterhaltung

- O Spiele
- O Bücher
- O Kassetten
- O Radio
- O CD-Player, CDs

Papiere

- O Straßenkarten
- O Wanderkarten
- O Reiseführer
- O Sprachführer
- O Adressenliste
- O Schreibzeug

Apotheke

- O Persönliche Medikamente
- O Schmerztabletten
- O Durchfalltabletten
- O Mittel gegen Mückenstiche
- O Antiseptisches Puder
- O Wundsalbe
- O Heftpflaster
- O Fieberzäpfchen
- O Fieberthermometer
- O Hustensaft
- O Verhütungsmittel

Sonstiges

- O Handy/Autoladekabel
- O Fotoapparat
- O Videokamera
- O Filme / Speicherkarten
- O Akkus
- O 12-Volt-Ladegerät
- O Fernglas
- O Taschenlampe
- O Uhr / Wecker
- O GPS-Gerät
- O Sonnenbrille
- O Kompass
- O Regenschirm
- O Rucksäcke
- O Decke zum Draufsetzen
- O Badematte
- O Campingmöbel
- O Schlauchboot
- O Grill
- O Holzkohle
- O Werkzeugkasten
- O Fahrräder
- O WOMO-Knackerschreck
- O Mitbringsel für evtl. Einladungen

Zum Schluss:

IN EIGENER SACHE - ODER DER SACHE ALLER!?

Urlaub mit dem Wohnmobil ist etwas ganz besonderes. Man kann die Freiheit genießen, ist ungebunden, dennoch immer zu Hause, lebt mitten in der Natur - wo man für sein Verhalten völlig selbst verantwortlich ist!

Seit mehr als 20 Jahren geben wir Ihnen mit unseren Reiseführern eine Anleitung für diese Art Urlaub mit auf den Weg. Außer den umfangreich recherchierten Touren haben wir viele Tipps allgemeiner Art zusammengestellt, unter ihnen auch solche, die einem WOMO-Urlauber eigentlich selbstverständlich sein sollten. Weil wir als Wohnmobiler die Natur in ihrer ganzen Schönheit und Vielfalt hautnah erleben dürfen, haben wir auch besondere Pflichten ihr gegenüber, die wir nicht auf andere abwälzen können.

Jährlich erhalten wir viele Zuschriften, Grüße von Lesern, die mit unseren Reiseführern einen schönen Urlaub verbracht haben und sich herzlich bei uns bedanken. Wir erhalten Hinweise über Veränderungen an den beschriebenen Touren, die von uns bei der Aktualisierung der Reiseführer Berücksichtigung finden.

Aber: Wir erhalten auch Zuschriften über das Verhalten von Wohnmobilurlaubern, die sich egoistisch, rücksichts- und verantwortungslos der Natur und ihren Mitmenschen, nachfolgenden Urlaubern und Einheimischen, gegenüber verhalten.

In diesen Briefen geht es um die Themen Müllbeseitigung, Abwasser- und Toilettenentsorgung. Es soll immer noch Wohnmobilurlauber geben, die ihre Campingtoilette nicht benutzen, dafür lieber den nächsten Busch mit Häufchen und Toilettenpapier „schmükken", die den Abwassertank nicht als Tank benutzen, sondern das Abwasser unter das WOMO trielen lassen, die ihren Müll neben dem Wohnmobil liegenlassen und davondüsen, alles frei nach dem Motto: „Nach mir die Sintflut!"

Liebe Leser!

Wir möchten Sie im Namen der gesamten WOMO-Familie bitten: Helfen Sie aktiv mit, diese Schweinereien zu unterbinden! Jeder Wohnmobilurlauber trägt eine große Verantwortung, und sein Verhalten muss dieser Verantwortung gerecht werden. Bestimmt hat mancher, dem Sie auf Ihrer Tour begegnen und der sich unwürdig verhält, das gleiche Büchlein in der Hand wie Sie. Er weiß zumindest jetzt, worum es geht. Sprechen Sie ihn an und weisen Sie ihn auf sein Fehlverhalten hin. Der nächste freut sich, wenn er den Stellplatz sauber vorfindet, denn auch er hat sich seinen Urlaub verdient!

Vor allem aber: Wir erhöhen damit die Chance, dass uns unsere über alles geliebte Wohnmobil-Freiheit noch lange erhalten bleibt.

Helfen Sie mit, den Ruf der Sippe zu retten! Verhindern Sie, dass einzelne ihn noch weiter in den Schmutz ziehen!

Wir danken Ihnen im Namen aller WOMO-Freunde

Ihr WOMO-Verlag

Stichworte

A
Adressen 202
Agen **119**
Aïnhoa **84**
Aire-sur-l'Adour **103**
Albas **129**
Allgemeine Tipps 202
Amadour *139*
Andernos-les-Bains **37**
Anglet **229**
Anreise 10
Aquarium du Périgord Noir **178**
Arcachon **51**, **229**
Armagnac 110
Ärztliche Hilfe 203
Aubigny-sur-Nère **15**
Austern 51
Autohilfsdienste 203

B
Bademöglichkeiten 204
Barbotan-les-Thermes **115**
Basken 77
Baume-les-Dames **17**
Bayonne **69**, **229**
Beleuchtung 204
Bergerac **189**
Bessines-sur-Gartempe **15**
Beychevelle **22**
Biarritz **72**, **73**, **230**
Biscarrosse **229**
Biscarrosse-Plage **56**, **57**
Bombannes **35**
Bordeaux **38**, **229**
  Esplanade des Quinconces **39**
  Grosse-Cloche **47**
  Jardin Public **48**
  Monument aux Girondins **40**
  Place de la Bourse **42**
  Porte Cailhau 44
  Porte de la Grosse-Cloche **47**
Bouffioulx **16**
Brienne-le-Château **14**

C
Cahors **131**
Caïk **129**
Campingplätze 205
Cap Ferret **36**
Capbreton **69**
Carcans-Plage **34**
Castelnau-d'Auzan **115**
Castillon-la-Bataille **195**, **230**
Cazères-sur-l'Adour **105**
Chabanais **15**
Champ de Gurs **94**
Chapelle St-Antoine **93**
Chasseneuil-sur-Bonnieure **15**
Château Cos d'Estournel **25**
Château de Montfort **150**
Château Garreau **111**
Châtellerault **16**
Cingle de Montfort **149**
Cingle de Trémolat **184**
Clairac **123**
Col de St-Ignace **79**
Col d'Osquich **93**
Condom **117**, **230**
Confolens **17**
Contis-Plage **63**
Couze **185**
Cro-Magnon 168
Cyrano de Bergerac *191*

D
Digoin **17**
Diskoidale Stelen 85
Domme **151**
Du Guesclin *211*
Dune de Pyla **53**
Dune du Pilat **53**

E
Écomusée de la Grande Lande **58**
Écomusée de l'Armagnac **111**
Écomusée du papier **185, 186**
Edikt von Nantes 100, 212
Église monolithe **197**
Einreiseformalitäten 205
Eleonore von Aquitanien *210*
Émilion *201*
Espelette **87**, **89**, **230**
Étang de Biscarosse et de

Parentis 58

F
Fahrzeug 205
Feiertage 230
Feste 229
Filmen 206
Fort Médoc **21**
Fotografieren 206
Freies Camping 206
Fremdenverkehrsbüros 207
Fumel **127**

G
Gas 209
Gastes **63**
Geoffroi de Vivans *152*
Geschichte 209
Getränke 212
GPS 217
Grand Crohot-Océan **36**
Grenade-sur-l'Adour **107**
Grotte de la Halle **153**
Grotte de Lacave **143**
Grotte de Lascaux II **165**
Grotte de Sare **82**
Grotte du Jubilée **153**
Gurs **94**

H
Haustiere 212
Heinrich IV. *100*
Hourtin **31**
Hourtin-Port **33**
Hugenotten 212
Hundertjähriger Krieg 211

I
Ilôt Fouillac **134**
Itxassou **88**, **230**

J
Jakobspilger 211

K
Karl der Große *210*
Karl VIII. *45*
Kartenmaterial 213
Kinder 213
Kleidung 213
Klima 218
Kühlschrank 214

L
La Boétie, Etienne de *159*
La Rhune 79
La Roque St-Christophe **167**
La Roque-Gageac **155**
Labastide d'Armagnac **109**, **230**
Labastide-d'Armagnac **109**
Labenne-Océan **69**
Lac de l'Uby **113**
Lac d'Hourtin-Carcans **32**
Lac d'Uby **113**
Lacanau-Océan **34**
Lacave **143**
Lalinde **185**
Lascaux II **165**
Le Bournat **178**
Le Bugue **181**
Le Gurp **31**
Le Huga **35**
Le Petit Nice **55**
Le Porge-Océan **35**
Le Verdon **27**
Lebensmittel 215
Léon **65**
Les Eyzies-de-Tayac **177**
Libourne **201**
Limeuil **183**
L'Isle-sur-le-Doubs **17**
Literatur 215
Louis XIV. *75*
Ludwig VII. *210*

M
Macau **18**
Maison de France 202
Marqueyssac **156**
Marquèze **58**
Martel **147**
Martell, Karl *146*, *210*
Maubuisson **33**, **35**
Medikamente 216
Médoc **19**, **230**
Millery **11**
Mimizan **229**
Mimizan-Plage **61**
Monbazillac **194**
Monflanquin **127**
Mont-de-Marsan **107**, **230**
Montagne **197**
Montaigne, Michel de *159*

Montalivet-les-Bains **30**
Montfort **149**
Montier-en-Der **14**
Montignac **163**
Montluçon **17**
Montréal **115**
Moulin à Huile de Noix **147**
Moulin de Malfourat **194**
Moulin de Vensac **25**
Musée National de la Préhistoire **178**

N
Napoleon I. *46*, *98*
Napoleon III. *83*
Navarosse **57**
Navarrenx **94**, **95**
Navigation 217
Neandertaler 168
Nogent-sur-Vernisson **14**
Notre-Dame-des-Cyclistes **112**
Notre-Dame-du-Rugby **105**

O
Ölmühle **147**
Oloron-Ste-Marie **96**, **230**
Ondres-Plage **69**

P
Packliste 231
Parc ornithologique du Teich **52**
Parentis-en-Born **59**
Park von Marqueyssac **156**
Pas de Roland **90**
Pau **98**, **99**, **230**
Pauillac **25**
Pelota 87
Périgord Noir **159**
Piney **14**
Pinsac **145**
Pissos **58**
Plage de la Lagune **55**
Plage des Casernes **66**
Pont Canal **121**
Pont Valentré **136**
Prayssac **129**
Préhistoparc **172**
Puy-l'Évêque **129**

R
Radfahren 217
Reisezeit 218
Religionskriege 211
Reptiland **148**
Restaurants 219
Rocamadour **137**
Rocher de la Vierge **72**

S
Sabres **58**, **229**
Sare **82**, **230**
Sarlat **159**
Sauvagnon **101**
Sens **14**
Service-Teil 229
Séviac **115**
Site de la Madeleine **175**
Souillac **149**
Sprache 221
St-Émilion **197**, **230**
St-Jean-de-Luz **75**, **230**
St-Jean-Pied-de-Port **90**, **91**
St-Léon **167**
Ste-Eulalie-en-Born **63**
Ste-Livrade **125**
Ste-Maure-de-Touraine **16**
Ste-Quitterie *104*
Stellplätze 222

T
Telefonieren 224
Toilette 225
Toul **14**
Trémolat **185**

V
Val de Clain **16**
Vallée de la Dordogne **149**
Vauban *21*, *70*, *92*
Vensac **25**
Verkehr 226
Verkehrszeichen 226
Vieux-Boucau **65**, **67**
Villa Gallo-Romaine de Séviac **115**
Villeneuve-l'Archevêque **14**
Villeneuve-sur-Lot **125**

W
Wanderungen 227
Wasserversorgung 227
Wein 228

Z
Zum Schluss: 233

Der WOMO®-Pfannenknecht

ist die saubere Alternative zum Holzkohlengrill.

* Kein tropfendes Fett,
* Holz statt Holzkohle,
* vielfältige Benutzung –
* vom Kartoffelpuffer bis zur Gemüsepfanne.

Massive Kunstschmiedearbeit, campinggerecht zerlegbar,
Qualitäts-Eisenpfanne von Rösle,
bequeme Handhabung im Freien, einfachste Reinigung.

Nur 49,90 € – und nur bei WOMO!

Der WOMO®-Aufkleber

WOMO® fan
www.womo.de

* passt mit 45 cm Breite auch auf Ihr Wohnmobil.
* ist das weit sichtbare Symbol für alle WOMO-Freunde.

Nur 2,90 € – und nur bei WOMO!

Der WOMO®-Knackerschreck

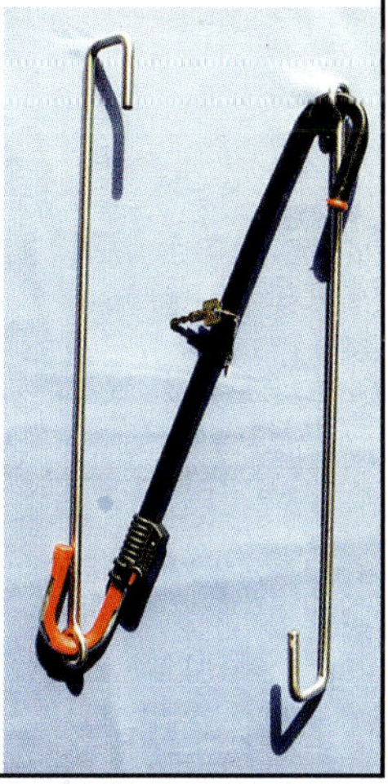

* ist die universelle und **sofort sichtbare Einbruchssperre**.
* Wird einfach in die beiden Türarmlehnen eingehängt, zusammengeschoben und abgeschlossen. (tagsüber unter Einbeziehung des Lenkrades, nachts direkt, somit ist Notstart möglich).
* Passend für Ducato, Peugeot, MB Sprinter sowie VW (LT & T4).
* Krallen aus 10 mm starkem Edelstahl, d. h. nahezu unverwüstlich.

Nur 44,90 € – und nur bei WOMO!

Info-Blatt für das WOMO-Buch: Franz. Atl. (S) '08

(ausgefüllt erhalte ich 10% Info-Honorar auf Buchbestellungen direkt beim Verlag)

Lokalität: Seite: Datum:
(Stellplatz, Campingplatz, Wandertour, Gaststätte, usw.)

unverändert gesperrt/geschlossen folgende Änderungen:

Lokalität: Seite: Datum:
(Stellplatz, Campingplatz, Wandertour, Gaststätte, usw.)

unverändert gesperrt/geschlossen folgende Änderungen:

Lokalität: Seite: Datum:
(Stellplatz, Campingplatz, Wandertour, Gaststätte, usw.)

unverändert gesperrt/geschlossen folgende Änderungen:

Lokalität: Seite: Datum:
(Stellplatz, Campingplatz, Wandertour, Gaststätte, usw.)

unverändert gesperrt/geschlossen folgende Änderungen:

Lokalität: Seite: Datum:
(Stellplatz, Campingplatz, Wandertour, Gaststätte, usw.)

unverändert gesperrt/geschlossen folgende Änderungen:

Lokalität: Seite: Datum:
(Stellplatz, Campingplatz, Wandertour, Gaststätte, usw.)

unverändert gesperrt/geschlossen folgende Änderungen:

Meine Adresse und Tel.-Nummer:
(nur komplett ausgefüllte Infoblätter können berücksichtigt werden)

Wir bestellen zur sofortigen Lieferung (Alle Preise in € [D]. Preisänderungen vorbehalten):

Allgemeine WOMO-Literatur:

- ❑ Allgemeines Wohnmobil Handbuch .... 19,90 €
- ❑ Allgemeines Wohnmobil Kochbuch .... 12,90 €
- ❑ Multimedia im Wohnmobil .... 9,90 €
- ❑ Heitere Wohnmobil Geschichten .... 5,90 €
- ❑ Die gordische Lüge – der WOMO-Roman .... 9,90 €

WOMO-Zubehör:

- ❑ WOMO-Pfannenknecht mit Eisenpfanne .... 49,90 €
- ❑ WOMO-Knackerschreck mit Edelstahlkrallen ...... 44,90 €

Marke des Basisfahrzeugs: ____________ Baujahr: ____

- ❑ WOMO-Aufkleber "WOMO-fan" .... 2,90 €

WOMO-Reiseführer: Mit dem Wohnmobil durch/nach/auf/in....

- ❑ Baltikum (Est-/Lettland/Litauen) 17,90 €
- ❑ Belgien & Luxemburg .... 17,90 €
- ❑ Bretagne .... 17,90 €
- ❑ Dänemark .... 17,90 €
- ❑ Elsaß .... 17,90 €
- ❑ England .... 17,90 €
- ❑ Finnland .... 17,90 €
- ❑ Franz. Atlantikküste (Nordhälfte) .. 17,90 €
- ❑ Franz. Atlantikküste (Südhälfte) .... 17,90 €
- ❑ Griechenland .... 17,90 €
- ❑ Irland .... 17,90 €
- ❑ Island .... 17,90 €
- ❑ Korsika .... 17,90 €
- ❑ Kreta .... 17,90 €
- ❑ Kroatien (Dalmatien) .... 17,90 €
- ❑ Languedoc/Roussillon .... 17,90 €
- ❑ Loiretal/Paris .... 17,90 €
- ❑ Marokko .... 17,90 €
- ❑ Normandie .... 17,90 €
- ❑ Norwegen (Nord) .... 17,90 €
- ❑ Norwegen (Süd) .... 17,90 €
- ❑ Österreich (Ost) .... 17,90 €
- ❑ Österreich (West) .... 17,90 €
- ❑ Peloponnes .... 17,90 €
- ❑ Pfalz .... 17,90 €
- ❑ Piemont/Ligurien .... 17,90 €
- ❑ Polen (Norden/Masuren) .... 17,90 €
- ❑ Portugal .... 17,90 €
- ❑ Provence & Côte d'Azur (Osthälfte) . 17,90 €
- ❑ Provence & Côte d'Azur (Westhälfte) 17,90 €
- ❑ Pyrenäen .... 17,90 €
- ❑ Sardinien .... 17,90 €
- ❑ Schottland .... 17,90 €
- ❑ Schwarzwald .... 17,90 €
- ❑ Schweiz (Zentral & Ost) .... 17,90 €
- ❑ Schweiz (West) .... 17,90 €
- ❑ Schweden (Nord) .... 17,90 €
- ❑ Schweden (Süd) .... 17,90 €
- ❑ Sizilien .... 17,90 €
- ❑ Slowenien .... 17,90 €
- ❑ Spanien (Nord/Atlantik) .... 17,90 €
- ❑ Spanien (Ost/Katalonien) .... 17,90 €
- ❑ Spanien (Südost/Murcia) .... 17,90 €
- ❑ Spanien (Süd/Andalusien) .... 17,90 €
- ❑ Süd-Italien (Osthälfte) .... 17,90 €
- ❑ Süd-Italien (Westhälfte) .... 17,90 €
- ❑ Süd-Tirol .... 17,90 €
- ❑ Toskana & Umbrien (Osthälfte) .... 17,90 €
- ❑ Toskana & Umbrien (Westhälfte) .. 17,90 €
- ❑ Trentino/Gardasee .... 17,90 €
- ❑ Türkei (West) .... 17,90 €
- ❑ Ungarn .... 17,90 €

WOMO *WOMO* *WOMO* *WOMO*

Absender:

Datum Unterschrift

FA(S)'08

WOMO®-VERLAG

Versandabteilung

Wiesenweg 4-6

98634 Mittelsdorf/Rhön

DIE REISE- UND ERLEBNISFÜHRER

* Bequeme Touren durchs ganze Urlaubsland.
* Viele Plätzchen für freie Übernachtungen mit GPS.
* Genaue Hinweise auf viele Trinkwasserstellen.
* Die schönsten Badeplätze, die nicht jeder kennt.
* Bergtouren und Spaziergänge für groß und klein.
* Die besten Anreiserouten, Fähren, usw.
* 300 Tipps und Tricks – für Ausrüstung, Reisevorbereitung und Urlaub.
* Ausgefeilte Profipackliste.
* Spezialkarten mit supergenauen Einträge der freien Stellplätze, Trinkwasserstellen und Entsorgung.

DAS KOCHBUCH

* Einrichtung der WOMO-Küche.
* Lebensmittel-Grundausstattung.
* Konserven selbst gemacht.
* Backen in der Bratpfanne – Kuchen, Pizza, Brote.
* Viele, viele WOMO-Rezepte für zwei Gasflammen – einfach, schnell und lecker!
* Einkochen im Urlaub.
* Spezialrezepte für den Dampftopf.
* Der WOMO-Pfannenknecht.

DAS HANDBUCH

* Beratung bei Kauf und Miete.
* Gas-, Wasser-, Elektroinstallation.
* Einrichten des Wohnmobils.
* Tipps & Tricks fürs Wochenende.
* 3200 freie deutsche Stellplätze.
* 700 deutsche Entsorgungsstationen.
* Urlaubsvorbereitung, Profipackliste.
* Stellplatz-Infos für ganz Europa.
* Wohnmobil und Wintersport.
* Der WOMO-Urlaubspartner-Service.
* Gastankstellen in ganz Europa.

Unsere Bücher erhalten Sie in jeder Buchhandlung oder auf Rechnung direkt vom Verlag. Hier gibt's auch die aktuellen Infos über unsere ständigen Neuerscheinungen. (Versandkosten 1,20 €, ab 20 € portofrei / Ausland 4 €, Preisänderungen vorbehalten).

24 Std.-Bestell-Telefon: 036946-20691*Fax: 036946-20692
Internet: www.womo.de * eMail: verlag@womo.de**

WOMO *WOMO* *WOMO* *WOMO*